ORGANIZAÇÕES NÃO GOVERNAMENTAIS E TERCEIRO SETOR

TAKESHY TACHIZAWA

ORGANIZAÇÕES NÃO GOVERNAMENTAIS E TERCEIRO SETOR

Criação de ONGs e estratégias de atuação

7ª EDIÇÃO

gen | atlas

Rua Conselheiro Nébias, 1384
Campos Elísios, São Paulo, SP – CEP 01203-904
Tels.: 21-3543-0770/11-5080-0770
faleconosco@grupogen.com.br
www.grupogen.com.br

Designer de capa: Caio Cardoso
Imagem de capa: Creative-Touch | iStockphoto
Editoração Eletrônica: Set-up Time Artes Gráficas

CIP-BRASIL. CATALOGAÇÃO NA PUBLICAÇÃO
SINDICATO NACIONAL DOS EDITORES DE LIVROS, RJ

T122o

7. ed.
Tachizawa, Takeshy
Organizações Não Governamentais e Terceiro Setor: criação de ONGs e estratégias de atuação / Takeshy Tachizawa. – 7. ed. – São Paulo: Atlas, 2019.

ISBN 978-85-97-02189-9

1. Organizações não governamentais – Administração. 2. Associações sem fins lucrativos – Administração. I. Título.

19-57066

CDD: 658.048
CDU: 005.71:061.2

Vanessa Mafra Xavier Salgado – Bibliotecária – CRB-7/6644

PREFÁCIO

Mais de metade das empresas do Brasil realiza algum trabalho social, em um investimento que chegou a R$ 4,7 bilhões anuais. As informações são da pesquisa Ação Social das Empresas, do Instituto de Pesquisa Econômica Aplicada (Ipea), cujos resultados nacionais confirmam tendência de investimentos crescentes. Este montante fantástico pode trazer uma indagação do tipo: qual é o papel que o Estado deve desempenhar na vida contemporânea e o grau de intervenção que deve ter na economia? No Brasil, o tema adquire relevância significativa, tendo em vista que o Estado desviou-se de suas funções primordiais para atuar com grande ênfase na esfera produtiva.

Os números finais dessa pesquisa evidenciavam que cerca de 465 mil empresas brasileiras – ou seja, 59% do total – desenvolvem iniciativas de caráter social. A análise é apenas quantitativa, não identificando, portanto, em que tipo de atividade é feito esse investimento, que corresponde a 0,4% do Produto Interno Bruto nacional. Segundo o IPEA, a pesquisa qualitativa foi feita em empresas com mais de 500 empregados no Rio de Janeiro, em São Paulo e em Belo Horizonte, e percebeu-se que esse dinheiro é destinado majoritariamente à área de educação. Pode-se dizer que, nas grandes empresas do Sudeste, de 60% a 90% desse investimento vão para a área de educação.

Embora a participação das grandes corporações seja a mais destacada – 88% delas fazem esse tipo de investimento –, é expressiva a contribuição das demais – 54% das que têm até 10 empregados e 69% das com até 100 funcionários. Iniciativas voltadas para as crianças são as preferidas pelo empresariado (62%). E, o mais interessante: a pesquisa revela que a ação das empresas não se move pela contrapartida dos benefícios fiscais obtidos com essas iniciativas. Na verdade, a motivação maior é mesmo a filantropia (76%).

Os benefícios fiscais são muito pequenos e não compensam, ou não se aplicam às atividades que as empresas desenvolvem, conforme Ipea (2019). O fato é que os benefícios fiscais não têm influência significativa nos recursos privados que são injetados em ações sociais. A mesma autora acredita que mais dinheiro poderia ser aplicado em projetos sociais, desde que a política de incentivos fosse revista. Essa participação poderia crescer se houvesse incentivos que alavancassem a aplicação de mais recursos. Não somente dedução de impostos, mas outras iniciativas, como o tratamento diferenciado nas privatizações. As condições de investimento social poderiam ser um diferencial para a escolha de uma empresa vencedora em um processo de licitação.

O Sudeste é a região com o maior número de empresas que desenvolvem projetos sociais (67%). Nas demais regiões, o percentual é um pouco menor, mas sempre acima de 50%. A participação dos empregados nas ações desenvolvidas ainda é pequena, mas tende a crescer. Essa decisão de obter a participação dos funcionários ainda está na direção das empresas. São os diretores que decidem onde vão investir e como vão investir.

O grande crescimento da participação das empresas na ação social deu-se a partir dos anos 1990, particularmente na segunda metade da década, com as empresas partindo para criar institutos e fundações. Houve um interesse grande, provocado em parte pelo trabalho do Betinho (o sociólogo Herbert de Souza, coordenador da campanha Ação da Cidadania contra a Fome, a Miséria e pela Vida), em parte devido a uma grande pressão popular para que as empresas assumissem esse papel.

Muitas delas decidiram criar suas próprias fundações ou seus institutos. Mas nem sempre esse é o melhor caminho. Existe uma série de organizações com projetos já consolidados e que necessitam de recursos. Então, é preciso que as empresas observem qual a melhor alternativa. Em geral, o que se percebe é que elas preferem um caminho misto.

A pesquisa Ação Social das Empresas é o primeiro estudo a refletir com tamanha abrangência a atuação da iniciativa privada brasileira na área social e deve-se constituir em um ponto de referência para o governo, a sociedade civil e as próprias empresas. As perspectivas para o futuro próximo são otimistas: representantes de 39% das empresas analisadas admitiram que pretendem ampliar seus investimentos sociais em breve.

O Autor

AGRADECIMENTOS

Muitas são as pessoas que de diferentes maneiras contribuíram para que este livro pudesse ser produzido. Entre elas, gostaria de expressar meus agradecimentos ao Sr. Ailton Bomfim Brandão, pela publicação desta obra, e aos dirigentes e autores da Rits e da Abong. Minha gratidão a Mariangela Russo e demais membros do Departamento Editorial da Atlas.

Material Suplementar

Este livro conta com os seguintes materiais suplementares:

- Anexo 2 – Registro de Entidade de Fins Filantrópicos
- Anexo 3 – Convênios
- Anexo 4 – Organizações da Sociedade Civil de Interesse Público
- Anexo 5 – Regulamentação de Organizações da Sociedade Civil de Interesse Público
- Apenso A – Estudo de Caso: Instituto Alpha de Responsabilidade Social
- Apenso B – Formulação de um Projeto de Aporte de Recursos Financeiros para uma ONG de Atuação Socioambiental
- Apenso C – ONG no Contexto Médico-Hospitalar

O acesso aos materiais suplementares é gratuito. Basta que o leitor se cadastre em nosso *site* (www.grupogen.com.br), faça seu *login* e clique em GEN-IO, no menu superior do lado direito.

É rápido e fácil. Caso haja dificuldade de acesso, entre em contato conosco (gendigital@grupogen.com.br).

genio
GEN | Informação Online

GEN-IO (GEN | Informação Online) é o ambiente virtual de aprendizagem do GEN | Grupo Editorial Nacional, maior conglomerado brasileiro de editoras do ramo científico-técnico-profissional, composto por Guanabara Koogan, Santos, Roca, AC Farmacêutica, Forense, Método, Atlas, LTC, E.P.U. e Forense Universitária. Os materiais suplementares ficam disponíveis para acesso durante a vigência das edições atuais dos livros a que eles correspondem.

SUMÁRIO

INTRODUÇÃO

Dedicamos este livro aos gestores de *Organizações Não Governamentais* (ONGs) e demais organizações pertencentes ao Terceiro Setor, empresários, executivos e estudiosos dos cursos de graduação, que fazem o futuro deste país.

Este livro pode ser lido em qualquer ordem, dada sua estruturação em módulos e o interesse diferenciado de cada leitor, e em face da existência de diferentes estágios de conhecimento dos assuntos abordados no texto. Sugere-se, entretanto, que, em condições normais, seja observada a ordem original do livro, que obedece a uma sequência lógica de encadeamento das ideias abordadas.

A Parte I – Organizações do Terceiro Setor, composta pelos Capítulos 1, 2 e 3, estabelece reflexões sobre os aspectos econômicos, sociais e jurídicos inerentes às ONGs e ao Terceiro Setor. Aborda questões relacionadas à responsabilidade social em geral e no âmbito das organizações.

No Capítulo 1, *Reflexões sobre as ONGs e o Terceiro Setor*, procura-se estabelecer uma análise institucional relacionada à criação, atividades desenvolvidas, beneficiários e perspectivas de atuação junto a esse público e ao mercado de trabalho no Terceiro Setor. Tal análise é feita com base na interpretação dos resultados de pesquisa realizada pela Abong e Rits, junto às organizações não governamentais.

O Capítulo 2, *Criação de ONGs e seus aspectos jurídicos*, analisa a criação de organizações não governamentais sem fins lucrativos de finalidades ambiental, social, cultural e afins. É evidenciado o roteiro de como montar uma organização para o desenvolvimento de atividades de interesse público, com seus trâmites legais e burocráticos.

No Capítulo 3, *Responsabilidade social e agentes de transformação*, apresentam-se os aspectos relacionados ao exercício da cidadania, balanço social e as diferentes formas de evidenciação e divulgação dos resultados obtidos pelas organizações privadas no campo da responsabilidade social e ambiental.

A Parte II – Estratégias Sociais e Ambientais no Contexto das Organizações, composta pelos Capítulos 4 a 13, procura analisar as organizações que compõem o Segundo Setor, em termos de estratégias e projetos sociais. Tais organizações privadas, mesmo com fins lucrativos, têm atuação relevante tanto diretamente nas comunidades, como por meio de parcerias com as organizações do Terceiro Setor, em busca da necessária complementação da atuação governamental (Primeiro Setor).

Nos Capítulos 4, 5, 6, 7, 8, 9, 10, 11, 12 e 13, são descritas as características e estratégias corporativas genéricas, com suas respectivas estratégias ambientais e sociais inerentes aos diferentes tipos de organizações privadas.

Na Parte III – Estratégias Genéricas para Gestão das ONGs, composta pelos Capítulos 14 a 18, são delineados os elementos estratégicos aplicáveis às organizações não governamentais.

O Capítulo 14, *Um modelo de gestão aplicado às ONGs*, procura estabelecer um modelo de gestão, entre outros possíveis, para implementação nas organizações não governamentais sem fins lucrativos.

No Capítulo 15, *Parcerias e gestão com pessoas*, apresentam-se as possibilidades de parcerias e alianças com governo e com as organizações da iniciativa privada, na realização de projetos sociais. São consideradas, ainda, estratégias inerentes ao pessoal permanente, autônomos, colaboradores, voluntários, estagiários e trabalhadores temporários que atuam nas ONGs.

O Capítulo 16, *Estratégias financeiras*, evidencia as possibilidades de estratégias financeiras e de obtenção de recursos financeiros, aplicáveis às ONGs. Aborda, ainda, as questões relacionadas a gestão e avaliação de projetos e programas sociais.

No Capítulo 17, *Tecnologias da informação e estrutura organizacional nas ONGs*, são apresentadas as possibilidades de otimizar o desempenho das organizações pelo uso das técnicas de configuração organizacional e dos recursos da Internet e demais tecnologias da informação disponíveis no atual estado da arte.

O Capítulo 18, *Indicadores de gestão aplicados às ONGs*, apresenta uma proposta de gestão das organizações não governamentais por meio de indicadores de gestão e de técnicas de comparação com o mercado e instituições congêneres.

Os exemplos e estudos de casos apresentados neste livro na forma de organizações reais e fictícias, meramente para efeito didático e ilustrativo, foram inspirados em trabalhos de consultoria realizados em diferentes organizações.

Foram elaborados considerando, ainda, dados obtidos de várias fontes, incluindo acesso na Internet a *sites* especializados e específicos de organizações que implementaram estratégias e projetos sociais voltados à comunidade e ao meio ambiente.

Foram consultados para esse efeito, ainda, balanços e respectivos relatórios de administração de companhias abertas, assim como reportagens publicadas em jornais e revistas especializadas, com destaque para o IPEA e Instituto ETHOS de Responsabilidade Social.

Especial citação deve ser feita das publicações da Rede de Informações para o Terceiro Setor (Rits), Associação Brasileira de Organizações Não Governamentais (Abong), Valor Econômico e revista *Exame*.

PARTE I

Organizações do Terceiro Setor

Organizações não governamentais (ONGs) são entidades de natureza privada (não públicas) sem fins lucrativos, que juridicamente são associações ou fundações.

VISÃO GERAL

A mídia divulga informações que evidenciam que o Estado tem-se mostrado impotente para atender a demandas, principalmente na área social, da população brasileira. Esse fenômeno, que não é recente no cenário socioeconômico brasileiro, passa a ter maior ressonância para a sociedade, principalmente, a partir da Constituição de 1988 (que privilegia a discussão sobre a cidadania). É neste contexto que surge o Terceiro Setor como um mercado social formado pelas ONGs e outras organizações congêneres. Este setor ocupa espaços não preenchidos pelo Estado (Primeiro Setor) e pela atuação do setor privado, que enfatiza a comercialização de bens e serviços, a fim de atender a expectativas de um mercado comercial (Segundo Setor).

Parcerias e alianças entre diversos segmentos sociais acontecem com a captação de recursos no mercado, viabilizando a realização de atividades que não estariam sendo desenvolvidas pelo Estado. Nesse panorama, as ONGs, subvencionadas por capital estrangeiro ou nacional, vêm demonstrando, em diversos setores da área social, competência para elaborar e implementar projetos que possibilitem ações sociais transformadoras. Da mesma forma, ocorrem parcerias sociais: ONGs e iniciativa privada operando a inclusão social.

Organizações não governamentais (ONGs) como entidades de natureza privada (não públicas) sem fins lucrativos, juridicamente são caracterizadas como associações ou fundações. Nesse tipo de organização enquadram-se, também, as Organizações da Sociedade Civil (OSCs), Organizações Sociais (OSs), Organizações da Sociedade Civil de Interesse Público (Oscips).

As ONGs operam, em termos de estrutura interna, obrigatoriamente, com órgão de natureza deliberativa (Assembleia Geral) e órgão de natureza decisória (Diretoria, que pode ser denominada, também, de Conselho Administrativo). A criação de Conselho Fiscal, por outro lado, é obrigatória em certos casos, diferentemente do Conselho Consultivo, cuja constituição é sempre facultativa. A denominação de tais órgãos é mera questão semântica e que pode variar de uma situação para outra. Da mesma forma, a quantidade de órgãos e de níveis hierárquicos irá depender, fundamentalmente, do porte e volume de atividades desenvolvidas no âmbito da organização.

A *Diretoria* pode ser exercida por uma única pessoa ou, então, forma colegiada, que é um modelo de gestão mais democrático e participativo e, normalmente, a situação mais comum. Tudo depende, enfim, do que estiver disposto no estatuto social de constituição da ONG. Os membros da Diretoria são eleitos ou designados, conforme o que dispuserem seus estatutos sociais ou regimento interno (complementa os estatutos e regulamenta em detalhes o funcionamento da organização).

A Assembleia Geral, por sua vez, é a reunião legalmente obrigatória e periódica dos membros da ONG, para fins de deliberação sobre as diretrizes, procedimentos e práticas a serem adotados pela organização. É onde se elege a diretoria e se tomam as grandes decisões estratégicas da organização.

Já o Conselho Fiscal é um órgão legalmente previsto pela Lei das Sociedades por Ações, que dispõe sobre sua criação e funcionamento. Embora de caráter não obrigatório, é altamente recomendável sua implementação no âmbito desse tipo de organização e, no caso de a entidade pretender qualificar-se como Organização da Sociedade Civil de Interesse Público (Oscip), sua existência é obrigatória. A denominação de Oscip é um título que pode ser obtido pela entidade, mas não é um pré-requisito para que ela funcione. As pessoas jurídicas de direito público podem ser associações, sociedades civis e fundações, de acordo com o Código Civil, e não ter nenhuma qualificação. Outros títulos existentes são o de utilidade pública, que dá acesso a deduções do Imposto de Renda, ou de entidade beneficente de assistência social, que permite a isenção da cota patronal da seguridade social.

Uma Oscip, segundo a Lei nº 9.790/99, deve ter, obrigatoriamente, como objeto social, em seu estatuto de constituição, pelo menos um dos seguintes objetivos:

- defesa, preservação e conservação do meio ambiente e promoção do desenvolvimento sustentável;
- promoção da assistência social;
- promoção da cultura, defesa e conservação do patrimônio histórico e artístico;
- promoção gratuita da educação, observando-se a forma complementar de participação de que trata a lei;
- promoção gratuita da saúde, observando-se a forma complementar de participação das organizações de que trata a lei;
- promoção da segurança alimentar e nutricional;
- promoção do voluntariado;
- promoção do desenvolvimento econômico e social e do combate à pobreza;
- experimentação, não lucrativa, de novos modelos socioprodutivos e de sistemas alternativos de produção, comércio, emprego e crédito;
- promoção de direitos estabelecidos, construção de novos direitos e assessoria jurídica gratuita de interesse suplementar;
- promoção da ética, da paz, da cidadania, dos direitos humanos, da democracia e de outros valores universais;
- estudos e pesquisas, desenvolvimento de tecnologias alternativas, produção e divulgação de informações e conhecimentos técnicos e científicos que digam respeito às atividades mencionadas.

As ONGs podem ter como foco de atuação:

- educação;
- saúde;
- cultura;
- comunidade;
- apoio à criança e ao adolescente;
- voluntariado;
- meio ambiente;
- apoio a portadores de deficiências;
- parcerias com o governo;
- outras categorias de atuação.

CAPÍTULO 1 Reflexões sobre as ONGs e o Terceiro Setor

As organizações não governamentais sem fins lucrativos de finalidade ambiental, social, cultural e afins, ou organizações que caracterizam o Terceiro Setor, segundo a revista *Exame* (2019), movimentavam mais de US$ 1 trilhão em investimentos no mundo, sendo cerca de US$ 10 bilhões deles no Brasil, o equivalente a 1,5% do PIB.

Os investimentos sociais do México (0,5% de seu PIB), da Argentina (0,3%), do Peru (2%) e da Colômbia (2,1%) equivalem aos do Brasil (1,5%), mas estão distantes dos da Bélgica, que aplica 9,5% de seu PIB.

Estima-se que o número de entidades que compõem o Terceiro Setor seja superior a 540 mil, incluindo ONGs, fundações, associações civis e unidades assistenciais.

Esse número é certamente maior, pois escapam às estatísticas as pequenas organizações, as instituições religiosas e os indivíduos voluntários, não formalmente registrados, que promovem ações sociais na comunidade e que também integram o setor. O Terceiro Setor gera 5% dos empregos no mundo e 2,5% dos postos de trabalho no Brasil.

Pesquisa recente do Instituto de Pesquisa e Economia Aplicada (Ipea) com 780 mil organizações privadas com um ou mais empregados no país, nas regiões Sul, Sudeste e Nordeste, evidencia que 59% das organizações pesquisadas (462 mil) têm investimentos voltados ao atendimento de comunidades carentes. Em valores, isso representa R$ 5 bilhões destinados a saúde, educação, alimentação, esportes e cidadania.

As organizações da região Sudeste são as que mais realizam ações sociais, algo em torno de 67%. A pesquisa mostra ainda que 90% das organizações declararam nunca ter interrompido o atendimento social, e cerca de 60% dos entrevistados não alteraram os investimentos sociais, nem mesmo em períodos de dificuldades econômicas. O número de voluntários também cresce ano a ano.

De acordo com estudo divulgado pela Organização das Nações Unidas (ONU), cerca de 25% dos brasileiros, ou 42 milhões de pessoas, praticam algum tipo de trabalho voluntário ou ações solidárias. Mesmo com tantas adesões, de pessoas e empresas, ainda existe muito trabalho pela frente.

O Brasil é o 69º colocado no *ranking* do Índice de Desenvolvimento Humano (IDH) da ONU, que avalia a qualidade de vida em cada país, observando a evolução de parâmetros de educação, renda e expectativa de vida.

Pesquisa da Associação Brasileira de Organizações Não Governamentais (Abong, 2013), entidade que congrega as maiores ONGs do país, revela que atualmente essas organizações têm buscado educar, formar e capacitar politicamente os indivíduos, principalmente os organizados coletivamente, em movimentos populares e sindicatos.

Ao relacionar dados de área e modo de atuação com o perfil dos beneficiados, a pesquisa mostra que as ONGs brasileiras se caracterizam menos pela atuação em serviços e mais por atividades com coletivos organizados. O perfil de atuação das ONGs, em termos geográficos, de acordo com pesquisa nacional da Abong (2019), evidenciou que 22,9% das sedes das ONGs estão localizadas na região Nordeste, enquanto 44,2% atuam na região Sudeste. Por outro lado, a região com menor atuação é a Região Norte com 4,9%.

De acordo com a pesquisa, a maior parte das ONGs, 52%, declarou atuar na área educacional. Ou seja, no campo de atuação, a pesquisa evidenciou que a principal atividade das ONGs continua sendo na área educacional. Organizações como a Ação Educativa, dedicada à educação de jovens e professores, e o grupo Roda Viva, voltado ao ensino de populações carentes, representam 52% do universo pesquisado pela Abong. Outros 38,2% estão ligados a movimentos populares. Questionadas se trabalhavam ou não com voluntários, 62,8% das ONGs responderam afirmativamente, o que representa um crescimento superior a 100% em relação aos dados de 1998.

Para as ONGs, a conscientização política é a maior preocupação em relação ao voluntariado. Tanto que 53,6% delas, que declararam contar com trabalho voluntário, afirmam possuir política específica voltada para sua capacitação, conscientização e politização, e 46,3%, para seu gerenciamento.

Principais áreas de atuação	%
a) Educação	52,40
b) Organização popular e participação popular	38,27
c) Justiça e promoção de direitos	36,73
d) Fortalecimento de outras ONGs sem movimentos populares	26,02
e) Relação de gênero e discriminação sexual	25,00

Como beneficiários principais, segundo 61,7% delas, estão as organizações populares e os movimentos sociais. No Brasil, desde que o Estado deixou de ser o único agente implementador de políticas sociais, passando a trabalhar em parceria com a sociedade civil, o trabalho das ONGs vem ganhando importância.

Principais beneficiários	%
a) Organizações populares e movimentos sociais	61,73
b) Crianças e adolescentes	40,31
c) Mulheres	39,29
d) População em geral	29,08
e) Trabalhadores e sindicatos rurais	25,00

A análise da composição orçamentária das organizações ligadas à Abong e a origem de seus recursos evidenciam que elas têm buscado diversificar suas fontes de financiamento.

Na virada do milênio, o volume de recursos cresceu 35%, em termos nominais. Em 1999, segundo a Abong, o orçamento das ONGs chegou a R$ 116,6 milhões. No ano seguinte, o valor passou para R$ 138,6 milhões. Individualmente, os orçamentos ainda são modestos.

A maior parte das ONGs, ou 22,45%, trabalha com gastos anuais entre R$ 101 mil e R$ 300 mil. Apenas 16,3% afirmam contar com orçamento superior a R$ 1 milhão.

A maioria dos recursos, de acordo com a pesquisa, vem do estrangeiro. Do total de ONGs pesquisadas, 78,5% afirmaram receber verba de agências internacionais de cooperação. Apenas 26% contam com contribuições associativas, e 12%, com doações individuais.

A novidade apontada pela pesquisa é o crescimento do aporte de verbas dos órgãos governamentais nas três esferas federativas. Na última década, essa fonte de recursos passou de 3,2% a 18,4% do orçamento total das ONGs pesquisadas.

Fontes de recursos	%
Agências internacionais de cooperação	78,57
Comercialização de produtos e serviços	46,43
Órgãos governamentais federais	45,41
Empresas, fundações ou institutos empresariais brasileiros	32,65
Órgãos governamentais estaduais	32,65
Contribuições associativas	26,02
Órgãos governamentais municipais	22,45
Agências multilaterais e bilaterais	12,24
Doações individuais	12,24
Outras	37,24

O estudo também constatou uma tendência de redução de ONGs que trabalham com faixas orçamentárias menores e o consequente crescimento daquelas com faixas maiores. O crescimento maior é verificado nas faixas entre R$ 600 mil e R$ 1 milhão, que saltaram de 7,65% para 12,24%, no período de três anos. Conciliar o aumento da demanda de trabalho com a escassez de recursos é um dos maiores desafios das ONGs para os próximos anos. A pesquisa da Abong revelou que não é a falta de verbas que mais preocupa as organizações, e sim o fato de que, com maior visibilidade, as ONGs passaram a ter mais trabalho.

Como alternativa para compor suas equipes, as ONGs têm recorrido a parcerias/alianças estratégicas, contratações temporárias e negociações de projetos e captação de recursos, além de promoverem reorganizações institucionais com o correspondente planejamento de atividades.

1.1 SURGIMENTO DAS ONGS

As ONGs, historicamente, começaram a existir em anos de regime militar, acompanhando um padrão característico da sociedade brasileira, onde o período autoritário convive com a modernização do país e com o surgimento de uma nova sociedade organizada, baseada em ideários de autonomia em relação ao Estado, em que sociedade civil tende a confundir-se, por si só, com oposição política.

As ONGs constroem-se e consolidam-se à medida que se cria e fortalece amplo e diversificado campo de associações civis, a partir sobretudo dos anos 1970 – processo que caminha em progressão geométrica pelas décadas de 1980 e 1990. As ONGs fazem parte desse processo e representam um papel em seu desenvolvimento.

As datas de fundação das associadas à Abong, nesse sentido, são reveladoras, impressionando o quanto são recentes. Evidenciam que praticamente 60% dessas entidades foram legalmente fundadas a partir de 1985. E 15,4% são novíssimas, tendo sido criadas a partir da virada do milênio.

O universo das mais antigas – o que significa fundação nos anos 1970 – compõe 21% do conjunto. Por essa época, o grau de informalidade era mais baixo; a tendência à institucionalização cresceu a partir dos anos 1980, como mostra a defasagem entre fundações "de fato" e "legais".

Uma interpretação desses dados informada pelas histórias das entidades vai revelar que nessas 20% *pioneiras* estão as entidades que surgem mais próximas às igrejas cristãs em sua vertente *popular*, as que se ligam fundamentalmente aos movimentos comunitários, de bairros, de periferia e sindicais.

No entanto, não apenas os temas e alianças no trabalho dessas entidades se renovam, como também juntam-se a esses agentes, cada vez mais e em novas entidades, ativistas de outras trajetórias, com questões renovadas. As ONGs mais recentes são mais secularizadas e diversificadas quanto a suas origens, atividades e objetivos, seguindo a fragmentação e pluralidade dos movimentos sociais contemporâneos.

Uma análise preliminar sinaliza para uma significativa variedade de situações encontradas na fundação das ONGs. São diversas as instituições das quais saem pessoas ou grupos para fundar uma nova entidade, geralmente continuando atividades e projetos já empreendidos: além das igrejas, também são significativos os vindos de universidades, assim como de órgãos governamentais; encontram-se exemplos de gente vinda de entidades beneficentes, assessorias parlamentares, blocos de carnaval, partidos etc.

Muitas entidades nascem da fragmentação de outras ONGs, mediante, por exemplo, processos de especialização em alguma atividade. A militância anterior em movimentos sociais é também uma constante, estando nas raízes da iniciativa para criar uma entidade: movimentos como o sindical, o ambientalista, o feminista, o negro, o de homossexuais, ou mesmo a recente campanha contra a fome são exemplos de espaços onde surgem agentes, ideias e interações variadas, bases para a criação de organizações especializadas em lidar com problemas sociais. Questões com sentido de emergência, como a Aids ou as crianças de rua, também provocam o nascimento de entidades dispostas a enfrentá-las por meio de iniciativas de caráter experimental ou alternativo.

As motivações alegadas para a criação de uma instituição formal são diversas, mas coincidem nas ideias de autonomia, flexibilidade organizativa e profissionalização que a fórmula ONG evoca. Grupos de cristãos que, por motivos diversos, desejam autonomizar-se com relação à estrutura eclesiástica; técnicos que trabalham em órgãos governamentais e reclamam de suas limitações burocráticas ou políticas para realizar determinado projeto (é comum encontrar o argumento de necessidade de "espaços mais amplos" para a realização de determinado trabalho); grupos de ativistas de dado movimento que buscam um espaço onde possam criar assessorias especializadas em assuntos específicos.

1.2 CONTEXTO LOCAL E GLOBAL

De acordo com a pesquisa (Abong, 2019), nota-se amplo alcance, em termos do âmbito espacial de suas atividades. Indagadas sobre essa questão, cerca de 40% das entidades respondem que atuam em nível nacional, número que impressiona, dadas suas dimensões institucionais.

A maior incidência de respostas deu-se no nível estadual: 47% das organizações delimitam dessa forma a extensão de suas atividades. Seguem-se a delimitação municipal - 38% - e, finalmente, as que declararam ter atuação local - 29%.

Comparando esses dados com os obtidos há sete anos, para um universo de organizações análogo, percebe-se que houve transformações significativas na amplitude espacial do trabalho das ONGs. Uma pesquisa realizada com 243 entidades, em 1987 (Landim, 1988), mostrava uma inversão nos números: a maioria das ONGs - 55% - afirmava atuar apenas no nível local.

Uma minoria - 13,4% - respondeu ser nacional seu âmbito de atuação, e 31% atuariam no nível regional/estadual. Ou seja, tudo indica que, a partir de meados dos anos 1980, as atividades das ONGs deixaram de ter caráter predominantemente localizado, para buscar expansão e expressão mais ampla.

Essas entidades, que nasceram em tempos de autoritarismo e voltadas para uma atuação discreta, junto a grupos nas bases da sociedade, souberam transformar suas práticas em novos tempos de democratização, buscando visibilidade e projeção regional ou nacional (ou até internacional), sem deixar de atuar em âmbito mais localizado. Essas mudanças devem ser vistas também à luz da crescente diversificação por que passa o universo das ONGs, caracterizado cada vez mais por uma pluralidade de temas, objetivos e agentes.

1.3 ATIVIDADES DESENVOLVIDAS PELAS ONGS

Os projetos pelos quais as ONGs concretizam sua atuação são extremamente diversificados. No entanto, as concepções gerais pelas quais definem o sentido dessas atividades guardam homogeneidade e apontam para horizontes comuns.

As entidades definem suas atividades, por grau de importância, com uma classificação que revela as categorias e percepções que têm do que fazem. A Tabela 1.1 explicita o conjunto de atividades escolhidas como prioritárias – as que mereceram o número um, para cada entidade.

Tabela 1.1 ONGs, segundo atividade principal.

Atividade	%
Assessoria	41,2%
Educação popular	14,7%
Educação para a cidadania	14,1%
Pesquisa/análise	7,4%
Informação	4,9%
Campanhas/denúncias	4,2%
Capacitação	3,3%
Educação política	2,5%
Outras	7,5%
Total	100%

Assessoria e educação/capacitação confirmam as principais categorias pelas quais as ONGs definem seus trabalhos, repetindo-se os resultados de pesquisas feitas desde meados dos anos 1980. Esses resultados permitem pensar em algumas transformações recentes na direção dos trabalhos das ONGs, mantendo-se no entanto a continuidade básica de seu caráter eminentemente educativo, em sentido amplo, tanto no nível de ações localizadas como de formação de opinião pública; tanto no nível técnico, quanto político – como tem sido frequentemente definido, exercitam uma *pedagogia política*.

Assessoria, como os números revelam, vem sendo, através dos anos, o termo definidor por excelência dessa prática educativa. Evidencia apoio e serviços prestados a grupos e organizações que transcendem a simples transmissão de conhecimentos e qualificações técnicas.

Caso fossem agregadas todas as respostas para educação, ter-se-ia que 31,2% das ONGs a escolheram como atividade principal. No entanto, os números revelam aqui uma novidade: o crescimento em importância da ideia de educação para a cidadania, convivendo com – ou substituindo – a tradicional educação popular, palavra-chave para indicar a especificidade com que se criaram essas instituições na virada do milênio, marca de sua distinção. Se o *popular* não deixa de ser uma referência forte no mundo das ONGs, surge e afirma-se cada vez mais o *cidadão*, apontando para a ênfase na atuação dentro dos marcos de construção e fortalecimento de uma *sociedade civil*.

É interessante acrescentar que, indagadas sobre as palavras definidoras dos temas com que trabalham, cidadania tanto mereceu o primeiro lugar em termos de frequência de menções por entidade (83,4% do universo, ou 121 ONGs, a mencionaram), como também foi a mais citada, enquanto "tema número um" (29 entidades, ou 20% do universo, mencionaram cidadania como seu tema principal). E o segundo lugar, entre os temas, também nesses dois casos, coube coerentemente à educação.

Embora pesquisa seja atividade também tradicionalmente realizada entre as ONGs, os dados revelam uma tendência clara a um crescimento de sua importância (por exemplo, se comparados às informações para 1987), não sendo sem consequências o fato de que essa categoria aparece com destaque na lista das "número um" e de que 53 entidades – ou 43% do universo – a colocaram entre suas cinco prioridades. Tudo indica que essas entidades vêm-se qualificando para o trabalho de produção teórica, podendo-se observar que crescem seus laços com as universidades – não apenas por meio de programas em colaboração, mas também por meio do crescente número de profissionais que transitam entre esses dois campos institucionais. Quanto a isso, é interessante observar que, diante de uma pergunta de opinião sobre as áreas nas quais as ONGs consideram ter reconhecimento social, as universidades mereceram o segundo lugar: 52,4% das entidades as mencionaram (perdem apenas para os setores organizados da sociedade civil, com 84,2% de menções).

Nas ONGs, porém, a pesquisa se alia, ou se completa, com um movimento voltado "para fora" de intervenção na sociedade, o que é sugerido pela opção seguinte: a produção de conhecimento viria complementada pela informação. Se não é frequente como primeira opção, vemos no entanto que 28% das entidades a colocam entre suas cinco prioridades.

Analisando os perfis das entidades, nota-se a junção entre educação, pesquisa e informação: é rara a ONG que não publica periódicos, livros, cartilhas ou manuais (estes últimos, por exemplo, são publicados por 64% delas), bem como é surpreendente a produção de vídeos (43% das entidades os realizam).

A relevância dada pelas ONGs às campanhas e denúncias (31,4% das entidades mencionaram-nas entre as cinco atividades principais) aponta também para uma novidade, que não aparece em pesquisas anteriores. Embora as ONGs tenham-se constituído com forte vocação para uma atuação no campo da política, o investimento na mobilização da opinião pública, no *lobby*, na defesa de interesses difusos no espaço público, é especialidade desenvolvida progressivamente sobretudo a partir dos anos de democratização, quando as ONGs saem dos trabalhos moleculares e de pouca visibilidade. Esse tipo de atuação pressupõe o desenvolvimento da habilidade, por parte das ONGs, em estabelecer interações, parcerias, formas de comunicação e cooperação com setores os mais diversificados na sociedade, ampliando seu leque de interações e dando nova qualidade a seu tradicional papel de multimediadoras sociais. Exemplos recentes, no nível nacional, são dados pela atuação das ONGs em campanhas e movimentos plurais, como o Movimento pela Ética na Política ou, sobretudo, a Ação da Cidadania contra a Fome, a Miséria e pela Vida.

Dado interessante aqui revelado é o de que 81,4% das ONGs – 118 entidades – afirmaram já ter sido objetos de notícias na imprensa, o que pode atestar um investimento crescente em visibilidade ou mesmo em relações com a mídia.

1.4 BENEFÍCIOS DAS ONGS

O público atingido pelos trabalhos das ONGs é bastante diversificado, incluindo como beneficiários desde associações, sindicatos, grupos definidos por religião, como "paroquianos", "evangélicos", "umbandistas"; crianças – "de rua", "trabalhadoras" etc. –, até entes de setores marginalizados ou discriminados, como "portadores de deficiências físicas", "moradores de rua", ou "presos comuns", recortes étnicos, ou de gênero, como "negros", "povos indígenas", "mulheres".

Essa pluralidade indica tendências que se foram afirmando sobretudo através da segunda metade dos anos 1980, com o crescimento na sociedade brasileira de novos movimentos sociais e sujeitos coletivos. As ONGs ao mesmo tempo refletem esse processo e representam um papel, por meio de sua intervenção, na construção desses movimentos e grupos sociais diversificados. Como se viu, essa intervenção que contempla a diversidade traz, ao mesmo tempo, a marca dos valores universalizantes da cidadania.

Comparando com pesquisa análoga realizada em 2018 (Ipea, 2019), as ONGs mudam do campo para a cidade, ou melhor, inverte-se a tradicional predominância que teve, até meados dos anos 1980, sua atuação em meios rurais (na pesquisa referida anteriormente, a primeira categoria de destinatários era a de "camponeses/trabalhadores rurais", com 44,3% de indicações).

Como se vê pela Tabela 1.2, das oito frequências principais apenas os dois últimos itens – sindicatos rurais e pequenos produtores – referem-se a um contexto rural: é apenas entre 20 e 23% o montante de entidades que os assinala como uma das cinco primeiras opções.

Tabela 1.2 ONGs, segundo principais categorias de público atingido.*

Público-alvo	Nº entidades	%
Crianças e/ou adolescentes	79	63,7%
Movimentos urbanos	65	52,4%
Associação de moradores/movimentos de bairro	58	46,6%
Mulheres	52	41,9%
Outras ONGs	32	25,8%
Público em geral	28	22,5%
Sindicatos rurais	28	22,5%
Pequenos produtores	26	20,9%

* Admitidas respostas múltiplas.

Movimentos urbanos e associações de moradores/movimentos de bairro são, ao contrário, itens apontados por uma quantidade significativa de ONGs – 52,4% e 46,6%, respectivamente – como instâncias para as quais dirigem seus trabalhos. E pode-se pressupor que o trabalho com crianças e adolescentes dá-se predominantemente em torno de questões urbanas.

E é sobretudo uma grande novidade a generalização, entre as ONGs, do trabalho com crianças e adolescentes: 79 ou 63,7% do universo pesquisado responderam ser essa uma de suas cinco principais categorias de beneficiários (quando era praticamente total sua ausência, há poucos anos). Isso certamente aponta, por um lado, para a flexibilidade que têm as ONGs de sensibilização e ação imediata com relação a questões sociais emergentes na cena nacional, incluindo-as em suas prioridades. Por outro lado, veem-se aproximar-se do universo das ONGs várias entidades que se dedicam a trabalhos considerados pelo senso comum como assistenciais, as quais, por suas origens e alianças, distanciavam-se desse conjunto mais "politizado": os discursos e os objetivos da ação social tradicional também vêm-se transformando no sentido da busca de cidadania e justiça social.

Relevante, ainda, é o trabalho na área das questões de gênero, com mulheres assumido 42% das ONGs desse universo, o que revela ter-se ultrapassado a fase em que esse tema era restrito às entidades feministas, com seus circuitos específicos de comunicação e ação (apenas 14% dessas entidades declararam ser mulher sua primeira opção, quanto a público-alvo).

O fato de as ONGs terem seu próprio campo como universo de ação – um quarto delas atua para outras ONGs – pode revelar o estabelecimento de redes de trocas e prestação de serviços mútuos, coadunando-se também com todo um movimento no sentido do fortalecimento institucional e da assunção de um protagonismo próprio e autônomo por essas entidades na sociedade.

Movimentos urbanos, crianças e adolescentes, mulheres, sindicatos e trabalhadores rurais, público em geral: as ONGs não abandonam suas referências classistas, sindicalistas, e as dadas pelos movimentos populares; porém, combinam essas questões a outros problemas emergentes, sobretudo nas áreas urbanas, em que estão em jogo, na maior parte das vezes, questões como a discriminação, a violência, a exclusão da cidadania. É o caso das crianças e adolescentes e das mulheres, que sinaliza para vários outros grupos e setores que não estão entre os mais frequentes, mas crescem no peso total das ações.

Como complementação das atividades inerentes ao Primeiro Setor (governo), além das ONGs, tem-se o Segundo Setor (organizações privadas), que também realiza ações sociais, conforme pesquisa do Ipea (2019). Essa pesquisa identifica o que pequenos, médios e grandes empresários fizeram no atendimento de seus empregados e de comunidades carentes, e objetiva traçar um primeiro retrato da ação social das empresas (atividades realizadas para atender aos empregados das empresas ou comunidades em geral, em áreas como assistência social, alimentação, saúde e educação, entre outras).

Essas ações abrangem desde atividades eventuais a grandes projetos mais estruturados. Excluíram-se as atividades executadas por obrigação legal, como o cumprimento de normas ambientalistas, as contribuições compulsórias ao Sebrae, Sesi, Sesc, Senai, Senac e Senar e o atendimento obrigatório aos empregados, como vale-transporte e salário-família. Iniciativas como alimentação ao trabalhador e outras acordadas em convenções coletivas foram incluídas, já que pressupõem a anuência do empregador independentemente de legislação prévia. O foco, portanto, está voltado para doações, atividades ou projetos, de caráter não obrigatório, executados pelas empresas nas áreas de saúde, educação, alimentação, assistência social e esporte, entre outras.

A maior parte do setor privado brasileiro está envolvida de alguma forma com a área social. De acordo com os resultados finais da pesquisa Ação Social das Empresas, realizada pelo Ipea, 59% das empresas do país desenvolvem ações em benefício da comunidade. São cerca de 465 mil empresas, com um ou mais empregados, que dão sua contribuição, seja fazendo doações eventuais a pessoas carentes ou desenvolvendo projetos mais estruturados. O investimento realizado atingiu R$ 4,7 bilhões em 2000. Apesar de expressivo, o valor corresponde a apenas 0,4% do PIB do país.

De acordo com Ipea (2019), esses dados comprovam que há uma injeção de recursos privados na área social, porém com fins públicos. E as perspectivas de crescimento desse envolvimento são animadoras, pois 39% dos entrevistados declaram que pretendem ampliar sua participação no futuro próximo.

A atuação da iniciativa privada tem variações em cada uma das regiões, mas é sempre significativa. Os dados nacionais mostram que o maior percentual de empresas atuantes no campo social está no Sudeste, onde 67% têm algum tipo de envolvimento para além de seus muros. Mas em todas as regiões pelo menos cerca de 50% dos empresários dão sua contribuição para a melhoria das condições de vida das populações a sua volta.

Como era de se esperar, analisando-se o porte dos empreendimentos, o envolvimento é maior entre as grandes empresas (88%). No entanto, surpreende a contribuição dos micro e pequenos negócios: 54% das empresas com 1 a 10 empregados e 69% das com 11 a 100 trabalhadores beneficiam comunidades carentes.

Quando se analisa a participação por setores econômicos, a diferença é pequena. No comércio, 61% das empresas atuam na área social; na indústria, 60%; e no setor de serviços, 58%. Os menores percentuais são registrados na agricultura (45%) e na construção civil (35%).

Todavia, o que motiva as empresas a envolverem-se com a área social? Os resultados do levantamento mostram que, independentemente da localização, porte ou setor de atividade econômica, a principal motivação é a filantropia: 76% das empresas declaram realizar atividades sociais por razões humanitárias e elegem as áreas de assistência social (54%) e de alimentação (41%) como prioritárias, sendo que a maioria (62%) se volta para o grupo infantil. De acordo com Ipea (2019), tal resultado parece confirmar que, na visão dos empresários, esse grupo etário é o mais vulnerável e o que necessita de maior assistência.

Esse é o primeiro retrato nacional da atuação da iniciativa privada brasileira na área social e, segundo os técnicos do Ipea, os dados poderão contribuir para orientar as ações do setor privado, do Terceiro Setor e do governo, possibilitando uma atuação mais eficaz no combate às carências de grande parte da população.

Os resultados dessa pesquisa Ipea são extremamente relevantes, pois o empresariado brasileiro vem investindo recursos próprios em ações que buscam melhorar a qualidade de vida dos brasileiros, principalmente dos mais necessitados. Porém, pouco se sabia sobre a magnitude desse atendimento e sobre o perfil das empresas que realizam ações sociais.

Seus resultados já estão dando visibilidade ao papel social exercido pelo empresariado. De posse de tais dados, o governo poderá rever instrumentos e mecanismos que estimulem e fortaleçam a realização dessas ações sociais, e o empresariado poderá obter o reconhecimento público por seu esforço no combate à exclusão social. Além disso, disporá de informações para melhorar o resultado e a eficiência de suas ações.

1.5 MERCADO DE TRABALHO NO TERCEIRO SETOR

O quadro de funcionários contratados das 138 entidades que responderam a pesquisa Abong (2019) sobre as ONGs é de 1.702 pessoas. Além disso, há 578 prestadores de serviços e 214 estagiários. As ONGs mobilizam, também, uma quantidade considerável de trabalho voluntário: foram mencionados ao todo 699 voluntários envolvidos, com disponibilidades de tempo diversas, em seus trabalhos, sendo que 55 são cooperantes internacionais. Ou seja, as ONGs de nossa amostra mobilizam 3.193 pessoas em seu funcionamento institucional e na execução de suas atividades.

Trabalham, portanto, com uma média de 23 pessoas envolvidas em suas atividades, sendo 12 pessoas contratadas por entidade. No entanto, a média oculta o fato de que a distribuição de ONGs segundo o número de funcionários permanentes acompanha a estratificação interna do universo: 67,6% das entidades possuem menos de 10 funcionários contratados, ao passo que apenas 5 entidades possuem mais de 60 funcionários.

As ONGs revelaram-se espaços de trabalho propícios à participação feminina: há 55% de mulheres em seus quadros, contra 45% de homens. Esse perfil não é comum no campo tradicional da formulação e assessoria política. No entanto, é conhecido o peso da presença feminina tanto em trabalhos do tipo assistencial, quanto nas bases de movimentos e organizações que se constroem através dos anos 1970 e 1980.

No entanto, também no campo das ONGs, essa predominância feminina não se reproduz na composição de suas diretorias. Examinando os nomes dos 588 diretores mencionados em 145 entidades, vê-se que há 390 homens e apenas 198 mulheres, ou seja, estas compõem cerca de 33% do total dos postos de direção. E, se se retirarem do conjunto as 17 entidades "feministas", a estatística piora: nas outras 128 ONGs, apenas 27% dos diretores são do sexo feminino. Apesar de revelarem desigualdades de posição, esses números tornam-se menos negativos se comparados com outros campos institucionais (como o empresarial, o sindical, o das igrejas etc.).

Vale observar ainda que, além do corpo de agentes envolvidos em seus trabalhos e dos grupos com que se relacionam diretamente na sociedade, as ONGs também mobilizam um conjunto de colaboradores sob a forma de associados, de funções e tipos de relações variadas com a instituição (pagam anuidades ou mensalidades, participam de algumas de suas atividades, participam de algumas decisões institucionais etc.). Entre as 145 entidades, 70,3% declararam ter associados, somando um número de 8.424 pessoas que acompanham suas atividades e aliam-se a seus objetivos.

Segundo Ipea (2019), para falar do Terceiro Setor como gerador de emprego, é preciso entender que ele é a oitava economia do mundo, movimentando mais de US$ 1 trilhão por ano, cerca de 8% do PIB do planeta. No Brasil, representa R$ 10,9 bilhões anuais (cerca de 1% do PIB), sendo R$ 1 bilhão em doações. Reúne mais de 300 mil ONGs, além de fundações, institutos etc., emprega cerca de 1,2 milhão de pessoas e tem 20 milhões de voluntários. O Brasil é o quinto país do mundo em voluntários.

No Brasil, entre 1991 e 1995, o mercado de trabalho cresceu 20%. No Terceiro Setor, chegou quase a 45%. Os números exatos são: o país tinha 55.293.316 pessoas trabalhando em 1991 e 66.277.014 em 1995, ou seja, 19,86% a mais. No Terceiro Setor, eram 775.384 empregados em 1991 e 1.119.533 em 1995, o que significa mais 44,38%. Isso é o que diz o Instituto Superior de Estudos da Religião (Iser), que coordenou, no Brasil, a pesquisa sobre o Terceiro Setor feita pelo Johns Hopkins Center for Civil Society Studies em 22 países, e da qual resultou o livro *Global civil society: dimensions of the nonprofit sector*, em 1999.

A pesquisa do Johns Hopkins Center for Civil Society Studies mostra que os empregos no Terceiro Setor podem crescer no Brasil. Enquanto aqui apenas 2,5% da mão de obra ativa estão no Terceiro Setor, subindo para 3,2% com o trabalho de instituições religiosas, a média nos 22 países pesquisados é de 4,8%. O percentual varia de 12,6 (Holanda) a 0,4 (México).

É interessante observar que, nos EUA, sete em cada 10 novas oportunidades de emprego surgem no Terceiro Setor (Rits, 2019). E que, de acordo com o já citado livro *Marketing social*, há 10 milhões de profissionais do Terceiro Setor em todo o mundo. Os EUA concentram 45% do total; a Europa Ocidental, 29%; o Japão, 11%; e a América Latina, 10%. Nessas regiões, o número de empregos nesse setor cresceu 23% entre 1991 e 1995, enquanto o da economia mundial cresceu apenas 6%.

A responsabilidade social e ética de pessoas, entidades, empresas e governo faz parte do chamado Terceiro Setor. Segundo pesquisa com 273 empresas, feita pelo Centro de Estudos em Administração do Terceiro Setor da Universidade de São Paulo (Ceats-USP), 56% delas investem em atividades de caráter social; 40% acreditam que as ações sociais envolvem mais o funcionário com o trabalho; 34% acham que programas sociais aumentam a motivação e a produtividade; e em 48% os funcionários fazem algum tipo de trabalho voluntário. A ação social influi até na permanência dos funcionários no emprego.

O Terceiro Setor evoluiu tanto que, hoje, a expressão *responsabilidade social e ética* já aponta as preocupações das empresas com o reflexo de suas atitudes nos negócios.

Segundo Ipea (2019), muito tem sido falado recentemente sobre o crescimento e a profissionalização do mercado de trabalho no Terceiro Setor. A maioria das reportagens que abordam o tema, em jornais, revistas ou mesmo na TV, anuncia com grande empolgação o aparecimento de inúmeras oportunidades neste “novo setor da economia”. Alguns, mais otimistas, chegam a sugerir que as organizações já estariam, inclusive, remunerando seus colaboradores em patamares compatíveis com os do setor privado.

Dados e resultados de pesquisas realizadas nos últimos anos por centros de estudos e universidades têm sido utilizados para “comprovar” a crescente importância do segmento. Ocorre que, geralmente, esses estudos foram realizados com objetivos distintos e empregaram metodologias e fontes tão diversas que dificilmente se poderia chegar a números exatos sobre o assunto.

Ainda que não se tenham indicadores quantitativos para fazer afirmações categóricas sobre o tamanho do setor, pode-se, ao menos, perceber uma mudança na agenda e na percepção de grupos da sociedade em relação à importância das ações, do papel e da missão dessas organizações. Ninguém questionaria a importância de mensurar o *tamanho* do Terceiro Setor ou mesmo do mercado de trabalho representado pelas oportunidades de emprego que ele oferece, mas não se pode deixar que a obsessão por números leve a desconsiderar algumas questões importantes quando se fala sobre o *mercado do Terceiro Setor*.

Diante do afluxo de interessados em atuar na área social, as organizações da sociedade civil precisam considerar o perfil dos funcionários que desejam ter em seus quadros, levando em conta questões como o aparente grau de comprometimento do "candidato" com valores, missão e cultura da organização.

A gestão de programas sociais e das organizações do Terceiro Setor é distinta da gestão de uma empresa privada, e não se pode afirmar que um bom executivo será, necessariamente, um "gestor social" competente. A discussão sobre o perfil do gestor social e a necessidade de programas de capacitação adequados para as organizações da sociedade civil foram tema de *workshop* organizado por centros de estudo do Terceiro Setor: Ceats-USP, http://www.fea.usp.br/fia/ceats/, e Cets/FGV-SP, http://www.fgvsp.br/cets/.

Durante o evento os participantes indicaram algumas características que deveriam fazer parte do perfil dos profissionais que oferecem cursos e programas de capacitação em gestão para o Terceiro Setor, entre as quais podem-se destacar:

- valorizar e promover a troca de experiências dos participantes;
- ter visão multidisciplinar;
- respeitar as diferenças;
- compreender as origens dos problemas sociais brasileiros;
- considerar a relação entre gestão social e políticas públicas;
- ter compromisso e difundir valores, como cidadania e humanismo;
- adotar a postura de facilitador na construção conjunta do conhecimento.

CAPÍTULO 2

Criação de ONGs e seus Aspectos Jurídicos

2.1 ASPECTOS JURÍDICOS

Organização Não Governamental (ONG) não é termo definido em lei, mas uma categoria que vem sendo socialmente construída e usada para designar um conjunto de entidades com características peculiares, reconhecidas por seus agentes, pelo senso comum ou pela opinião pública.

Por serem entidades civis sem fins lucrativos, as ONGs, para efeitos de enquadramento legal, podem constituir-se quer como associações, quer como fundações (art. 16 do Código Civil brasileiro). Preferem, no entanto, a primeira forma, a qual não implica a existência de um patrimônio prévio, nem de um instituidor: 95% das ONGs são registradas como associações civis sem fins lucrativos, sendo apenas 5 as fundações, ou seja, 3,4% do universo.

Segundo dados da Secretaria da Receita Federal, anualmente, apenas 5,8% das entidades registradas como sem fins lucrativos no Brasil são fundações.

Considerando que parte desse universo é composto por fundações instituídas por órgãos públicos – nada mais sendo, portanto, que organizações paraestatais – pode-se concluir que a pequena porcentagem de fundações entre essas ONGs não é discrepante do que ocorre no restante do universo não governamental e sem fins de lucro, no Brasil (que, segundo a mesma fonte, abrange cerca de 190.000 entidades).

Uma indagação importante seria quanto aos registros em órgãos governamentais que permitem a entidades sem fins lucrativos a obtenção de incentivos fiscais e outros benefícios, para além das imunidades e isenções a que estão automaticamente sujeitas: declarações de utilidade pública e/ou registro no Conselho Nacional da Ação Social (CNAS) (ver providências para registro de entidades no Anexo 2, disponível como Material Suplementar desta obra).

Apesar de terem o benefício público como ponto central de seus objetivos, atividades e justificativas de existência, nunca se constituindo voltadas apenas para seus próprios membros, é pequeno o número de ONGs que possuem os registros a que virtualmente faz jus, pela lei, esse tipo de entidade.

De acordo com a Tabela 2.1, apenas 19,3% delas possuem registro no CNAS (como se sabe, palco recente de ações moralizadoras e de cassações de registros de entidades filantrópicas, por parte do Governo Federal, na esteira dos movimentos anticorrupção via Orçamento Nacional). E só 14 entidades, ou 9,7% delas, possuem o registro de Utilidade Pública Federal. Esses números apontam, antes de tudo, para a histórica debilidade de laços constituídos por esse conjunto de entidades, através de sua curta história, com o Estado, fundamentalmente no nível federal.

Como mostra também a Tabela 2.1, o número de registros aumenta conforme o âmbito político-administrativo se localiza: 24,1% possuem registro de Utilidade Pública Estadual e 46 entidades, ou 31,7% do universo, possuem o registro municipal.

Evidencia-se, aí, uma história de construção de relações institucionais e de reconhecimento social em âmbito mais localizado, por parte das ONGs, bem como a maior tendência à acumulação de relações de cooperação com órgãos governamentais no nível estadual ou municipal.

Tabela 2.1 ONGs, por obtenção de declaração de utilidade pública ou registro no CNAS.*

Utilidade Pública Federal	14	9,7%
Utilidade Pública Estadual	35	24,1%
Utilidade Pública Municipal	46	31,7%
Registro no CNAS	28	19,3%

* Admitidas respostas múltiplas.

No entanto, esse número relativamente reduzido de registros no CNAS, ou de reconhecimentos de Utilidade Pública (regidos por legislação ultrapassada, que remonta ao período getulista), indica também a existência de um conjunto de obstáculos legais e burocráticos para que as ONGs tenham acesso a esses benefícios.

Não existe nessa antiga lei o reconhecimento do estatuto próprio das ONGs, "*de seu caráter público como agentes democráticos do desenvolvimento social, econômico e político*", como é colocado em documento da Abong. Essa associação, juntamente com outros setores da sociedade civil, desenvolveu nesse sentido, em 1993, gestões junto ao Ministério do Bem-Estar Social, movimento que culminou com um reordenamento jurídico-institucional (sanção da nova Lei Orgânica de Assistência Social (Loas), em dezembro de 1993, entre outras medidas), ampliando-se o conceito de entidade de assistência social, o qual passa a incorporar as ONGs que atuam na defesa e garantia de direitos. "*Amplia-se assim a definição de modo a abarcar muitas das atividades desenvolvidas pelas ONGs no sentido do enfrentamento da pobreza, da integração dos excluídos ao mercado de trabalho e da promoção da garantia dos chamados mínimos sociais,*" conforme texto do documento da Abong mencionado.

Embora haja ainda incertezas com relação à vigência, na prática, dessas modificações (que, no sentido também da eliminação de instrumentos tradicionais de clientelismo político, incluem a extinção do CNSS e a criação, a partir de fevereiro de 1994, do CNAS), tudo indica que o quadro estatístico apresentado poderá transformar-se à medida que o reconhecimento do caráter público e não lucrativo da ação das ONGs se traduza em maior acesso, para essas entidades, aos benefícios previstos na legislação quanto às entidades de educação e assistência social. Vale acrescentar que a Abong, junto com outras entidades civis, continua desenvolvendo iniciativas no sentido de promover nova regulação das relações entre o Estado e as entidades privadas sem fins lucrativos no Brasil, por meio de reformas institucionais e legais que possibilitem maior transparência e controle – sobretudo pela sociedade – dessas relações.

2.2 CRIAÇÃO DE UMA ONG

Nesta seção, procura-se orientar as pessoas interessadas em fundar uma Organização Não Governamental sem fins lucrativos (ONG), seja ela de finalidade ambiental, social, cultural, entre outras. Basta ter como objetivo o desenvolvimento de atividades de interesse público. É demonstrado passo a passo como montar uma entidade, seus trâmites legais e burocráticos.

Atualizada com a legislação vigente, esta orientação também explica as mudanças na Lei do Terceiro Setor, regulamentada em 2001. Além de texto explicativo, há, no final da orientação, dois anexos com a lei na íntegra.

Esta orientação foi editada pela revista *IntegrAção*, Cets/Eaesp/FGV, e tem como principal fonte de informação o Programa Estadual de Apoio às ONGs (Proaong), da Secretaria Estadual do Meio Ambiente de São Paulo.

A. LEI DO TERCEIRO SETOR: AS ORGANIZAÇÕES DA SOCIEDADE CIVIL DE INTERESSE PÚBLICO (Oscips)

No dia 30 de junho de 1999, o Presidente da República regulamentou, por intermédio do Decreto nº 3.100, a Lei nº 9.790, que dispõe sobre a qualificação de pessoas jurídicas de direito privado e sem fins lucrativos como ***Organizações da Sociedade Civil de Interesse Público***, instituindo e disciplinando o **Termo de Parceria** (ver Anexos 4 e 5, disponíveis como Material Suplementar desta obra).

Cabe destacar que a nova lei abre às entidades do Terceiro Setor um caminho institucional mais moderno, condizente com as necessidades atuais da sociedade, já que rompe com as velhas amarras regulatórias. Pela primeira vez, o Estado reconhece publicamente a existência de uma esfera que é pública, não por sua origem, mas por sua finalidade: **é pública, embora não estatal**.

Assim como qualquer outra entidade, as Oscips têm Estatuto, que deverá conter requisitos legais e normas, a fim de evitar fraudes, atitudes e posturas antiéticas no âmbito da sociedade.

É necessário, por exemplo, que, em caso de dissolução da entidade, seu patrimônio passe para outra que tenha o mesmo objeto social da extinta (de preferência), e não caia em mãos de diretores ou seja usado de outra maneira não prevista no Estatuto.

O pedido de obtenção de qualificação como Oscip deve ser enviado ao Ministério da Justiça, mediante requerimento que contenha os documentos exigidos (como, por exemplo, o Estatuto registrado em cartório ou a declaração de isenção do Imposto de Renda). Sua desqualificação resulta do não cumprimento de quaisquer desses requisitos, mediante processo administrativo ou judicial.

As principais novidades da nova lei são:[1]

1. Pela nova lei, podem ser qualificadas as organizações que realizam:
   a) promoção da assistência social;
   b) promoção da cultura, defesa e conservação do patrimônio histórico e artístico;
   c) promoção gratuita da educação;
   d) promoção gratuita da saúde;
   e) promoção da segurança alimentar e nutricional;
   f) defesa, preservação e conservação do meio ambiente e promoção do desenvolvimento sustentável;
   g) promoção do voluntariado;
   h) promoção do desenvolvimento econômico e social e combate à pobreza;
   i) experimentação, não lucrativa, de novos modelos socioprodutivos e de sistemas alternativos de produção, comércio, emprego e crédito;
   j) promoção de direitos estabelecidos, construção de novos direitos e assessoria jurídica gratuita de caráter suplementar;
   k) promoção da ética, da paz, da cidadania, dos direitos humanos, da democracia e de outros valores universais;
   l) estudos e pesquisas, desenvolvimento de tecnologias alternativas, produção e divulgação de informações e conhecimentos técnicos e científicos.

2. Pela nova lei, a qualificação passa a ser automática, desburocratizando-se o processo. A qualificação é ato vinculado ao cumprimento dos preceitos estabelecidos na Lei (Ministério da Justiça). Não é mais necessário o Título de Utilidade Pública Federal; Registro de Entidade de Assistência Social; ou Certificado de Fins Filantrópicos.
3. A nova lei cria novo instrumento jurídico: o Termo de Parceria. Para ter acesso a ele, a entidade precisa ser qualificada como Oscip.
4. Pela nova lei, a escolha dos parceiros é feita por meio de concursos de projetos. Os objetivos e metas são negociados entre as partes, e o controle é feito por resultados. Os Conselhos de Políticas serão consultados para elaborar os Termos de Parceria e fiscalizarão os resultados. Os dirigentes das Oscips podem ser remunerados; e, no caso do uso indevido de recursos estatais, as entidades e seus dirigentes serão severamente punidos.

B. CINCO PASSOS QUE LEVAM À FUNDAÇÃO DE UMA ONG

Primeiro passo: convocação

As pessoas de determinada região, sejam elas de uma comunidade, de um sindicato, de um bairro, de uma escola ou clube, que tenham *como objetivo* um trabalho de interesse

[1] As novidades da nova lei do Terceiro Setor, FRANCO, Augusto de. *Agir*, nº 8, mar./abr. 1999.

público, estarão aptas a criar uma entidade. Podem estar preocupadas com a defesa de um rio, de uma cidade, de uma praça, de uma praia ou outra riqueza natural ou cultural, ou com os direitos de comunidades (índios, caiçaras, pescadores, quilombolas etc.). Ou a fim de investir no desenvolvimento humano, como criar, por exemplo, centros educacionais e esportivos, creches e associações de assistência às pessoas carentes.

O primeiro passo é juntar-se e mobilizar-se, convocando **uma reunião** por meio de telefonemas, cartas, anúncio na rádio local, panfletos e jornais, ou outros meios, para seduzir as pessoas em relação à importância da criação da entidade que estão pretendendo.

O que deverá ser explicitado na reunião são os objetivos da entidade, sua importância, assim como sua necessidade, além da definição de uma comissão de preparação das próximas reuniões, com a divisão de tarefas e responsabilidades.

Deve ser formada, também, uma **Comissão de Redação do Estatuto Social**, que deverá ser pequena e ágil, no sentido de formular e apresentar uma proposta de estatuto que será discutido, analisado, modificado (se necessário) e finalmente aprovado pela Assembleia Geral, sendo que, nesse dia, terão que ser providenciadas cópias para todos.

Segundo passo: assembleia geral

A Assembleia Geral de fundação da entidade, na qual esta será oficializada, com a convocação de todos os interessados, **deverá ocorrer após definida a missão da entidade e redigida a primeira proposta de Estatuto.**

Essa Assembleia deve ser precedida de uma **carta convite** contendo dia, hora, local, além dos objetivos e da pauta da reunião.

No dia da Assembleia, deverá haver um **livro de presença**, que registrará todos os interessados em participar da assembleia, e um **livro de atas**, no qual serão anotadas as assembleias, assinados pelos presentes.

Uma mesa dirigente dos trabalhos, com um presidente e dois secretários, deverá ser eleita pela Assembleia.

Após a leitura da pauta pelo presidente, este deverá encaminhar os debates, principalmente o do Estatuto.

Terceiro passo: estatuto

A comissão deve ler o Estatuto e distribuir uma cópia para cada presente.

Cada artigo que a Assembleia ache polêmico ou seja destacado deve ser discutido, modificado (se necessário) e aprovado.

A seguir estão alguns itens essenciais que devem estar contidos no Estatuto:

a) nome e sigla da entidade;
b) sede e foro;
c) finalidades e objetivos;

d) se os sócios respondem pelas obrigações da sociedade;
e) quem responde pela entidade;
f) os sócios e seus tipos, entrada e saída, direitos e deveres;
g) poderes, tais como assembleia, diretoria, conselho fiscal;
h) tempo de duração;
i) como os estatutos são modificados;
j) como a entidade é dissolvida;
k) qual o destino do patrimônio, em caso de dissolução.

Quarto passo: posse da diretoria

A eleição da diretoria deve seguir o que foi aprovado no Estatuto; após a eleição, deve ser conferida a posse dos eleitos nos cargos.

Finalmente, está fundada a Entidade; entretanto, ela ainda não possui *status* legal, o que só ocorre após alguns procedimentos burocráticos.

Quinto passo: como proceder para o registro legal

Devido à grande burocracia e às exigências específicas de cada cartório, é necessária muita paciência, pois sempre faltará algum item.

Não é recomendável colocar o endereço da Entidade no Estatuto, pois a burocracia se repetirá a cada mudança de endereço.

A documentação terá que ser reunida e encaminhada ao Cartório de Registro Civil de Pessoas Jurídicas, além de se pagarem as taxas, registrar o livro de atas, os Estatutos, e publicar um extrato destes, aprovados, no *Diário Oficial*.

A documentação, que poderá variar de acordo com o cartório, é a seguinte:

a) três cópias dos estatutos em papel timbrado;
b) três cópias da Ata de Fundação, assinadas pelo presidente e demais diretores com firma reconhecida;
c) livro de atas original;
d) pagamento de taxas do cartório (se houver);
e) três cópias da Relação Qualificada da Diretoria (nome, cargo, estado civil, nascimento, endereço, profissão, identidade e CPF);
f) três cópias da relação de sócios fundadores;
g) um resumo com os principais pontos dos Estatutos, que às vezes é solicitado pelo cartório para que seja apresentado no *Diário Oficial*.

Todos esses documentos fazem com que a entidade passe a ter personalidade jurídica, mas, no caso de realizar operações financeiras, abrir conta bancária ou celebrar contratos, é necessário também que a entidade tenha o CGC. Para isso, basta procurar uma delegacia regional da Secretaria da Receita Federal, com todos os documentos registrados no cartório, autenticados e carimbados, e os documentos do responsável pela entidade. Além disso, deve-se preencher um formulário padrão e dar entrada para obtenção do CGC.

C. MODELOS

- **MODELO DE ESTATUTO**

Capítulo primeiro – Da denominação, da sede, duração e finalidade

Artigo 1º

Deverá conter o nome da instituição, seguido de sua sigla, endereço (incluindo rua, número e cidade) e seu regime jurídico.

Por exemplo: o (nome da entidade) a seguir denominado pela (sigla), é uma associação civil, de direito privado, de caráter socioambiental (ou descreva a outra natureza da entidade), sem fins lucrativos, de duração indeterminada, regida pelo presente Estatuto e pelas demais disposições legais que lhe forem aplicadas.

Artigo 2º

Deverá conter os principais objetivos e finalidades da entidade.

Por exemplo: o (nome ou sigla) tem como objetivos principais: promover a defesa de bens e direitos sociais, coletivos e difusos relativos ao meio ambiente, ao patrimônio cultural, aos direitos humanos e dos povos; estimular o aperfeiçoamento e o cumprimento de legislação que instrumentalize a consecução dos presentes objetivos; promover projetos e ações que visem à preservação, bem como à recuperação de áreas degradadas no meio ambiente urbano e rural, bem como a proteção da identidade física, social e cultural de agrupamentos urbanos com recursos próprios ou advindos de convênios ou outras formas jurídicas possíveis; estimular a parceria, o diálogo local e a solidariedade entre os diferentes segmentos sociais, participando junto a outras entidades de atividades que visem a interesses comuns.

Artigo 3º

O (nome ou sigla) é isento de quaisquer preconceitos ou discriminações relativas à cor, raça, credo religioso, classe social, concepção político-partidária ou filosófica, nacionalidade em suas atividades, dependências ou em seu quadro social.

Artigo 4º

O (nome ou sigla) não remunera os membros do Conselho Diretor e Fiscal, não distribuindo lucros ou dividendos a qualquer título ou sob nenhum pretexto, sendo que os excedentes de receita, eventualmente apurados, serão obrigatória e integralmente aplicados no desenvolvimento dos objetivos institucionais. Se a entidade for caracterizada como Oscip, poderá remunerar seus diretores.

Artigo 5º

O (nome ou sigla) poderá aceitar auxílios, contribuições ou doações (depois de examinados e aprovados pela diretoria), bem como firmar convênios (nacionais ou internacionais) com organismos ou entidades públicas ou privadas, contanto que não impliquem sua subordinação a compromissos e interesses que conflitem com seus objetivos e finalidades ou arrisquem sua independência.

Artigo 6º

Diz respeito ao patrimônio da entidade.

Por exemplo: o material permanente, acervo técnico, bibliográfico, equipamentos adquiridos ou recebidos pelo (nome ou sigla) por meio de convênios, projetos ou similares, são bens permanentes da sociedade e inalienáveis, salvo autorização em contrário expressa pela Assembleia Geral de Sócios.

Capítulo Segundo – Da constituição social

Artigo 7º

A sociedade será formada de um número ilimitado de sócios, que se disponham a viver os fins da sociedade, não respondendo pelas obrigações sociais do (nome ou sigla).

Artigo 8º

Deverá conter as categorias de sócios existentes, ou seja, o quadro social da entidade.

Como, por exemplo:

a) *Sócios fundadores*: os que participaram da Assembleia Geral de Fundação da Associação e assinaram a Ata da Fundação, com direito a votarem e serem votados em todos os níveis ou instâncias;
b) *Sócios efetivos*: cidadãos dispostos a colaborar com a melhoria da qualidade de vida da população; qualquer associado ou pessoa que não seja fundador do (nome ou sigla), aprovado pela Assembleia Geral dos Sócios. Possuem direito a votarem e serem votados em todos os níveis ou instâncias da sociedade;
c) *Sócios beneméritos*: pessoas físicas ou jurídicas que, pela elaboração ou prestação de relevantes serviços às causas da organização, fizerem jus a esse título, a critério da Diretoria (e ratificados pela Assembleia Geral);
d) *Sócios colaboradores*: pessoas físicas que, identificadas com os objetivos da entidade, solicitarem seu ingresso e pagarem as contribuições correspondentes, segundo critérios determinados pelo Conselho Diretor.

Artigo 9º

Deverá conter os direitos de todos os sócios fundadores e efetivos.

Por exemplo:

a) fazer à Diretoria da Associação, por escrito, sugestões e propostas de interesse social e/ou ecológico;
b) solicitar ao presidente ou à Diretoria reconsideração de atos que julguem não estar de acordo com os estatutos;
c) tomar parte dos debates e resoluções da Assembleia;
d) apoiar, divulgar, propor e efetivar eventos, programas e propostas da entidade;
e) ter acesso às atividades e dependências do (nome ou sigla);
f) votar e ser votado para qualquer cargo eletivo, após um ano de filiação como sócio efetivo;
g) convocar Assembleia Geral, mediante requerimento assinado por 1/3 dos sócios efetivos.

Artigo 10

Deverá conter os deveres de todos os associados, como por exemplo:

a) prestigiar e defender a Associação, lutando por seu engrandecimento;
b) trabalhar em prol dos objetivos da sociedade, respeitando os dispositivos estatutários, zelando pelo bom nome do (nome ou sigla) e agindo com ética;
c) não faltar às Assembleias Gerais;
d) satisfazer pontualmente aos compromissos que contraiu com a associação, inclusive mensalidades;
e) participar de todas as atividades sociais e culturais, estreitando os laços de solidariedade e fraternidade entre todas as pessoas e nações;
f) observar na sede da Associação ou onde a mesma se faça representar as normas de boa educação e disciplina.

Capítulo Terceiro – Da organização administrativa

Artigo 11

Deverá conter os órgãos da administração do (nome ou sigla), que são:

- Assembleia Geral;
- Conselho Diretor;
- Secretaria Executiva;
- Conselho Fiscal.

Da Assembleia Geral dos Sócios

Artigo 12

A Assembleia Geral é o órgão máximo da entidade, e dela participam todos os sócios fundadores e os sócios efetivos que estejam em pleno gozo de seus direitos, conforme previstos nos estatutos.

Artigo 13

A Assembleia Geral de Sócios elegerá um Conselho Diretor e Fiscal, definindo suas funções, atribuições e responsabilidades por meio de Regimento Interno.

Artigo 14

A Assembleia Geral se reunirá ordinariamente, no final de cada ano, para apreciar as contas da Diretoria, aprovação de novos sócios efetivos, e a cada dois anos para eleger os Conselhos Fiscal e Diretor; e extraordinariamente, a qualquer período, convocada pelos Conselhos Diretor e Fiscal ou por 1/3 dos sócios em pleno gozo de seus direitos, por motivos relevantes.

Artigo 15

Deverá conter as atividades competentes à Assembleia Geral, como por exemplo:

- deliberar sobre o relatório de atividades, balanço e demais contas da sociedade, a serem apresentadas pelo Conselho Diretor;
- propor e aprovar a admissão de novos sócios efetivos;
- eleger os Conselhos Diretor e Fiscal;
- autorizar a alienação ou instituição de ônus sobre os bens pertencentes ao (nome ou sigla);
- determinar e atualizar as linhas de ação da sociedade;
- estabelecer o montante da anuidade dos sócios.

Do Conselho Diretor

Artigo 16

O Conselho Diretor é um órgão colegiado, com o mínimo de três membros, subordinado à Assembleia Geral de sócios, responsável pela representação social do (nome ou sigla), bem como pela administração da sociedade, composto de sócios efetivos, com mandato de dois anos, permitindo-se reeleição.

Artigo 17

O Conselho Diretor nomeará uma Secretaria Executiva para responder pela gerência administrativa, legal e financeira da sociedade, em juízo ou fora dele.

Artigo 18

Deverá conter as atividades competentes à Diretoria, como por exemplo:

- cumprir e fazer cumprir os presentes Estatutos e as resoluções da Assembleia;
- aprovar a criação ou extinção de programas e órgãos gestores;
- elaborar o orçamento anual (da receita e da despesa);
- definir seus cargos, funções, atribuições e responsabilidades mediante Regimento Interno próprio;

- nomear, contratar e destituir a qualquer tempo a Secretaria Executiva;
- elaborar programas de trabalho a serem desenvolvidos pelas diversas diretorias;
- emitir parecer sobre as operações de crédito, aquisição ou alteração de imóveis, ouvido o Comitê Científico.

Da Secretaria Executiva

Artigo 19

A Secretaria Executiva é o órgão de administração da entidade, composto por dois ou mais secretários, nomeados pelo Conselho Diretor e referendados pela Assembleia Geral. Os secretários podem ser, por exemplo:

a) *Secretário Executivo*: representa a sociedade ativa e passivamente em juízo ou fora dele, podendo contratar e organizar o quadro administrativo, instituir programas, projetos, contratar serviços a terceiros etc.;
b) *Secretário Institucional*: coordena a execução das atividades institucionais, programas, atividades administrativas gerais do (nome ou sigla), substituindo o Secretário Executivo e o Administrativo em qualquer impedimento;
c) *Secretário Administrativo*: coordena as atividades da sede social, do quadro de sócios, e responde pela gerência administrativa e financeira da sociedade.

Artigo 20

Deverá conter as atividades competentes à Secretaria Executiva, como:

- formular e implementar a política de comunicação e informação da sociedade, de acordo com as diretrizes emanadas da Assembleia Geral;
- coordenar as atividades de captação de recursos da entidade;
- elaborar pareceres técnicos, em conjunto ou isoladamente, sobre projetos e atividades da entidade e de terceiros;
- elaborar a política geral de cargos e salários para aprovação pelo Conselho Diretor;
- aceitar doações e subvenções, desde que as mesmas não comprometam a autonomia e independência da entidade;
- elaborar o Regimento Interno para aprovação do Conselho Diretor;
- coordenar a elaboração de projetos.

Do Conselho Fiscal

Artigo 21

O Conselho Fiscal, composto de três membros efetivos e dois suplentes, será eleito simultaneamente ao Conselho Diretor, na mesma Assembleia Geral Ordinária, com mandato de dois anos.

Artigo 22

Deverá conter as atividades competentes ao Conselho Fiscal, como:

- auxiliar o Conselho Diretor na administração do (nome ou sigla);
- analisar e fiscalizar as ações do Conselho Diretor e a prestação de contas da Secretaria Executiva e demais atos administrativos e financeiros;
- convocar Assembleia Geral dos Sócios a qualquer tempo.

Capítulo Quarto – Das eleições

Artigo 23

As eleições para a Diretoria ocorrerão a cada ( ) anos, pela Assembleia Geral, podendo compor chapa todos os sócios efetivos, mas concorrendo apenas para uma única chapa, e podendo seus membros ser reeleitos por igual período.

Capítulo Quinto – Das disposições gerais e transitórias

Artigo 24

Por exemplo: os bens patrimoniais do (nome ou sigla) não poderão ser onerados, permutados ou alienados sem a autorização da Assembleia Geral dos Sócios, convocada especialmente para esse fim.

Artigo 25

Por exemplo: o Conselho Diretor deverá baixar regimentos especiais para a regulamentação destes Estatutos.

Artigo 26

Por exemplo: nenhuma categoria dos sócios responde, nem mesmo subsidiariamente, pelas obrigações ou compromissos assumidos pelo (nome ou sigla).

Artigo 27

Por exemplo: os casos omissos serão resolvidos pelo Conselho Diretor, com recurso voluntário para a Assembleia Geral.

- **MODELO DE ATA DE ASSEMBLEIA DE FUNDAÇÃO**

(Exemplo baseado no modelo de Estatuto apresentado)

Às ( ) horas e ( ) minutos do dia ( ) do mês ( ) de ( ), à (local), conforme assinaturas constantes do Livro de Atas, foi oficialmente aberta a Assembleia Geral da (nome e sigla), com sede, domicílio e foro na cidade de ( ), (sigla da UF), com duração ilimitada.

Os presentes elegeram para presidir os trabalhos (nome) e para secretariar (nome) e (nome). Agradecendo sua indicação, o presidente dos trabalhos apresentou a pauta, passando à ordem do dia. Iniciaram-se os debates sobre a proposta de Estatuto que, depois de analisada e modificada, foi aprovada por ( ). O Estatuto aprovado é o seguinte: (transcrever o Estatuto inteiro ou um extrato contendo apenas os itens listados anteriormente: nome da entidade e sua sigla; sede e foro; finalidades e objetivos; se os sócios respondem pelas obrigações da sociedade; quem responde pela entidade; sócios; poderes; tempo de duração; como são modificados os estatutos; como é dissolvida a entidade; e, em caso de dissolução, para onde vai o patrimônio). De acordo com o Estatuto Social, todos os presentes a esta Assembleia são considerados sócios fundadores e, portanto, membros natos da Assembleia Geral de Sócios. Passou-se ao próximo ponto de pauta, eleição do Conselho Diretor e do Conselho Fiscal. Após o tempo necessário para inscrição de chapas e candidatos, foi iniciada a votação como determina o Estatuto. Foram eleitos para o Conselho Diretor, com mandato de (dia) de (mês) de (ano) até (dia) de (mês) de (ano), os Diretores (nome e função), e demais. A Secretaria Executiva ficou assim constituída: Secretário Executivo, (nome) ou (nomes). O Conselho Fiscal, eleito na mesma ocasião e pelo mesmo período de mandato, ficou assim constituído: (nome e função), Presidente, (nome), (nome), (nome) e os suplentes (nome), (nome), que foram imediatamente empossados em seus respectivos cargos. Nada mais havendo para ser tratado, o Presidente deu por encerrada a Assembleia, e eu, (nome) lavrei e assinei a presente ata, seguida das assinaturas do presidente dos trabalhos, Diretores eleitos e demais presentes. Cidade, data, assinatura e nome do Secretário da Mesa, do Presidente dos trabalhos, Conselheiros eleitos, demais presentes.

- **MODELO DE SOLICITAÇÃO DE REGISTRO**

  Deverá ser efetuado em papel timbrado. Por exemplo:

  Ilmo. Sr.

  Oficial do Cartório do Registro Civil de Pessoas Jurídicas.

  Prezado Sr.,

  Requeiro, nos termos da Lei, que seja procedido o registro dos estatutos, livro de atas da (nome da entidade).

  Nestes termos,

  Peço deferimento.

  Assinatura do responsável

- **MODELO DE ESTRUTURA ADMINISTRATIVA**
  - Assembleia Geral de Sócios;
  - Plenária;
  - Eleição;
  - Conselho Diretor;
  - Conselho Fiscal;
  - Secretaria Executiva.

Temos como exemplo o seguinte modelo:

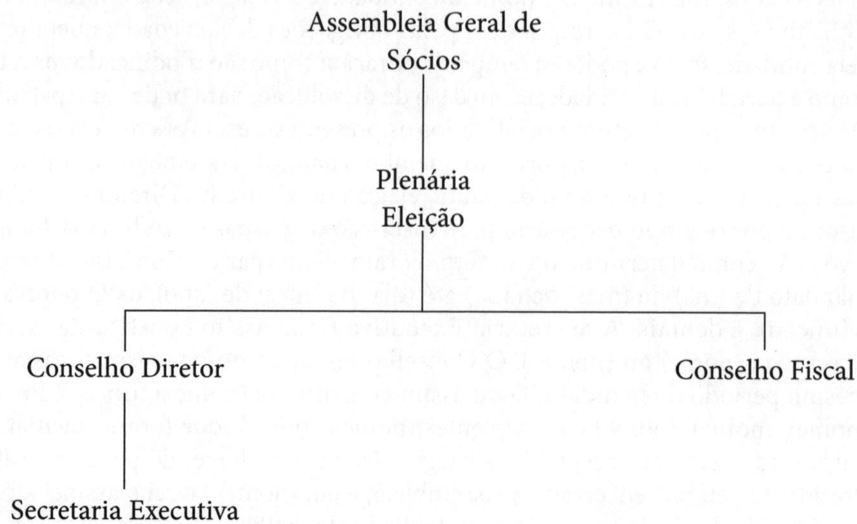

CAPÍTULO 3 Responsabilidade Social e Agentes de Transformação

3.1 GOVERNO COMO PRIMEIRO SETOR

As organizações governamentais, que constituem o Primeiro Setor, são constituídas de: órgãos da administração direta (federal, estadual e municipal); órgãos da administração indireta; empresas públicas; sociedades de economia mista; autarquias; fundações; e estatais afins.

Na análise das estatais, assinaladas invariavelmente por se desviarem de seus propósitos iniciais, percebe-se que foram criadas para ocupar lacunas estratégicas no meio econômico, que o setor privado isoladamente não poderia ocupar, e também visando compensar as deficiências da administração direta, evidenciando seu fenomenal crescimento e diversificação.

Representam uma pluralidade de estruturas, sem necessariamente constituir um conjunto ordenado de agentes, tendo como característica comum o fato de terem-se originado de uma mesma fonte, o Estado. Na maior parte dos casos, as estatais posicionam-se em áreas específicas de atuação, em geral detendo o monopólio ou o controle do mercado, onde organizações privadas teriam dificuldades devido à necessidade de manutenção de preços, tarifas e dimensões economicamente vantajosas.

O setor governamental, de serviços públicos, dado seu extraordinário crescimento, influenciou a estagnação da capacidade do Estado em fazer frente a suas tradicionais atividades-fins, como saúde, segurança, saneamento básico, educação, transportes, entre outras.

O crescimento das estatais deu-se de forma pouco articulada e planejada, o que limitou as possibilidades de realização de estratégias conjuntas, não só entre as diferentes esferas (federal, estadual e municipal), como também entre órgãos da administração direta e indireta, reduzindo com isso a eficácia das políticas macroeconômicas. Tal constatação sinaliza que qualquer intervenção voltada à modernização do Estado, como por exemplo a informatização, deve ser precedida da implementação de uma reconfiguração institucional, na forma de reestruturação organizacional, e do perfil de atuação dos órgãos da administração direta e indireta.

Dada a alta complexidade que envolve as questões relacionadas aos governos em suas diferentes esferas, abordam-se, aqui, apenas algumas possibilidades de estratégias no processo de interação das empresas, principalmente, com os órgãos governamentais (caso das prefeituras municipais). São descritos, a seguir, apenas alguns exemplos de estratégias de responsabilidade social, envolvendo principalmente parcerias de empresas com governos municipais, e que podem servir de referencial para a criação de outros projetos assemelhados no âmbito de organizações desse setor governamental.

Em razão do alto conteúdo de sucatas e resíduos sólidos gerados pelos produtos industriais, e que fazem sua deposição física em aterros sanitários, surge como viável a realização de parcerias e convênios de organizações privadas e ONGs com as prefeituras municipais, para solução do problema dos lixões, comum a todas as metrópoles brasileiras.

Exemplo dessa possibilidade de estratégia é o caso da empresa Citraya, que recolhe resíduos de empresas como Compaq, Motorola, Nokia e Solectron, entre outras, para fins de reciclagem de componentes obsoletos descartados por elas. A Citraya, após recolher tais componentes sucateados, efetua um processo de triagem dos metais, trituração dos resíduos e, posteriormente, venda (exportação) às empresas produtoras dos componentes eletrônicos originais, sediadas no exterior.

Além do ganho econômico (caso da Citraya), possibilita o fim do processo de deposição de sucata em aterros sanitários, que é o método utilizado pela maioria das empresas. Tal estratégia, legalmente, atende aos preceitos das normas da série ISO 14000, (e ISO 16000) que exigem das empresas certificações que comprovem que a operação segue regras adequadas de deposição do resíduo. Complementarmente, a legislação brasileira estabelece que a empresa que gera o resíduo permaneça criminalmente responsável por ele, independentemente de subcontratar terceiros para a efetivação do descarte e destinação final (Lei nº 12.305, de 2-8-2010).

Outro exemplo semelhante, relacionado ao segmento automobilístico e de pneumáticos, é o da empresa Midas, que recicla pneus e borracha. É um mercado que tende a crescer com o respaldo legal de Resolução Normativa do Conselho Nacional do Meio Ambiente (Conama), que estabelece a reciclagem obrigatória de pneus, proporcionalmente à quantidade produzida/importada. Sua tendência cresce, também, em função do problema de saúde pública (aterros sanitários e lixões), além do aspecto ecológico que representa. Centenas de milhões de pneus sucateados são, periodicamente, depositados nos aterros sanitários, além do depósito doméstico, que gera problemas de saúde pública, o que corresponde a um percentual significativo do lixo urbano.

A Eletronuclear (serviços públicos) mantém vários projetos sociais voltados à comunidade, em parceria com as prefeituras municipais das cidades de sua área de influência, tais como:

- *Recuperação da BR-101* (Angra dos Reis, RJ), em convênio com o DNER, para realização de obras de recuperação da rodovia Rio-Santos, no trecho Angra-Parati, com a construção de passarelas para pedestres, dando mais segurança à população e aos motoristas;
- *Programas de Inserção Regional* (Angra dos Reis), que incluem verbas anuais para apoio à segurança pública, projetos comunitários e material de apoio (revistas, camisas e calendários) a eventos comunitários;

- *Convênio com Prefeituras* (Angra dos Reis), visando a aporte de investimentos às cidades na área de influência da usina nuclear, para fins de melhoria nas condições de infraestrutura, aparelhamento da defesa civil e outros benefícios;
- *Creche do Frade* (Angra dos Reis), que prevê a construção e manutenção de uma creche para atendimento de crianças entre 6 meses e 5 anos da Comunidade do Frade e regiões circunvizinhas;
- *Geração de Emprego e Renda* (Angra dos Reis), cujo objetivo principal é a criação de um centro profissional para qualificação de mão de obra voltada para as necessidades da região. O programa inclui cursos para a comunidade e oficinas profissionalizantes nas aulas noturnas da rede municipal.

Como projetos sociais voltados à educação, são mantidos pela Eletronuclear:

- *Apoio à Educação* (RJ), com programa que busca ampliar ou reformar espaços físicos de unidades escolares de educação infantil e de ensino básico e apoiar projetos pedagógicos com ações indiretas, como maior oferta de lazer e saúde;
- *Convênio de Cooperação Técnica com Universidades* (RJ), cujo projeto objetiva a realização de trabalhos conjuntos, entre técnicos da empresa e universitários, no campo de envolvimento tecnológico voltado à energia elétrica.

O Metrô do Rio mantém o projeto Estação Alegria, para que alunos de primeira a quarta série de escolas públicas de áreas suburbanas aprendam princípios de cidadania e respeito à preservação do metrô e do patrimônio público, por meio de uma revista em quadrinhos e de esquetes sobre situações do cotidiano. Da mesma forma é o projeto Espaço Aberto, mantido pela empresa, no qual novos talentos se apresentam, mediante uma ajuda financeira mensal, nas estações e carros do metrô, com números musicais ou esquetes teatrais que estimulam a prática da cidadania.

A Fundação Aquarela, em parceria com oito empresas do setor elétrico, entre elas a Centrais Elétricas do Pará, tem como projeto piloto voltado à educação uma escola em Belém (PA). Além da educação formal, crianças selecionadas para cursarem a escola recebem alimentação e assistência médico-odontológica, enquanto as famílias contam com orientação psicossocial, que contribui para a diminuição da violência doméstica, problema crônico da região.

O projeto social voltado à educação Celepar na Comunidade é uma proposta da Companhia de Informática do Paraná (Celepar) para despertar na comunidade, especialmente entre os mais carentes, o interesse pela utilização dos recursos de informática no ensino, na atividade profissional e no exercício da cidadania. Um dos projetos prevê a capacitação de multiplicadores com 40 horas de aulas.

Outro exemplo de estratégia de responsabilidade social encontra-se no projeto Imprimindo Cidadania com Papel Social, voltado à comunidade de São Paulo, desenvolvido pela Imprensa Oficial do Estado de São Paulo (Imesp). Esse projeto propicia a doação de aparas de papel, separadas e embaladas em fardos, para entidades como Apae, Lar Escola São Francisco, Hospital do Câncer e entidades assemelhadas, que vendem os produtos no mercado sem intermediários. Os recursos obtidos são aplicados em seus projetos sociais.

No âmbito das prefeituras municipais (possibilidade de parcerias com organizações empresariais e não governamentais), há uma demanda por estratégias voltadas ao equacionamento do lixo urbano que, normalmente, é depositado a céu aberto com a decorrente atração de uma população marginalizada que passa a sobreviver em função dessa situação. Como a capacidade dos lixões e aterros sanitários (incineração a céu aberto e sem controle de sua queima) fica saturada rapidamente, sobretudo nas grandes cidades, abrem-se enormes possibilidades para o desenvolvimento de projetos sociais e ambientais no contexto dos governos municipais.

Esses projetos podem integrar ações operacionais baseadas em critérios ambientais, sociais e técnicos que podem dar solução adequada à coleta, tratamento e disposição do lixo de seu município.

Dessa maneira, podem-se implementar alternativas sustentadas para reciclagem, recuperação de energia, reutilização e compostagem do lixo, bem como a construção técnica de aterros sanitários. Estratégia ambiental nesse sentido pode ser desenvolvida na forma de parceria entre prefeituras de municípios de pequeno e médio porte para ganharem escala e, dessa forma, solucionarem o problema comum de todos os lixões municipais brasileiros.

Estratégia equivalente seria o aporte de recursos oficiais, por exemplo do Fundo Nacional do Ministério do Meio Ambiente, para financiamento de projetos destinados à gestão de resíduos sólidos urbanos, construção de aterros sanitários e recuperação de lixões.

A estratégia de parcerias com empresas, já abordada em outros pontos desta obra, além de convênio com organizações não governamentais (ONGs) e comunidade em geral, seria outra possibilidade para as prefeituras municipais, no sentido de desenvolver projetos para triagem e comercialização dos resíduos a serem depositados nos aterros sanitários.

3.2 ORGANIZAÇÕES PRIVADAS COMO SEGUNDO SETOR

Em face das mutantes e crescentes expectativas de clientes, de fornecedores, do pessoal interno e dos gestores, a *empresa do futuro* tem de agir de forma responsável em seus relacionamentos internos e externos.

Os novos tempos caracterizam-se por uma rígida postura dos clientes voltada à expectativa de interagir com organizações que sejam éticas, com boa imagem institucional no mercado, e que atuem de forma ecologicamente responsável.

Por vocação ou para atender à tendência mundial de crescimento do papel das empresas no aprimoramento das sociedades (*Valor Econômico*, ago. 2001), cada empresa vencedora do Prêmio Valor Social, nas categorias "Relações com a comunidade", "Respeito ao meio ambiente", "Qualidade do ambiente de trabalho", "Respeito ao consumidor" e "Micro e pequenas empresas", encontrou seus próprios rumos de atuação. O Prêmio Eco 2001 – Reconhecendo a Cidadania Empresarial – contempla:

Áreas	Empresa Vencedora
Educação	Companhia Vale do Rio Doce
Cultura	Nestlé Brasil Ltda.
Conservação/educação ambiental	DaimlerChrysler do Brasil Ltda.
Saúde	White Martins Gases Industriais S.A.
Participação comunitária	Refinaria de Petróleo de Manguinhos S.A.

O êxito dos referidos prêmios evidencia o quanto é fundamental o exercício da responsabilidade social por parte do mundo empresarial.

O BankBoston, vencedor do prêmio Valor Social na categoria "Qualidade do ambiente do trabalho", prioriza os funcionários nos processos de seleção para preenchimento de novas vagas. Capacita-os, ainda, com o oferecimento de MBAs em parcerias com universidades.

O desenvolvimento do potencial humano, principalmente por meio da valorização dos colaboradores, como filosofia de desenvolvimento humano, contribuiu para a Serasa vencer, na categoria "Ambiente de Trabalho", o Prêmio Valor Social.

A qualidade de vida e o resgate da autoestima de seus colaboradores fazem parte da filosofia da Editora Palavra Mágica e da MR Sobremesas, vencedoras do prêmio Valor Social na categoria "Micro e pequenas empresas". A Palavra Mágica mobiliza seus colaboradores, órgãos públicos da região de Ribeirão Preto (SP), onde se localiza, e outras editoras para criar bibliotecas infantis nas creches da região.

Para a Nestlé, vencedora do prêmio na categoria "Respeito ao consumidor", o conceito de responsabilidade social sempre existiu e está relacionado ao atendimento ao consumidor. Nessa empresa, para que todos entendam a importância que o atendimento ao consumidor tem, não só as mensagens dos clientes são repassadas aos vários departamentos da organização, mas, igualmente, profissionais de outras áreas fazem estágios entre os funcionários do Nestlé Serviço ao Consumidor. O prêmio Valor Social, na categoria "Relações com a comunidade", contemplou o Banco Itaú e a Usiminas, que desenvolvem programas de ações sociais nas regiões em que atuam.

Do impacto que um pilar de sustentação causa no solo da Mata Atlântica ao óleo do cárter do veículo que faz a inspeção da rodovia, em cada ação da Ecovias Imigrantes, o cuidado com o meio ambiente é rigoroso. O consórcio foi um dos vencedores do prêmio na categoria "Respeito ao meio ambiente", junto com a Ford. No Complexo Industrial Ford Nordeste, princípios ecológicos estão sendo rigorosamente implantados, juntamente com as fábricas de Tatuí, Taubaté e São Paulo, que tiveram seus procedimentos e instalações modificados para adequação a esses princípios. A fábrica da Ford na Bahia é resultado da união de modernos conceitos de engenharia automobilística à mão de obra das comunidades locais, com a utilização correta dos recursos naturais.

Esse novo ambiente empresarial estará a exigir dos gestores um novo senso de responsabilidade em relação aos membros do corpo funcional da organização, cujas expectativas incluem receber tratamento justo, ter participação no processo decisório, além de ter instrumental apropriado para executar suas funções e poder trabalhar em equipe.

A responsabilidade social e ambiental pode ser resumida no conceito de *efetividade* como o alcance de objetivos do desenvolvimento econômico-social. Portanto, uma organização é efetiva quando mantém uma postura socialmente responsável.

A efetividade está relacionada à satisfação da sociedade, ao atendimento de seus requisitos sociais, econômicos e culturais.

Partindo do pressuposto de que toda e qualquer organização existe em função de necessidades sociais e depende de manter bom relacionamento com a sociedade para se desenvolver, podemos verificar a importância da incorporação desse terceiro indicador de desempenho pelas organizações.

A transformação e a influência ecológica nos negócios se farão sentir de maneira crescente e com efeitos econômicos cada vez mais profundos. As organizações que tomarem decisões estratégicas integradas à questão ambiental e ecológica conseguirão significativas vantagens competitivas, quando não, redução de custos e incremento nos lucros a médio e longo prazo. Empresas como a 3M, que soma as 270 mil toneladas de poluentes da atmosfera e as 30 mil toneladas de efluentes dos rios que deixou de despejar no meio ambiente desde 1975, conseguem economizar mais de US$ 810 milhões combatendo a poluição nos 60 países onde atuam. Outra empresa, a Scania Caminhões, contabiliza economia em torno de R$ 1 milhão com programa de gestão ambiental que reduziu 8,6% no consumo de energia, 13,4% no de água e 10% no volume de resíduos produzidos apenas no ano de 1999.

O mercado de negócios ambientais no Brasil (*Gazeta Mercantil*, out. 2001), ou de negócios verdes, oferece imenso leque de oportunidades rentáveis para a iniciativa privada. Primeira indústria no Canadá e segunda na Alemanha, o meio ambiente representa um mercado potencial de US$ 6 bilhões no Brasil, com possibilidade de crescimento de 30% ao ano.

Tecnologias limpas, projetos de desenvolvimento sustentável, gestão de resíduos sólidos industriais e reciclagem de materiais transformaram-se na última década no principal foco de negócios de empresas como Latasa, Resotec, Plantar, entre outras, atraindo a atenção de novos investidores para a área.

A Latasa, líder na fabricação de embalagens metálicas para cervejas e refrigerantes no Brasil, Argentina e Chile, mantém programa de coleta permanente de sucata como estratégia para proteger a imagem do produto, e sua previsão é faturar, apenas com a reciclagem, US$ 15 milhões em 2002.

Outro nicho rentável do mercado ambiental é o reaproveitamento de resíduos industriais. Essa tecnologia é a alma do negócio da Resotec, divisão do grupo Holdercim do Brasil (grupo suíço Holcim). A empresa coprocessa lixo industrial (borras oleosas, tintas, vernizes, pneus, produtos fotográficos e catalisadores usados), que alimenta os fornos de cimento da empresa. O serviço é prestado para clientes como Petrobras, Fiat, Copene, Mercedes Benz e General Motors, totalizando o coprocessamento de 40 mil toneladas anuais de resíduos (as empresas gerenciam seus resíduos e eliminam seus passivos ambientais).

A instalação de projetos de sequestro de carbono (CO_2), com a utilização do mecanismo de desenvolvimento limpo (MDL) previsto no Protocolo de Kyoto, é a principal estratégia da Plantar para faturar US$ 30 milhões a curto e médio prazo. A empresa produz ferro-gusa a partir da queima de carvão vegetal, com a contrapartida do plantio de 23 mil hectares de florestas com financiamento do Banco Mundial.

Há, para o futuro, muito espaço a ser explorado, um cenário promissor, que se abre para o Brasil e a América Latina, para empreendimentos empresariais ligados ao meio ambiente. A região possui graves problemas ambientais, como a geração de 350 mil toneladas de resíduos sólidos por dia e apenas 49% da população com serviço de esgoto. A indústria de reciclagem, no mundo, já movimenta 600 milhões de toneladas anuais de lixo e fatura US$ 160 bilhões. Ainda em desenvolvimento no Brasil, esse setor gera recursos da ordem de US$ 1,2 bilhão por ano, apenas 20% do potencial existente.

Tabela 3.1 Negócios verdes (os números da reciclagem no Brasil em 2000).

	Faturamento em US$	Volume reciclado (mil toneladas)
Vidro	421 milhões	373
Latas de alumínio	120 milhões	102
Aparas e papéis usados		2.500
PET embalagem	36,62 milhões	67
Plásticos	83,63 milhões	240

A gestão ambiental, enfim, torna-se importante instrumento gerencial para capacitação e criação de condições de competitividade para as organizações, qualquer que seja seu segmento econômico. Dessa maneira, empresas siderúrgicas, montadoras automobilísticas, papel e celulose, química e petroquímica investem em gestão ambiental e marketing ecológico.

3.3 ALIANÇAS E PARCERIAS ECOLÓGICAS

Gestão ecológica é o exame e a revisão das operações de uma empresa da perspectiva da ecologia profunda, ou do novo paradigma. É motivada por uma mudança nos valores da cultura empresarial, da dominação para a parceria, da ideologia do crescimento econômico para a ideologia da sustentabilidade ecológica. Envolve uma mudança correspondente do pensamento mecanicista para o pensamento sistêmico e, por conseguinte, um novo estilo de administração conhecido como administração sistêmica.

Ações voltadas a melhorar a qualidade de vida ou a preservar o meio ambiente (*Gazeta Mercantil*, maio 2001) já não são bandeiras exclusivas das organizações não governamentais (ONGs). A iniciativa privada descobriu na onda verde excelente filão de negócios e tornou-se poderosa aliada das ONGs. Multiplicam-se no mercado as novas gerações de produtos e de empresários "ecologicamente corretos". Unibanco, Bradesco, Banco Real, Lojas Renner, Melhoramentos, Gazeta Mercantil, Grupo Abril, Rede Globo, Rede Bandeirantes, Brinquedos Estrela, Marisol, TAM, Kodak, General Motors e McDonalds são algumas empresas que atuam no *Terceiro Setor*, que abriga as iniciativas privadas com fins públicos.

Nesse contexto inserem-se as parcerias de empresas com ONGs ecológicas, como a cadeia de Lojas Renner, que, com o aval do Greenpeace, lançou uma coleção de roupas com sistema de tingimento natural. A TAM, com aprovação do Greenpeace e com selo de qualidade do Instituto Biodinâmico, utiliza açúcar orgânico (produzido sem agrotóxico, com adubo natural) a bordo de suas aeronaves. Essa empresa planeja, ainda, implementar refeições de bordo saudáveis e com menos calorias e gorduras. A Indústria Gráfica Jandaia produz cadernos ecologicamente corretos segundo a filosofia de considerar a ecologia como uma ação constante de agregar valor à marca. A Free Way Boots & Shoes trabalha com uma linha de sapatos especial com couro vegetal e sola de látex puro da Amazônia. As duas empresas fizeram contratos de licenciamento com o Greenpeace, uma das organizações não governamentais mais ativas do planeta. No Brasil, o caráter de contestação cedeu parte do espaço para a arte de fazer negócios. Produtores de feijão, arroz, geleias, massa de tomate, *CDs*, objetos de vidro e cerâmica para decoração fecharam contratos para comercializar produtos com o selo Greenpeace.

O Unibanco lançou o cartão de crédito Mastercard com o selo do Greenpeace. O plástico usado na fabricação da tarjeta é feito à base de amido de milho, alternativamente ao PVC utilizado nos tradicionais cartões de crédito. O Unibanco repassa à ONG uma taxa de contribuição e certo percentual do valor das compras de seus clientes.

A Fundação SOS Mata Atlântica tem procurado seus próprios caminhos para difundir a marca e fazer negócios. Fez parceria nas salas do complexo cinematográfico Cinemark no *shopping* Villa-Lobos, em São Paulo, que, além do filme sobre devastação da mata que passa antes de algumas sessões, tem funcionários treinados que falam sobre o tema para quem for ao cinema. Para difundir suas ideias, a entidade também fechou parceria com o laboratório Boehringer Ingelheim, cujo xarope Mucosolvam patrocina campanha de conscientização ambiental em várias universidades do país. Empresas como Bradesco, Carbono21, Hopi Hari, Abril, Embratur, Kolynos, entre outras, integram o grupo de patrocinadores.

Na tentativa de saber o que realmente acontece com as florestas, a SOS Mata Atlântica lançou com o Bradesco/Visa um cartão de crédito de afinidade. Um percentual dessa operação é direcionado para fazer, em parceria com o Instituto Nacional de Pesquisas Espaciais (Inpe), o atlas da mata remanescente. Os recursos patrocinam fotos de satélite de diversas áreas que são disponibilizadas em mapas, relatórios e na Internet (por meio do *site* o navegador pode doar mudas de árvore nativa para projetos de reflorestamento). Com o patrocínio da Embratur, criou-se o Polo Ecoturístico do Lagamar (roteiros de ecoturismo na região de Cananeia, Iguape, Ilha Comprida e Pariquera-Açu, no Estado de São Paulo), baseado na utilização sustentável dos recursos naturais. A parceria com a marca Sorriso Herbal (creme e fio dental, além do refrescante bucal), da fabricante Colgate Palmolive, destinada à consolidação da consciência ecológica, viabiliza outros projetos de educação ambiental. Em parceria com o Grupo Abril e o Instituto Ambiental Vidágua, há um original programa de reflorestamento que permite que qualquer internauta plante uma árvore, custeado por empresas patrocinadoras. São árvores da Mata Atlântica, e o plantio pode ser acompanhado pelo computador.

Maior entidade conservacionista do mundo, com mais de 4,5 milhões de afiliados, o World Wide Fund for Nature (WWF) investe em projetos de conservação e desenvolvimento sustentável nas regiões da Amazônia, Pantanal, Mata Atlântica e Cerrado. Tornou-se conhecida no Brasil por seu apoio ao projeto Mico-Leão-Dourado. Em parcerias com a iniciativa privada, a WWF-Brasil obteve radiocomunicadores da Motorola, papéis da Companhia Suzano, patrocínio do Banco Real para o relatório de atividades e espaço publicitário na *Gazeta Mercantil*. Firmou parcerias, ainda, com as empresas: Alcan; Bank of America; Brinquedos Estrela; Citizen; Editora Abril; Editora Caras; Editora Globo; Rede Bandeirantes; Rede Globo; TV Cultura/SP; General Motors do Brasil; Kodak; McDonalds; PriceWaterhouse; Ogilvy & Mather Publicidade, entre outras. A WWF-Brasil é a primeira ONG a ter o certificado NBR ISO 9002 para gestão de recursos financeiros, gestão de contratos, programa de afiliação e venda de produtos WWF, concedido pelo Inmetro.

O avanço tecnológico e o desenvolvimento do conhecimento humano, por si só, não produzem efeitos se a qualidade da administração efetuada sobre os grupos organizados de pessoas não permitir uma aplicação efetiva desses recursos humanos. A administração, com suas novas concepções, entre elas a dimensão da gestão ambiental e de responsabilidade social, está sendo considerada uma das principais chaves para a solução dos mais graves problemas que afligem atualmente o mundo moderno.

3.4 RESPONSABILIDADE SOCIAL CORPORATIVA

A responsabilidade social está transformando-se num parâmetro, e referencial de excelência, para o mundo dos negócios e para todo o Brasil corporativo.

Segundo a Fundação para o Prêmio Nacional da Qualidade (2002), as organizações socialmente responsáveis devem abordar suas responsabilidades perante a sociedade e o exercício da cidadania, por meio de estágios que vão desde uma fase embrionária até sua fase mais avançada.

> *Estágio 1*: a organização não assume responsabilidades perante a sociedade e não toma ações em relação ao exercício da cidadania. Não há promoção do comportamento ético.
>
> *Estágio 2*: a organização reconhece os impactos causados por seus produtos, processos e instalações, apresentando algumas ações isoladas no sentido de minimizá-los. Eventualmente busca promover o comportamento ético.
>
> *Estágio 3*: a organização está iniciando a sistematização de um processo de avaliação dos impactos de seus produtos, processos e instalações, e exerce alguma liderança em questões de interesse da comunidade. Existe envolvimento das pessoas em esforços de desenvolvimento social.

Estágio 4: o processo de avaliação dos impactos dos produtos, processos e instalações está em fase de sistematização. A organização exerce liderança em questões de interesse da comunidade de diversas formas. O envolvimento das pessoas em esforços de desenvolvimento social é frequente. A organização promove o comportamento ético.

Estágio 5: o processo de avaliação dos impactos dos produtos, processos e instalações está sistematizado, buscando antecipar as questões públicas. A organização lidera questões de interesse da comunidade e do setor. O estímulo à participação das pessoas em esforços de desenvolvimento social é sistemático. Existem formas implementadas de avaliação e melhoria da atuação da organização no exercício da cidadania e no tratamento de suas responsabilidades públicas.

O *estágio 5* é o mais avançado e deve ser considerado como meta da organização. A exemplo do que ocorreu com a *ISO 9000*, de qualidade, e a *ISO 14000*, para meio ambiente, as certificações sociais surgiram há poucos anos nos Estados Unidos, com o objetivo de atestar que a organização, além de ter procedimentos internos corretos, participa de ações não lucrativas em áreas como cultura, assistência social, educação, saúde, ambientalismo e defesa de direitos.

Em 1997, a The Council Economic Priorities Acreditation Agency (Cepaa) criou a certificação SA 8000, com o objetivo de atestar que na cadeia produtiva de uma organização não existem ocorrências antissociais. Dois anos depois, em 1999, o Institute of Social and Ethical Accountability lançou a AA 1000, que amplia o campo de avaliação e monitora a relação entre a empresa e a comunidade em que está inserida.

No Brasil, não existe ainda nenhuma instituição credenciada para certificar empresas com a SA 8000 e a AA 1000. Todas as avaliações são feitas com base nos Estados Unidos. Temos, no entanto, várias organizações que monitoram e oferecem prêmios às empresas cidadãs, como o Instituto Ethos, que criou, com base no sistema ISO, indicadores sociais, divididos em sete temas: valores e transparência; público interno; meio ambiente; fornecedores; consumidores; comunidade; governo e sociedade.

O conceito de responsabilidade social corporativa deve enfatizar o impacto das atividades das empresas para os agentes com os quais interagem (*stakeholders*): empregados, fornecedores, clientes, consumidores, colaboradores, investidores, competidores, governos e comunidade.

Esse conceito deve expressar compromisso com a adoção e a difusão de valores, conduta e procedimentos que induzam e estimulem o contínuo aperfeiçoamento dos processos empresariais, para que também resultem em preservação e melhoria da qualidade de vida da sociedade do ponto de vista ético, social e ambiental.

Responsabilidade social relaciona-se à governança corporativa e à gestão empresarial em situações cada vez mais complexas, nas quais questões ambientais e sociais são crescentemente mais importantes para o êxito e a sobrevivência nos negócios. Insere-se, ainda, no contexto internacional da globalização dos mercados, o que amplia as possibilidades de trocas internacionais ao mesmo tempo que impõe barreiras e desafios nos campos ético, cultural, político e comercial, como:

- o posicionamento mais consciente e exigente dos clientes, atentos ao padrão competitivo das empresas em todo o mundo;
- a questão do *dumping* social, que envolve tanto valores éticos quanto argumentações de caráter protecionista não formais;
- evitar choques culturais, no âmbito interno e externo às empresas, e conquistar aceitação e credibilidade dos novos mercados.

A responsabilidade social, ainda segundo o autor, é convergente com estratégias de sustentabilidade de longo prazo, que incluem a necessária preocupação com os efeitos das atividades desenvolvidas no contexto da comunidade em que se inserem as empresas, excluindo, portanto, atividades no âmbito da caridade ou filantropia tradicionalmente praticada pela iniciativa privada.

Os projetos de responsabilidade social são desenvolvidos não apenas por empresas. Instituições como a Associação Brasileira da Indústria Química (Abiquim) lançou o Projeto Plastivida, que reúne 20 indústrias produtoras de resina termoplástica num grande trabalho de educação ambiental e de apoio às cooperativas de catadores de material plástico, promovendo a reciclagem e contribuindo para a criação de emprego e renda para a população carente.

Segundo a Abiquim, apenas 10% do plástico colocado no mercado brasileiro são reciclados pós-consumo. Daí a importância desse projeto, no qual o setor investe R$ 1 milhão por ano, pois só a educação ambiental aumentará o índice de recuperação e reciclagem do material plástico consumido no país.

Os indicadores do Instituto Ethos não diferem muito dos utilizados nos processos de certificação social SA 8000 e AA 1000, que concentram as avaliações em três áreas de atuação da empresa, conforme explicitado a seguir.

Processos produtivos:

- relações trabalhistas;
- respeito aos direitos humanos;
- contratação de mão de obra, inclusive de fornecedores;
- gestão ambiental;
- natureza do produto ou serviço.

Relações com a comunidade:

- natureza das ações desenvolvidas;
- problemas sociais solucionados;
- beneficiários;
- parceiros;
- foco das ações.

Relações com os empregados:

- benefícios concedidos, inclusive às famílias;
- clima organizacional;
- qualidade de vida no trabalho;
- ações para aumento da empregabilidade.

O balanço social, ainda é uma ferramenta pouco utilizada pelas empresas-cidadãs, embora a quantidade de publicações cresça ano a ano. Publicações pioneiras como as da Telebrás, CMTC e Banespa foram publicadas no início da década de 1990, seguidas de balanços sociais publicados em 1997 pelo Banco do Brasil, Cia. Carris Porto-Alegrense, Grupo RBS; em 1998, pela Votorantim Celulose, Chesf, CPFL, Furnas, Eletrobrás, Ceval, Petrobras, Bradesco, Odebrecht, Nossa Caixa/Nosso Banco, Aracruz Celulose, Febraban, Telesp Celular, Light; e em 1999, pelo Banco Itaú e pela Usiminas.

As principais dificuldades que se apresentam na elaboração de um balanço social são a mensuração e a correta identificação dos ativos e passivos envolvidos, bem como o padrão de acumulação que possa facilitar a operacionalização do processo contábil.

Muitas barreiras e dificuldades terão de ser ultrapassadas para que possa ser difundida uma cultura empresarial convergente para a adequada divulgação dos danos ambientais efetivados ou potenciais, decorrentes das atividades econômicas. Presume-se que no futuro as questões ambientais e de responsabilidade social sejam incorporadas nos registros dos eventos, contabilização e divulgação aos usuários da informação econômica e empresarial.

O *Instituto Ethos de Responsabilidade Social* sugere padrão de balanço social, conforme resumido a seguir, que explicita os impactos da atividade da empresa na sociedade e evidencia o relacionamento com seus diferentes públicos.

1. *APRESENTAÇÃO*

Mensagem do presidente – A empresa apresenta-se aos chamados *stakeholders*: fornecedores, clientes, governo, ONGs e comunidade. Seu comprometimento em relação a objetivos econômicos, sociais e ecológicos e obstáculos que encontra para aliar bom desempenho financeiro a uma postura socialmente responsável são abordados.

Perfil – Deve oferecer uma visão geral da empresa: seus produtos e serviços, número de empregados, mercados em que atua e perfil dos clientes.

Setor da economia – Descrição do setor no qual a empresa atua, contribuições à economia e questões de responsabilidade social específicas.

2. *A EMPRESA*

Histórico – Surgimento e etapas de sua história.

Princípios e valores – As crenças que norteiam suas decisões, assim como as posturas adotadas em relação ao negócio.

Estrutura e funcionamento – Explicitar a maneira como opera e faz a gestão de pessoas, da cadeia produtiva e outros processos que mostrem como busca inserir seus valores na esfera social, econômica e ambiental.

Governança corporativa – Atribuições do conselho de administração, suas regras de funcionamento e o papel e os deveres dos conselheiros.

3. *O NEGÓCIO*

Visão – Apresentação da visão de futuro e postura em relação aos desafios sociais, ambientais e econômicos.

Diálogo com as partes interessadas – Critérios, processos e instrumentos usados no relacionamento com os *stakeholders*, informações obtidas por meio deles e relato do uso dos dados.

Indicadores de desempenho – São divididos em vários pontos, com alguns deles descritos a seguir.

ECONÔMICO

- impactos causados pela empresa na geração e na distribuição de riqueza, retorno de investimentos realizados no próprio negócio e na comunidade;
- produtividade – margem bruta e giro dos ativos;
- investimentos – pesquisa e desenvolvimento, financiamento de programas para a comunidade, entre outros.

SOCIAL

I – Público Interno

- aspectos que demonstrem a qualidade das relações entre empresa e empregados. Por exemplo: classificação da empresa como empregador em pesquisas externas;
- educação e treinamento – fatos que expressem o compromisso da empresa com o desenvolvimento profissional e com a empregabilidade, percentual de investimentos em educação e treinamento em relação à receita total;
- perfil dos colaboradores – percentual de mulheres em relação ao total de empregados, percentual de pessoas acima de 45 anos em cargos de diretoria em relação ao total de cargos de diretoria, entre outros;
- perfil de salários e comparação salarial – percentual da divisão da maior remuneração pela menor remuneração em espécie paga pela empresa;
- saúde e segurança – número de acidentes com afastamento, por exemplo;
- taxas de atração e retenção de profissionais.

II – Fornecedores

- natureza e perfil – descrição, aspectos das políticas de seleção e desenvolvimento com ênfase em questões relacionadas à responsabilidade social e itens correlatos.

III – Consumidores/Clientes

- pesquisa de satisfação dos consumidores e atividades da empresa alinhadas a seus resultados, total de ligações atendidas no Sistema de Atendimento a Clientes, descrição das principais reclamações e soluções apresentadas.

IV – Comunidade

- descrição das principais iniciativas envolvendo gerenciamento de impactos na comunidade, voluntariado e programas sociais. Relato do percentual do faturamento bruto destinado à totalidade de suas ações.

V – Governo e Sociedade

- descrição de iniciativas, como participação em associações e fóruns empresariais que contribuam para a elaboração de propostas de interesse público e políticas de prevenção contra práticas de corrupção e propina, porcentagem do faturamento bruto gasto nessas ações.

AMBIENTAL

- Menção às políticas e processos de gestão relacionados ao gerenciamento de impactos ambientais, consumo anual de recursos como energia, combustíveis fósseis e água etc.

O modelo do Instituto Ethos considera, ainda, a apresentação do modelo de relatório sugerido pelo Ibase (descrição dos projetos sociais e detalhamento de programas ou parcerias). Publicado de forma independente, o padrão sugerido pelo Instituto Brasileiro de Análises Sociais e Econômicas (Ibase) é uma alternativa de evidenciação das atividades empresariais por meio de balanço social.

Nesse modelo, quantitativo, é possível comparar o total de investimentos com a receita líquida da empresa, o lucro operacional e a folha de pagamento.

O padrão de balanço social do Ibase considera como principais elementos os dados explicitados a seguir.

	Exercício *n* (Valor em milhares de Reais)	**Exercício *n* – 1 (Valor em milhares de Reais)**
1. Base de Cálculo		
Receita Líquida		
Resultado Operacional		
Folha de Pagamento Bruta		
2. Indicadores Sociais Internos		
Alimentação		

Encargos Sociais compulsórios
Previdência privada
Saúde
Segurança e medicina do trabalho
Educação
Capacitação e desenvolvimento profissional
Creches ou auxílio-creche
Participação nos lucros ou resultados

3. Indicadores Sociais Externos
   Cultura
   Esporte
   Total das Contribuições para a Sociedade
   Tributos (excluídos encargos sociais)
   Total – indicadores sociais externos

4. Indicadores Ambientais
   Relacionados com a operação da empresa
   Em programas e/ou projetos externos
   Total dos investimentos em meio ambiente

5. Informações relevantes quanto ao exercício da cidadania empresarial
   a) Relação entre a maior e a menor remuneração na empresa.
   b) Os projetos sociais e ambientais desenvolvidos pela empresa foram definidos:
      ( ) pela direção;
      ( ) por direção e gerências;
      ( ) por todos os empregados.

   c) A previdência privada contempla:
      ( ) direção;
      ( ) direção e gerências;
      ( ) todos os empregados.

   d) A participação nos lucros ou resultados contempla:
      ( ) direção;
      ( ) direção e gerências;
      ( ) todos os empregados.

e) Na seleção dos fornecedores, os mesmos padrões éticos e de responsabilidade social e ambiental adotados pela empresa:
( ) não são considerados;
( ) são sugeridos;
( ) são exigidos.

f) Quanto à participação dos empregados em programas de trabalho voluntário, a empresa:
( ) não se envolve;
( ) apoia;
( ) organiza e incentiva.

A revista *Exame,* por meio de seu "Guia Exame de Boa Cidadania Corporativa" (2001), estabelece um *ranking* anual das dez empresas-modelos em responsabilidade social. A proposta desse *ranking* é servir de referência para um mercado cada vez mais sofisticado, exigente e competitivo. Seus sete fatores de análise consideram todo relacionamento da empresa com seus *stakeholders,* conforme destacados a seguir.

1. Valores e Transparência

   Adoção e abrangência de práticas como divulgação de crenças, valores e compromissos éticos, transparência e publicação de balanço social.

2. Funcionários e Público Interno

   Avaliação de benefícios, gestão participativa, posicionamento em relação ao trabalho infantil, diversidade, treinamento e desenvolvimento, segurança e saúde.

3. Meio Ambiente

   Análise dos aspectos como gerenciamento do impacto (no caso de indústrias) e o desenvolvimento de programas de educação ambiental para funcionários e comunidade.

4. Fornecedores

   Inclui a análise de critérios de contratação e gerenciamento como a exigência do cumprimento da legislação trabalhista, a utilização de mão de obra infantil e o relacionamento com funcionários terceirizados.

5. Consumidores/Clientes

   Avalia o grau de respeito e o tratamento dado aos que compram os produtos e serviços das empresas analisadas.

6. Comunidade

   Qual o relacionamento da empresa com o mundo exterior? O item trata desde questões como filantropia e envolvimento com o Terceiro Setor até o estímulo ao trabalho voluntário dos funcionários.

7. Governo e Sociedade

   Inclui a ética no relacionamento com o Estado e a posição de liderança da empresa dentro do próprio setor.

Os modelos de balanço social sugeridos pelo Instituto Ethos e pelo Instituto Brasileiro de Análises Sociais e Econômicas (Ibase) podem ser utilizados de forma compatível com o modelo de gestão ambiental e de responsabilidade social proposto no capítulo seguinte ("Uma Proposta de Modelo").

Ou seja, considerando que esses modelos de balanços sociais publicam apenas resultados e não enfocam o processo utilizado para sua obtenção, qualquer que seja o modelo de gestão adotado (que focaliza o processo), há perfeita coexistência e complementação de informações para fins de evidenciação e divulgação externa (e de forma geral aos *stakeholders*, que são os diferentes públicos da organização), bem como para gerar informações voltadas ao processo decisório da organização.

ESTUDO DE CASO

MNMMR

Extraído e adaptado do *site* da Rede de Informações para o Terceiro Setor (Rits)

A Organização e Formação de Meninos e Meninas é o projeto essencial do Movimento Nacional de Meninos e Meninas de Rua (MNMMR) e concretiza-se com apoio nos *núcleos de base* onde as crianças debatem sua condição social de excluídos, adquirem conhecimento e despertam para a consciência de seus direitos, elaborando soluções e alternativa para suas vidas; por meio de exercício de autoajuda, crianças e adolescentes são educados para a cidadania e o desenvolvimento, visando à solidariedade coletiva.

O núcleo é o mecanismo de ligação orgânica com o Movimento. É o espaço autônomo com liberdade para as crianças e adolescentes deixarem fluir a imaginação e a criatividade pelo desenho, pela arte, possibilitando formas organizativas próprias. O propósito é a valorização das crianças como cidadãos de direitos com vez e voz na sociedade.

Núcleos de Base

Por meio dos núcleos de base espalhados pelo Brasil inteiro, cerca de 3.000 meninos e meninas participam do processo de sua própria organização. São meninos e meninas de rua, engraxates, vendedores ambulantes, vigias de automóveis, moradores das favelas e outras categorias de crianças e adolescentes empobrecidos e que fazem da rua seu principal espaço de luta pela sobrevivência.

Periodicamente, são realizados encontros municipais, estaduais e a cada três anos o Encontro Nacional, que são momentos fortes de denúncia, troca de experiências e mobilização.

Esses encontros têm suas diretrizes e dinâmica devidas por uma Comissão Nacional de Animação de Meninos e Meninas, composta por 13 meninos eleitos em encontros regionais e dois educadores e sua preparação dá-se desde os núcleos de base nos municípios até o secretariado nacional do MNMMR.

Os núcleos desenvolvem-se com o apoio do educador social de rua e a participação ativa dos meninos e meninas, onde se realizam diversas atividades, entre elas o lazer, proporcionando brincadeiras e jogos na rua, nas praças, praia, ou onde quer que eles se concentrem.

São feitas discussões de vídeo, atos públicos, encontros, reuniões, atividades esportivas, artísticas e culturais, como fantoches, capoeira, teatro, oficinas de geração de renda etc.

O Movimento adota os princípios da educação popular e entende que o educador é interlocutor dos meninos e meninas no processo de organização e defesa dos direitos. Simultaneamente, é quem estimula e contribui para o processo Organizativo por meio da reflexão, como proposta e modelo, sem impor seu referencial.

Isso faz com que os meninos sintam-se parte essencial do Movimento (sentimento de "pertencer") e também de cogestão.

Os núcleos de base estão localizados nas regiões conforme descritos na Tabela 3.2.

Tabela 3.2 Distribuição dos núcleos de base.

Região	Nº de Núcleos
Nordeste	62 núcleos de base
Norte	17 núcleos de base
Sul	21 núcleos de base
Sudeste	30 núcleos de base
Centro-oeste	12 núcleos de base

A Comissão de Animação da Organização de Meninos e Meninas

Essa comissão é composta por 13 meninos e meninas e dois educadores, escolhidos em encontros regionais que são os animadores da organização de meninos.

Objetivo Geral

- impulsionar e estimular a Organização de Meninos e Meninas, possibilitando que a luta isolada de cada grupo ganhe uma repercussão nacional.

Objetivos Específicos

- promover o intercâmbio de informações, animando o processo organizativo com as visitas aos Núcleos de Base; em cada Assembleia Nacional, os(as) meninos(as) indicarão meninos e/ou meninas de diferentes Estados, cadastrados em núcleos de base e com menos de 16 anos, para compor a Comissão de Animação da Organização de Meninos e Meninas;
- editar o Boletim Pé de Moleque, instrumento informativo e formativo da organização de meninos;
- reuniões periódicas (dois por ano) e reuniões extraordinárias para períodos que antecedem grandes eventos;
- visita de seus membros aos núcleos de base de todo país. E o momento de forte integração e socialização de informações. Com essas visitas, os Núcleos são estimulados a participarem de forma direta na condução do Movimento por meio de sugestões;
- publicações: veículos informativos, cartilhas e outros.

Para alcançar o objetivo de garantir os direitos de crianças e adolescentes, o MNMMR considera fundamental a capacitação político-pedagógica dos educadores para o cumprimento de suas ações.

Para isso, realiza diversos programas de formação, por meio de equipes de formação nos Estados em que está estruturado, apoiadas pelo Centro de Formação e Apoio aos Educadores, mantido pelo Movimento com três polos – em São Paulo (SP), Recife (PE) e Belém (PA) –, que atua com 12 diferentes programas de formação.

Objetivos

- propiciar formação sistemática a educadores de rua, implementando uma proposta de caráter político-pedagógico;
- propiciar formação de Conselheiros de Direito e Tutelares e demais agentes de defesa dos direitos da criança e do adolescente;
- sistematizar as experiências acumuladas;
- desenvolver pesquisas e estudos sobre os aspectos relacionados à infância e adolescência empobrecida;
- implementar um apoio aos educadores e programas por meio de serviços como: publicações, banco de dados, biblioteca, hemeroteca, videoteca, teses, textos etc.

População alvo

- educadores engajados em programas de atendimento;
- crianças e adolescentes;
- agentes públicos engajados na defesa dos direitos;
- entidades e movimentos sociais de defesa dos direitos.

Áreas de trabalho do centro de formação

Área I – Capacitação

Nesta área, os Centros de Formação desenvolvem oito programas de formação:

- Formação de Formadores;
- Formação de Dirigentes de ONGs e Movimentos Sociais;
- Formação de Crianças e Adolescentes;
- Formação Básica de Educadores;
- Aperfeiçoamento e Especialização de Educadores;
- Capacitação de Agentes para Promoção e Defesa de Direitos;
- Metodologia de Trabalho em Grupos Populares.

Esses programas possibilitam aos educadores, profissionais e agentes de defesa sistematizar e complementar seus conhecimentos, pensar e avaliar constantemente sua atuação.

Área II – Estudos e Pesquisas

São dois os programas desta área:

- Memória Histórica do MNMMR;
- Pesquisas, Estudos e Ciclo de Debates.

A execução desses dois programas permite a produção de novos conhecimentos acerca da infância e da adolescência e das intervenções a seu favor e a realização de estudos e debates sobre temas atuais visando produzir subsídios para os movimentos de defesa de direitos das crianças e dos adolescentes e para os programas de atendimento. Além disso, o Centro de Formação resgata e sistematiza o patrimônio de ideias e as ações desses movimentos e sensibiliza sobre a importância da preservação da Memória Histórica, estimulando o registro.

Área III – Assessorias e Serviços

Nesta área, os Centros de Formação prestam assessoria técnico-pedagógica a programas de atendimento por meio de suas equipes e de outros especialistas, para que possam aperfeiçoar sua metodologia de trabalho.

Oferecem ainda serviço de biblioteca, banco de dados, hemeroteca e videoteca.

Conquista e defesa de direitos

Neste campo, a atuação do MNMMR dividiu-se em diversos aspectos: a denúncia das situações de violência e do extermínio de crianças e adolescentes, a transformação do panorama legal e das estruturas institucionais envolvidas com as políticas de proteção e promoção aos direitos e a articulação com outras instituições nacionais e internacionais para a realização desse processo, com a criação e a participação em conselhos e fóruns dos direitos da criança e do adolescente.

A transformação no panorama legal do país

Por meio de sua participação em fóruns de direitos e articulação com outras organizações, o MNMMR contribuiu para incluir os arts. 227 e 228 na Constituição Federal. Pela primeira vez no Brasil, uma constituição assegura, de forma específica, direitos à criança e ao adolescente. Atuou também no processo de elaboração e aprovação do Estatuto da Criança e do Adolescente. Com base nesse Estatuto, contribuiu para elaboração e implementação dos Conselhos de Direitos da Criança e do Adolescente dos Conselhos Tutelares como instrumentos para realização do ECA.

O Estatuto é um importante instrumento jurídico na defesa dos direitos da criança e do adolescente. Fazê-lo chegar ao cotidiano dessas crianças foi um dos principais desafios do MNMMR na década de 1990.

Combate à violência contra crianças e adolescentes

Desde seu nascimento, o MNMMR ocupou-se da denúncia das situações de violência vividas pela juventude brasileira. O ponto mais forte dessa atuação foi o processo de levantamento da situação e da denúncia dos casos de extermínio de meninos e meninas de rua no Brasil, provando o erro de algumas autoridades de atribuir essas mortes ao envolvimento com o crime ou as drogas. Por meio de publicações na mídia do livro *Vidas em risco* e de inúmeros atos públicos, levou-se esses fatos ao conhecimento da sociedade brasileira e da comunidade internacional.

As passeatas e os tribunais para julgamento simbólico dos crimes tiveram repercussão internacional, forçando as autoridades brasileiras a tomar medidas com o intento de coibir o extermínio. Em consequência, processos foram instaurados, CPI's criadas e envolvidos nos crimes, punidos.

Nesse período, o Movimento criou e participou da organização de inúmeros Centros de Defesa da Criança, muitos dos quais posteriormente tornaram-se instituições independentes. Hoje, nossas ações no combate às diversas formas de violência ampliaram-se e segmentaram.

Atualmente, o MNMMR é membro da Coordenação Nacional da Campanha Nacional pelo Fim da Violência, Exploração e Turismo Sexual de Crianças e Adolescentes, sendo também membro do Ecpat, articulação internacional no Combate à Exploração Sexual, iniciada na Ásia.

Para o combate à exploração do trabalho infantil, incluímo-nos no Fórum Nacional pela Erradicação do Trabalho Infantil e na Marcha Global contra o Trabalho Infantil, entre outras iniciativas.

A denúncia da negação dos direitos básicos de cidadania, como educação, saúde e convivência familiar, é outra forma de combate à violência, em seus aspectos estruturais, que envolve nosso trabalho.

Fóruns de defesa dos direitos da criança e do adolescente

Os fóruns ou frentes de defesa da criança começaram a ser organizados na segunda metade da década de 1980 com uma motivação básica: articular esforços, construir um poder coletivo para intervir em duas situações básicas: a participação no processo de reformas legais e o enfrentamento da grave violência contra as crianças e os adolescentes.

O MNMMR participou da criação e durante alguns anos forneceu o suporte jurídico e administrativo para o funcionamento do Fórum Nacional de defesa dos Direitos da Criança e do Adolescente (Fórum DCA), além de articular e participar de dezenas de fóruns DCA estaduais e municipais.

Mudança na política para a infância e a adolescência

Antes mesmo de o ECA estar aprovado pelo Congresso Nacional, o Movimento já havia lançado o documento "Cidadão criança, cidadão adolescente: contribuições para a definição de uma política para a infância e adolescência no Brasil", que reunia as várias experiências vivenciadas pelo MNMMR e que serviu de instrumento para subsidiar sua luta pela mudança das políticas para a infância. Com a vigência do Estatuto, passaram a viger novas diretrizes e linhas de ação dessa política.

Além da municipalização da política e da descentralização administrativa e financeira, é objetivo do ECA a participação da sociedade civil na formulação da política e no controle de políticas públicas para a infância e a adolescência mediante Conselhos e Direitos compostos paritariamente entre governo e sociedade civil.

O Movimento tem atuado dentro dos Conselhos de Direitos da Criança, da Assistência Social e da Saúde, em diversos níveis, procurando influir na adoção de medidas para implantação de políticas destinadas ao atendimento dos direitos previstos em lei. É membro do Conanda e participou das últimas duas gestões do CNAS, participando de inúmeros Conselhos Estaduais e Municipais dessas áreas.

Os Encontros Nacionais, realizados sistematicamente de três em três anos, marco na história deste país, constituem-se em espaços onde crianças e adolescentes encontram-se para discutir, trocar experiências e intervir no cenário político. Esses Encontros têm sido apoiados por organizações governamentais e não governamentais, nacionais e internacionais, contando sempre com a cobertura dos meios de comunicação social do Brasil e do exterior, chamando a atenção para a difícil situação da infância brasileira.

Esse evento é organizado e conduzido pela Comissão Nacional de Animação do Movimento, composta pela representação de um adolescente por Estado, um educador por região e um coordenador pedagógico. Contará com a colaboração de várias pessoas que compartilham, cada uma a seu modo, da luta da cidadania de milhões de crianças e adolescentes deste país.

PARTE
II

Estratégias Sociais e Ambientais no Contexto das Organizações

A utilização de tecnologias da informação e de indicadores de gestão possibilita uma melhoria do processo decisório em gestão ambiental e responsabilidade social.

VISÃO GERAL

Nesta *Parte II*, são descritas as características básicas, estratégias corporativas genéricas e estratégias e projetos sociais aplicáveis aos diferentes tipos de organizações, agrupadas em classes ou setores econômicos. É uma proposta metodológica que não esgota as infinidades de tipos de organizações que constituem o universo empresarial brasileiro. Da mesma forma, tal caracterização merece constantes revisões e atualizações em face da natural dinamicidade do mercado e da conjuntura econômica do país.

Por outro lado, determinado setor econômico pode-se desdobrar em segmentos ou subsetores como, por exemplo, o setor econômico altamente concentrado (que abrange empresas siderúrgicas, de cimento e afins). Tal setor, que engloba as empresas produtoras de papel e celulose, de elevada escala de produção e que produzem exclusivamente celulose, também inclui empresas verticalizadas que produzem papel de sua própria matéria-prima e empresas que produzem apenas papel e que utilizam como matéria-prima os resíduos de papel e celulose para a produção de papel reciclado (empresas de pequeno e médio porte que constituem um segmento econômico mais diversificado e heterogêneo).

Da mesma forma, determinada organização, dada sua alta diversificação de produtos e processos produtivos, pode eventualmente pertencer a mais de um setor econômico. Além disso, há o caso de conglomerados empresariais (do tipo *holding*) que devem ser encarados como um conjunto de empresas, cada uma podendo pertencer a setores econômicos diferenciados.

No entanto, esse esforço metodológico é extremamente útil à medida que possibilita semelhante análise e diagnóstico de qualquer organização (abrangida ou não nesta *Parte II*), com base no referencial aqui delineado.

No contexto desse referencial metodológico, portanto, são explicitadas estratégias e projetos sociais, em função do setor econômico a que pertence a organização. As estratégias genéricas de gestão ambiental e de responsabilidade social comuns a todas as organizações não são enfatizadas ao longo desta *Parte II*, quais sejam:

- aumentar a competitividade das exportações para mercados ecológicos;
- atender ao consumidor verde;
- atender à pressão de organizações ambientalistas;
- estar em conformidade com a política social da empresa;
- melhorar a imagem perante a sociedade; e
- atender à exigência licenciamento/regulamentação.

Por opção, não é dado destaque às estratégias, políticas e ações voltadas à participação, liderança comunitária e cidadania que visam promover eventos nas áreas cultural, social, assistencial e esportiva.

Especial ênfase é dada, quando pertinente, às estratégias relacionadas à rotulagem ambiental, dada a existência de requisitos ambientais e programas de selo verde estabelecidos nos países do Primeiro Mundo, importadores de produtos brasileiros, que tendem a afetar significativamente as exportações na balança comercial do Brasil. Tais estratégias são particularmente aplicáveis às empresas que comercializam papel, celulose, produtos têxteis, vestuário, calçados, produtos de couro, mobiliário, madeira e outros produtos similares.

Em termos de estratégias em responsabilidade social e com base no "Guia de Boa Cidadania Corporativa" da revista *Exame* (2002), utilizaram-se casos ilustrativos da inserção da responsabilidade social na estratégia e na gestão dos negócios, que contemplou projetos sociais de destaque em: educação, saúde, cultura, comunidade, apoio à criança e ao adolescente, voluntariado e meio ambiente.

Tais estratégias ilustradas nos casos das empresas-modelos do "Guia de Boa Cidadania Corporativa" representam perfis de projetos emblemáticos e modelos de projetos que podem ser reproduzidos, multiplicando iniciativas no campo social.

Foi analisada ainda, para efeito de preparação desta *Parte II*, a publicação de balanços sociais, por parte das empresas, em seus respectivos setores econômicos. Publicações pioneiras, como as da Telebrás, da CMTC e do Banespa, foram lançadas no início da década de 1990, seguidas de balanços sociais publicados em 1997 pelo Banco do Brasil, Cia. Carris Porto-Alegrense, Grupo RBS; em 1998, pela Votorantim Celulose, Chesf, CPFL, Furnas, Eletrobrás, Ceval, Petrobras, Bradesco, Odebrecht, Nossa Caixa/Nosso Banco, Aracruz Celulose, Febraban, Telesp Celular, Light e, em 1999, pelo Banco Itaú e Usiminas.

CAPÍTULO 4 Diferentes Tipos de Organizações

4.1 ESTABELECENDO UMA VISÃO GLOBAL DE UMA ORGANIZAÇÃO

Toda teoria e conceitos utilizados para compreender, criar e gerenciar uma organização são construídos com base na observação e em análise das empresas em funcionamento na economia de um país.

O que a teoria faz é explicitar e formalizar conceitos que se demonstraram empiricamente eficazes para uma posterior aplicação em empresas nas quais a teoria foi criada e que se encontram à frente de contexto semelhante. A prática não está nunca livre da teoria, assim como nem sempre existe a consciência a respeito de qual teoria está orientando o processo de gestão de negócios.

Na compreensão das questões ambientais e sociais, deve-se adotar um enfoque sistêmico, global, abrangente e integrado e capaz de ver as relações de causa e efeito, o início, o meio e o fim, ou seja, as inter-relações entre recursos captados e valores obtidos pela organização.

Na abordagem sistêmica, o foco da atenção transfere-se da análise da interação das partes para o todo, contrariamente ao pensamento pré-sistêmico, em que o método analítico procurava chegar à compreensão do todo com base no estudo independente das partes (no método analítico, contrariamente ao adotado no enfoque sistêmico, o comportamento de um todo não é interpretado em face de sua inserção em um contexto mais amplo que é o sistema maior do qual faz parte).

Nesse contexto, a organização deve ser visualizada como um conjunto de partes em constante interação, constituindo-se um todo orientado para determinados fins, em permanente relação de interdependência com o ambiente externo. A adoção do enfoque sistêmico encarando a organização como um *macrossistema* aberto, interagindo com o meio ambiente, pode ser entendida como um processo que procura converter recursos em produtos – *bens e serviços* –, em consonância com seu modelo de gestão de negócios e objetivos corporativos.

A visão de sistemas, ou horizontal, de uma organização representa uma perspectiva diferente que permite visualizar:

a) o cliente, o produto e o fluxo de atividades empresariais;
b) como o trabalho é realmente feito por processos que atravessam as fronteiras funcionais;

c) os relacionamentos internos entre cliente-fornecedor, por meio dos quais são produzidos produtos "bens e serviços";
d) os prováveis impactos ambientais provocados por seus processos;
e) oportunidades de reciclagem de resíduos gerados pelos processos produtivos (industriais) e materiais descartáveis gerados pelos processos de apoio (áreas administrativas);
f) formas de atuação em projetos sociais de integração com a comunidade.

O enfoque sistêmico possibilita uma visão global da organização, que é o ponto de partida para a criação e a gestão de negócios que respondam eficientemente à nova realidade de concorrência acirrada e de expectativas em mutação dos clientes.

Essa visão global permite visualizar a organização como um *macrossistema* que converte diversas entradas de recursos em saídas de produtos e serviços, que ela fornece para sistemas receptores, ou mercados. A organização é guiada por seus próprios critérios e *feedback* internos, mas é, em última instância, conduzida pelo *feedback* de seu mercado e pelos efeitos que gera no meio ambiente. A concorrência também estará recorrendo aos recursos e fornecendo seus produtos e serviços ao mesmo mercado.

Todo esse cenário empresarial ocorre no ambiente social, econômico, tecnológico e político. Visualizando internamente as organizações, podem-se identificar funções que, interligadas na forma de sistemas, existem para converter as diversas entradas em produtos ou serviços e seus potenciais efeitos ao meio ambiente. A organização em sua totalidade tem um mecanismo de controle, que é seu processo de gestão, que interpreta e reage ao *feedback* interno e externo, de modo que a organização fique equilibrada quanto ao ambiente externo.

Com a aplicação do enfoque sistêmico, cada organização tende a constituir-se em um conglomerado de unidades de negócios ou centros de resultados, que atuariam como *empresas independentes* (equivalentes a micros e pequenas empresas) dentro do todo maior da organização.

Dessa constatação, infere-se que o ambiente externo ou mercado é um fator contingencial que estabelece parâmetros, limites, propostas e desafios que têm que ser interpretados e tornados significativos, de acordo com a escala de valores e crenças da organização.

É por meio da construção da realidade por parte da organização que os parâmetros e desafios do mercado adquirem significados e estruturam decisões e ações, que serão favoráveis ou não, recompensadoras ou prejudiciais, conforme o nível de ajustamento dessa construção aos limites e ação seletiva do meio ambiente.

Essa visão do todo proporcionada pelo enfoque sistêmico facilita a compreensão dos conceitos de gerenciamento de uma organização. Na interação com o meio ambiente, a empresa contrata seus insumos produtivos e por eles desembolsa despesas *D*, e, na outra ponta, consegue valores *R* pelos produtos (bens ou serviços).

Complementarmente, há alocação de ativos *A* constituídos de máquinas, equipamentos e instalações, para a transformação dos insumos produtivos, que não podem ficar parados ou guardados, devendo ser o mais rapidamente aplicados e manipulados mediante a execução dos processos visando à obtenção dos produtos.

Tais produtos, também, não devem ficar parados ou estocados, devendo ser o mais rapidamente *vendidos*. Tanto vender como comprar constituem-se em algo complementar à medida que alguém somente compra alguma coisa quando tem necessidade, assim como a empresa deve vender seus produtos para satisfazer às necessidades de alguém, que em seu conjunto constitui o mercado.

Esse é um conceito fundamental para a organização, pois sua sobrevivência depende em grande parte de sua capacidade em satisfazer às necessidades de seu mercado, constituindo dessa forma sua razão de ser, sua missão, seu negócio.

A preocupação em otimizar os recursos e melhorar a qualidade dos processos na obtenção dos produtos conceitua-se por *eficiência* (produto ÷ recursos consumidos). Em contrapartida, a *eficácia* pode ser conceituada como a preocupação em conseguir o maior valor possível para o produto junto ao mercado (valor conseguido ÷ produto obtido). Esse valor, representado como receita R, será tanto maior quanto maior for o valor conseguido pelo produto, a ser atribuído pelo mercado, à medida que satisfaz a suas necessidades.

A atual tendência nas organizações é com a *produtividade* e não mais com a eficiência ou eficácia, assim consideradas isoladamente. Se de um lado o incremento dos níveis de eficiência exige um processo de aperfeiçoamento contínuo para a criação de melhores condições competitivas por parte das organizações, de outro lado tem-se a produtividade como um conceito econômico que une a visão mercadológica de *eficácia* com a preocupação de rendimento operacional que é a ênfase do fator *eficiência*.

Para esse efeito, pode-se dizer que o aumento da produtividade está relacionado à obtenção de melhores resultados econômicos que, por sua vez, dependem da inteligência, da sinergia das pessoas e da qualidade dos processos. Essa qualidade dos processos, e sobretudo a qualidade do gerenciamento de tais processos, é que determinam em última instância a produtividade da organização e sua evolução e continuidade.

A sobrevivência da empresa deve atender aos aspectos de lucratividade, mercado e tecnologia. A *lucratividade* ($R - D$) é afetada pelo menor valor de despesas ($< D$) e, principalmente, pelo maior valor conseguido ($> R$). A empresa pode obter níveis de lucratividade acima de seus concorrentes por meio de estratégia de preços mais altos ou de estratégia de menores custos que os incorridos pela concorrência. A origem das diferenças de preços ou de custos entre os concorrentes pode ser de dois tipos: decorrente de diferenças na produtividade e aplicação de melhores práticas de gestão de negócios; ou decorrente de diferenças de estratégia adotada.

O *mercado*, de forma complementar, afeta diretamente o volume de receitas R, valor esse que compõe também o indicador de giro ($R \div A$), que mensura a rotação e o grau de imobilização e estocagem dos recursos produtivos da empresa.

Já o fator *tecnologia*, tanto o relativo a produtos e processos como o aplicado à gestão de negócios, induz de forma direta ao menor valor de despesas ($< D$) e ao menor valor dos ativos e recursos alocados ao processo ($< A$).

Outra forma para entender as organizações e os diferentes negócios empresariais é analisar uma organização desde sua concepção até sua fase de maturidade. É o que pode ser verificado quando se desenvolve, no contexto de uma empresa, uma análise das finalidades e missão, da identificação dos produtos e mercados, fornecedores, concorrentes e órgãos normativos oficiais.

Na análise da missão, enfoca-se a razão social pela qual deve a organização existir. Quanto a *produtos/processos produtivos*, relacionam os produtos principais, complementares, substitutos e produtos concorrentes. Quanto ao *mercado*, procura-se estabelecer a infraestrutura de comercialização e forma de venda dos produtos, além de atividades de pós-venda, na forma de assistência técnica e/ou garantia de produtos vendidos. Possibilidade de integração vertical *para-frente*.

Com relação a *fornecedores*, mapeiam-se os principais insumos, o potencial humano, a tecnologia e a escala mínima econômica e/ou de requisitos/especificações técnicas. Analisam-se elementos, tais como: grau de controle de intermediários e fornecedores de matérias-primas no mercado fornecedor, facilidade/dificuldade de acesso às fontes de matérias-primas e a eventual existência de restrição à rede de distribuição e comercialização, onde atacadistas atuam com maior ou menor poder de negociação e possibilidade de integração vertical *para-trás*, em busca da posse de fontes de matérias-primas.

Já quanto a *concorrentes*, identificam-se suas origens e sua segmentação, e mais: esforços de vendas em termos de propaganda, prazo de atendimento, distribuição, garantia e assistência técnica, segmentação de mercado e inovação de produtos. Quanto aos *órgãos normatizadores oficiais*, observa-se sua influência no comportamento da organização. Com relação ao *ramo de negócios*, tem-se revisto periodicamente, por meio de um processo de formulação de estratégias, um perfeito conhecimento do mercado de atuação.

Essa linha de raciocínio permite, enfim, uma compreensão do funcionamento de uma organização em relação ao contexto ambiental no qual está inserida para, posteriormente, estabelecer uma tipologia de organizações com base na análise das características que apresentam em função de seu setor econômico. Embora seja necessário reconhecer que cada organização tem suas características particulares, torna-se extremamente útil agrupar empresas que, genericamente, têm características similares, para verificar o funcionamento de *blocos* de organizações e o comportamento das forças competitivas dentro de cada bloco.

Os fatores que permitem o agrupamento de diferentes organizações em blocos, organizações essas mais ou menos equivalentes entre si, são o grau de concentração (que é, basicamente, determinado pelas barreiras à entrada de novas empresas no setor) e o grau de diferenciação de produtos e processos produtivos.

Parte-se da constatação de que no mercado existem organizações distintas entre si, que podem ser agrupadas em categorias, distinguindo as organizações que se caracterizam por ganho no giro do ativo (empresas de setores comerciais altamente competitivos), diferentemente das que ganham na margem de rentabilidade (empresas caracterizadas como monopólios e oligopólios, como cimento, siderurgia e afins), somente para citar dois elementos de análise. Dessa forma, podem-se estabelecer diferentes tipos de negócios que exigem enfoques diferenciados em sua gestão de negócios, bem como em sua formulação de estratégias ambientais e sociais.

Tipo de negócio	Ênfase	Exigência/necessidade de projetos sociais
Supermercado	giro de estoques	baixa
Recursos energéticos	investimentos de longo prazo	altíssima
Aeroportos	logística	alta
Comércio varejista	disponibilidade de produtos	baixa
Comunicações e correios	automação	moderada
Veículos automotores	produção em escala	alta
Aeronáutica	confiabilidade	altíssima
Satélites	complexidade	altíssima
Seguradoras	serviços	baixa
Química	integração	altíssima
Engenharia	acervo técnico e know-how	baixa
Publicidade e propaganda	talentos humanos	baixa
Papel e celulose	economia de escala	altíssima

Em outras palavras, uma empresa não compete e não cresce no vácuo, mas cresce refletindo a lógica e a dinâmica do *setor econômico*/ramo de atividades do qual faz parte; significa dizer que este último tem seu comportamento típico, e parte da estratégia corporativa genérica das organizações reflete, necessariamente, essas características.

No *macroambiente*, há uma significativa amplitude das forças ambientais que afetam todos os agentes no contexto da organização, em termos de variáveis: econômicas; demográficas; físicas/ecológicas; tecnológicas; político/legais; e socioculturais. Tais variáveis externas atuam em um grande macroambiente, com forças e megatendências que criam oportunidades e ameaças à organização, e são consideradas *incontroláveis*, as quais a organização deve monitorar e interagir em seu processo de gestão ambiental e social (ver Figura 4.1).

Variável ambiental como a **econômica**, por exemplo, ocorre frequentemente na forma de mudança cambial, taxa de juro, política de concessão de crédito e outros fatores afins manipulados pelo governo, e que, embora incontrolável por parte das empresas, afeta-as diretamente. Exemplo da influência dessa variável pode ser visualizado no caso da fábrica de etiquetas especiais e peças técnicas que, com a abertura de mercado, a partir de 1990, importou tecnologia e insumos e passou a fabricar etiquetas com código de barras para automação comercial.

A partir daí, essa organização obteve certificação norte-americana de segurança da qualidade de produtos e certificação ISO 9000 e passou a exportar para o mercado externo. Seu faturamento cresceu mais de 60%, com expectativa de crescimento em face de sua estratégia de diversificação de produtos e seus preços competitivos propiciados pelo aumento da produtividade com sua maior escala na produção.

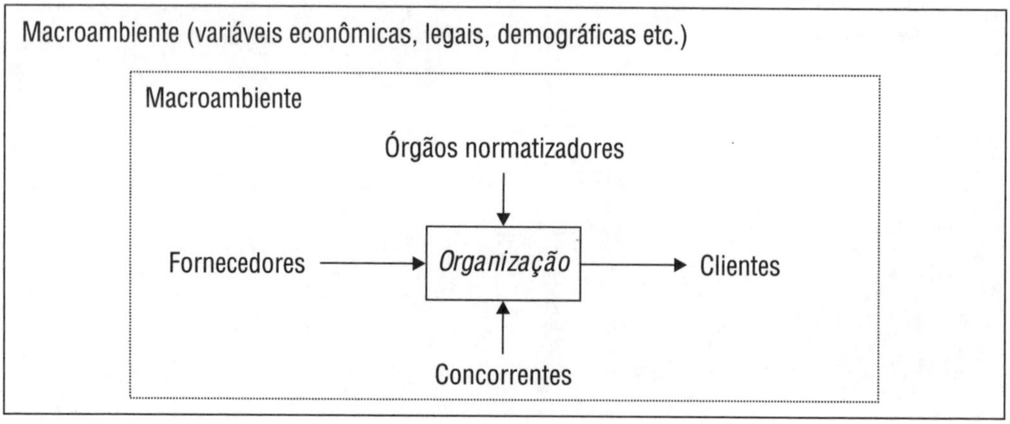

Figura 4.1 Variáveis ambientais e a organização.

Variável como a **demográfica**, tanto pelo crescimento vegetativo da população, como pela chegada de novas gerações de clientes com faixa etária cada vez menor e quantitativamente maior que gerações anteriores, parece explicar a recente explosão da demanda por novos produtos. As *variáveis* como as **tecnológicas**, que provocam enormes impactos em termos do uso de microcomputadores nas empresas, deslocam a ênfase que as organizações devem adotar, gerenciando não mais dados e informações, e sim o *conhecimento*. Outra variável, a **legal**, tem sua ilustração recente em resolução do Conselho Nacional do Meio Ambiente (Conama), que obriga as empresas produtoras/importadoras a reciclarem os pneus de forma proporcional ao volume produzido e importado.

Outra mudança, proveniente das variáveis ambientais incontroláveis, um misto de fator **social, cultural** e **tecnológico**, e que afeta de forma mais imediata e intensa as empresas do que outras organizações empresariais, diz respeito a uma nova era, a da *economia digital*, em que o capital humano passa a ser mais importante do que o capital tradicional. Nesta era da economia baseada mais no cérebro do que nos recursos físicos e materiais, as inovações e vantagens competitivas passam a ser efêmeras e transitórias em menor espaço de tempo.

Tal economia passa a apoiar-se intensamente em redes eletrônicas, que expandem virtualmente as fronteiras das organizações, e com a supressão de agentes de intermediação entre a instituição e fornecedores e clientes. As organizações nessa nova economia passam a ter como principal ativo o capital humano, intelectual ou do conhecimento. Em vez do tradicional ativo patrimonial (financeiro, instalações e ativo imobilizado) das demonstrações financeiras – *balanços* –, surge o ativo intelectual como o mais importante. Ou seja, além da *performance* econômico-financeira, exigem-se a evidenciação e a divulgação externa do desempenho da organização em termos de ativo intangível e das realizações inerentes a projetos sociais e à preservação do meio ambiente.

Esse novo contexto exige das organizações em geral mais ênfase no gerenciamento do conhecimento, e não apenas na administração de dados ou informações.

Esse ambiente externo estabelece oportunidades, ameaças, parâmetros, limites e desafios que têm que ser interpretados e tornados significativos pelos diversos níveis da gestão da organização, por intermédio da *leitura através de lente defletora* representada por seu modelo de gestão, crenças e valores.

É mediante tais observações empíricas da realidade das organizações que se constata a existência de diferentes tipos de empresas, instituições e outras formas jurídicas de entidades. Tal constatação é de extrema importância, uma vez que, para cada tipo de organização, existem técnicas e tecnologias mais eficazes à melhoria da *performance* da gestão ambiental e da responsabilidade social.

Para entender metodologicamente a proposta de classificação das organizações pode-se, inicialmente, considerar uma classificação simples, para posteriormente adotar uma tipologia mais completa de organizações. Essa forma simplificada poderia considerar:

- organizações do ramo industrial;
- organizações do ramo comercial;
- organizações de prestação de serviços.

Há características próprias para cada setor que fazem com que a interação entre seus agentes ambientais seja intrínseca ao setor focalizado, demandando estratégias corporativas genéricas e estratégias ambientais e sociais das organizações peculiares a esses setores da economia. Tal análise permitiria, enfim, estabelecer os elementos conformadores das medidas a serem adotadas pelas organizações em sua postura perante o mercado, inclusive suas *estratégias genéricas*, quaisquer que sejam seus objetivos corporativos próprios. Poder-se-ia dizer que a melhor maneira de organizar uma instituição depende da natureza do ambiente com o qual a organização deve-se relacionar.

O *esquema para diagnosticar uma organização em termos de projetos sociais* considera a existência de *estratégias genéricas* e das *estratégias específicas*, cujo agregado conforma as estratégias próprias de cada *organização*. A essas estratégias próprias de cada organização agregam-se as estratégias ambientais e sociais, tornando cada organização singular quando comparada às demais organizações, qualquer que seja o setor econômico focalizado.

O *esquema* apresentado é sistêmico e metodológico, e separa as variáveis estruturais, que são comuns a todas as organizações, das específicas e singulares a cada organização. Essa abordagem sistêmica é adotada como embasamento metodológico do modelo de gestão de ONGs.

4.2 DIFERENTES TIPOS DE EMPRESAS

O mundo empresarial, que é constituído pelas organizações que constituem a economia do país, pode ser considerado como um conjunto de diferentes classes (famílias ou grupamento) de empresas, afins entre si, em termos de características organizacionais. Tais características são identificadas em função da forma diferenciada em que as organizações se adaptam ao meio ambiente para manter sua continuidade e sobrevivência. Elementos como a escassez de insumos produtivos, a competição reinante, o tipo de produtos gerados (bens e serviços) e outros elementos empresariais configuram diferentes tipos de organizações.

Uma rápida análise do *ranking* da revista *Exame Melhores & Maiores* (2004) ou da leitura diária do "Caderno Indústria e Serviços" da *Gazeta Mercantil* (2004) evidenciam e confirmam a existência de diferentes tipos de empresas brasileiras em diferentes tipos de ambientes (setores econômicos).

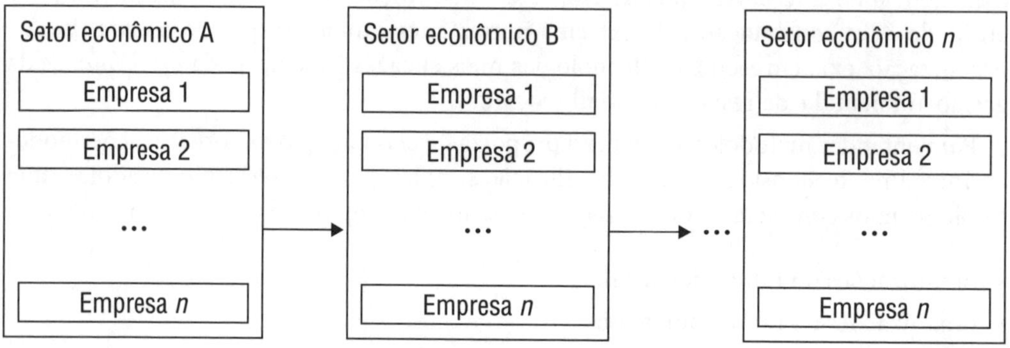

Figura 4.2 Meio ambiente e setores econômicos.

As empresas de cada setor econômico interagem entre si e com as empresas dos demais setores. Há, portanto, uma interdependência econômica entre elas onde cada empresa, para exercer sua atividade, procura e contrata no mercado bens e serviços.

Ela utiliza equipamentos, capitais, trabalho de seus assalariados e gestores, para produzir e comercializar outros bens e serviços. E assim, sucessivamente, todas as empresas exercem ciclo de atividade econômica semelhante.

A organização posiciona-se, portanto, entre dois setores econômicos (ou dois mercados) e agrega valor por seu ciclo operacional (cadeia produtiva) de transformação dos insumos produtivos que contrata do setor econômico antecedente, em produtos (bens e serviços) que comercializa para a empresa do setor econômico posterior (ou cliente final de consumo de seus produtos produzidos).

Nessa diversidade de organizações, podem-se encontrar também diferentes modelos de gestão intrínsecos a cada classe/grupamento (família ou espécie) de empresas. Podem-se encontrar empresas do tipo *taylorista*, *fordista*, *toyotista*, *adhocrática* e assim por diante, até o extremo de organizações virtuais.

Ou seja, não há uma forma organizacional única que se fixaria, eventualmente, desde o extremo mecanicista até o extremo orgânico; pelo contrário, o modelo de gestão a ser adotado pela empresa é singular e não há nada de errado em ser *taylorista* ou em ser uma empresa orgânica e flexível (diferentes formatos organizacionais são convenientes para sobreviver com diferentes condições de mercado, de tecnologia e demais elementos influenciadores ambientais).

Na verdade, não há um único tipo possível de forma organizacional, e sim modelos de gestão diferenciados (fruto de escolhas dos gestores em suas interações organização *versus* ambiente), em função do tipo de organização, que por sua vez depende diretamente do meio ambiente (setor econômico) no qual está inserida.

À medida que os gestores têm que atender às expectativas e necessidades dos indivíduos e equipes de trabalho que compõem as organizações, e considerando que estas últimas sofrem influência do setor econômico em que estão inseridas, especial atenção deve ser dada ao impacto (diferenciado em função do tipo de organização) das variáveis ambientais na formulação das estratégias corporativas.

A classificação adotada para fins de proposição do modelo de gestão ambiental e de responsabilidade social não esgota todos os tipos de empresas existentes na economia brasileira, mas estabelece os contornos metodológicos para uma análise singular em qualquer organização para fins de estabelecer estratégias inerentes à gestão empresarial.

Da mesma forma, a depender do porte (grandes organizações ou multinacionais/transnacionais) e grau de diferenciação funcional praticada na organização (*holding* ou estruturas divisionalizadas/departamentalizadas por produtos), pode-se tratar-se de várias "empresas" dentro de uma mesma organização (tais "empresas" podem demandar enfoques diferenciados de gerenciamento em cada uma delas).

CAPÍTULO 5 Indústria Altamente Concentrada

As empresas pertencentes ao setor de indústria altamente concentrada (ou setor econômico concentrado) têm por característica básica a interdependência entre as empresas, em que o comportamento e o desempenho de uma organização têm reflexo direto sobre as outras empresas do setor.

O setor abrange poucas empresas, com elevada escala de produção e significativamente estáveis, do tipo: siderúrgicas; minerais não metálicos (cimento); mineração; química e petroquímica; ferroviário; construção pesada; papel e celulose; máquinas e equipamentos; telecomunicações; comunicações; e fertilizantes.

5.1 CARACTERÍSTICAS BÁSICAS E ESTRATÉGIAS GENÉRICAS

Este ramo de negócios caracteriza-se pelo fato de, quanto menor for o número de empresas e quanto mais semelhantes em termos de porte, maior será a interdependência entre tais organizações.

As organizações do setor distinguem-se, ainda, pela formação de preços, barreiras à entrada de novas empresas (vantagens da economia de escala, vantagem absoluta de custos, barreiras institucionais e governamentais), características do produto e dos clientes e nível de desenvolvimento tecnológico.

É um setor que sofre a influência conjuntural das variáveis legais, como foi o caso da concessão de significativos incentivos fiscais e creditícios por parte do governo, que subsidiava a expansão do parque industrial de papel e celulose, o que provocou o surgimento de poucas empresas, altamente concentradas, que dominam o mercado (criação de oligopólio, no qual as quatro maiores empresas do setor respondiam pela maioria da produção desse subsetor).

As organizações pertencentes a esse setor econômico achavam-se fechadas em seu mundo. Hoje, preocupam-se em utilizar estratégias de gestão "limpa", a exemplo da Cesp, Cosipa (Cubatão/SP), Central Tratamentos Efluentes Líquidos do Polo Petroquímico de Camaçari (Cetrel) e outras empresas que vêm mudando sua estratégia para adequar-se às demandas do meio ambiente externo.

Uma siderúrgica que pertence ao setor econômico concentrado, por sua vez, gera produtos (lingotes de ferro) que podem ser processados por empresa do setor semiconcentrado (empresa de metalurgia, por exemplo). Uma metalúrgica, normalmente, processa tais insumos, por meio da laminação, gerando laminados, trefilados e afins, que são produtos acabados comercializados por empresas atacadistas/varejistas (setor de empresas competitivas), até chegar ao consumidor final.

Este setor econômico configura-se com as seguintes peculiaridades:

a) produtos normalmente homogêneos, em que a diferenciação se dá no âmbito da qualidade e das especificações técnicas;
b) elevado grau de concentração, com poucas empresas responsáveis por grande parcela de mercado;
c) altíssima exigência de capital e recursos financeiros para entrada no setor;
d) empresas já instaladas detêm certo controle sobre a tecnologia empregada no setor, e têm acesso direto às fontes de matérias-primas; e
e) competição via preços não é comum, uma vez que certas empresas líderes do setor induzem a fixação dos preços.

Este setor da economia, em face das variáveis ambientais, é eventualmente influenciado pelo crescimento da demanda por investimentos, com o correspondente acréscimo das vendas das empresas do setor, o que tende a reduzir a normal capacidade ociosa existente neste ramo de negócios. É um setor que normalmente sofre limitações para aumentar a capacidade produtiva, bem como é altamente favorecido e influenciado pela reativação dos investimentos privados.

O setor econômico concentrado constitui uma "classe de empresas", tais como: siderurgia; cimento; química e petroquímica; papel e celulose; construção pesada; máquinas e equipamentos (bens de capital); comunicações; fertilizantes e afins.

Por outro lado, é um setor econômico que pode desdobrar-se em segmentos ou subsetores, como é o caso das empresas produtoras de papel e celulose, de elevada escala de produção e que produzem exclusivamente celulose; também inclui empresas verticalizadas que produzem papel de sua própria matéria-prima e empresas que produzem apenas papel e utilizam como matéria-prima os resíduos de papel e celulose para a produção de papel reciclado (empresas de pequeno e médio porte que constituem um segmento econômico mais diversificado e heterogêneo).

No setor econômico relativo à indústria altamente concentrada, são encontradas empresas que, em face da estrutura de mercado no qual se inserem, podem posicionar-se estrategicamente em função dos seguintes elementos estratégicos intrínsecos (estratégias genéricas e não contingenciais):

a) integração vertical *para-trás* (de forma reversa junto às fontes produtoras de insumos produtivos), em busca da posse e controle das matérias-primas necessárias a sua produção, ou integração *para-frente*, via canais de comercialização próprios, com significativa otimização de seus custos, viável de obter-se em ambas as estratégias genéricas;

b) ampliação da capacidade produtiva, que aumenta sua base instalada, antecipando potenciais crescimento de mercado (capacidade ociosa pré-planejada que obstaculiza a entrada de potenciais concorrentes);
c) melhoria da qualidade do produto, pesquisas e desenvolvimento de produtos, e aperfeiçoamento dos processos produtivos e de sua base tecnológica instalada;
d) concessão de prazos e condições propícias de vendas, financiamentos diretos ou mediante instituições específicas;
e) acordo sobre encomendas, com outras empresas congêneres da indústria, eis que podem significar volumes financeiros expressivos, evitando a degradação dos preços, coordenados e induzidos pela empresa-líder, e consensualmente fixados no setor; e
f) ênfase na redução dos custos de produção, cujos custos fixos representam parcela significativa na estrutura dos custos totais.

Um exemplo de aplicação de estratégia genérica de integração neste setor econômico maior (altamente concentrado) é o da siderurgia, que tem por característica básica o fato de ser altamente verticalizada com integração junto às fontes fornecedoras de insumos produtivos. Ou seja, uma empresa típica deste segmento (Companhia Siderúrgica Nacional (CSN) fabricante de aço, folhas metálicas para indústria automobilística, construção civil, máquinas e equipamentos; e Companhia Brasileira de Alumínio (CBA) produtora de alumínio) é significativamente integrada a suas fontes de suprimento de matérias-primas, e gera para si própria suas necessidades de insumo, tais como energia elétrica (possui suas próprias hidrelétricas), vapor, ar comprimido e demais insumos necessários à produção.

É um setor econômico em que faz sentido pensar em economia de escala, com maior volume de produção para obtenção de menores custos unitários de produção. As condições técnicas e de mercado relativamente conhecidas. À medida que uma empresa deste setor verticaliza-se, isso significa maior diversidade no tipo de mão de obra. Ou seja, a empresa passa a ter pessoas alocadas a diferentes processos produtivos. Por exemplo, uma empresa produtora de cimento, com processo produtivo altamente automatizado, no momento em que se integra para trás (de forma reversa junto às fontes de suprimento) e passa a produzir matérias-primas, que são os minerais não metálicos, passa a empregar intensamente mão de obra não especializada. Isso significa adotar estratégias de gestão diferenciadas em função do tipo de mão de obra.

O setor abrange poucas organizações, que, salvo alterações ambientais conjunturais e transitórias, caracterizam-se por serem significativamente estáveis. A organização das atividades empresariais baseia-se em postos de trabalho/cargos claramente definidos e estruturados nos padrões hierárquicos tradicionais, com comprometimento às responsabilidades associadas a seus próprios cargos.

5.2 ESTRATÉGIAS SOCIAIS E AMBIENTAIS

Em função das características básicas e das estratégias empresariais genéricas próprias das organizações pertencentes ao setor altamente concentrado, podem-se delinear estratégias de gestão ambiental e de responsabilidade social, conforme descritas a seguir.

Tais estratégias, não obrigatoriamente, são as normalmente aplicáveis a este tipo de organização, independentemente das estratégias específicas, e que dependem das singularidades e do estilo de gestão (crenças e valores) praticados pelo principal gestor em cada organização em particular.

Em função do alto conteúdo tecnológico dos produtos gerados pelas empresas (segmento de comunicações e telecomunicações) deste setor econômico, tem-se como viável a estratégia de reciclagem de componentes obsoletos descartados pelas empresas. É o caso da empresa Citraya, que recolhe resíduos de empresas como a Compaq, Motorola, Nokia e Solectron, entre outras. Posteriormente, tais componentes sucateados passam por um processo de triagem dos metais, trituração dos resíduos e, posteriormente, são vendidos (exportados) às empresas produtoras dos componentes eletrônicos originais, sediadas no exterior.

Essa estratégia, além do ganho econômico, possibilita o fim do processo de deposição de sucata em aterros sanitários, que é o método utilizado pela maioria das empresas. Possibilita, ainda, a recuperação de metais finitos na natureza, como o paládio, ouro, prata, alumínio e cobre. Tal estratégia, legalmente, atende aos preceitos das normas da série ISO 14000, que exigem das empresas certificações que comprovam que a operação segue regras adequadas de deposição do resíduo. Complementarmente, a legislação brasileira estabelece que as empresas que geram o resíduo permanecem criminalmente responsáveis por ele, independentemente de subcontratar terceiros para a efetivação do descarte e destinação final.

As principais estratégias de gestão ambiental e de responsabilidade social, de caráter genérico, normalmente aplicáveis às organizações deste setor são:

- redução do uso de energia por quantidade de produto fabricado;
- redução do uso, recuperação ou reciclagem de água por quantidade de produto fabricado;
- mudança na composição, desenho e embalagem do produto, para tornar seu uso menos danoso à saúde humana e ao meio ambiente;
- controle, recuperação ou reciclagem das descargas líquidas da atividade industrial;
- controle ou recuperação de gases e emissões gasosas geradas pelas atividades industriais;
- redução do uso de matérias-primas por qualidade de produto fabricado ou substituição de fonte de energia;
- disposição adequada de resíduos sólidos e de lixo industrial;
- reciclagem de sucatas, resíduos ou refugos;
- mudanças nos procedimentos de estocagem, transporte, manuseio, logística dos produtos e materiais perigosos;
- seletividade de fornecedores/distribuidores ambientalmente corretos;
- expansão dos investimentos em controle ambiental;
- desenvolvimento/aperfeiçoamento de sistemas de auditoria ambiental;
- habilitação da organização para rotulagem ambiental;

- projetos sociais em meio ambiente;
- projetos sociais em educação;
- projetos sociais em saúde;
- projetos sociais em cultura;
- projetos sociais em apoio à criança e ao adolescente;
- projetos sociais em voluntariado;
- imagem ambiental da empresa para fins de marketing.

A estratégia de rotulagem ambiental é extremamente importante para organizações do setor econômico altamente concentrado (significativos volumes de exportações para os países desenvolvidos), particularmente para as que comercializam produtos de papel e celulose. Estas últimas abrangem empresas com elevada escala de produção e que produzem exclusivamente celulose; empresas verticalizadas que produzem papel de sua própria matéria-prima; e empresas que produzem apenas papel e que utilizam como matéria-prima os resíduos de papel e celulose para a produção de papel reciclado (empresas de pequeno e médio porte que constituem um segmento econômico mais diversificado e heterogêneo).

A maioria dos programas de rotulagem ambiental estabelece critérios para a concessão de selo verde às diversas categorias de produtos de papel, como, por exemplo, o critério para a concessão do selo que exige a existência, no produto, de material reciclado, o qual varia segundo a categoria de papel.

Essas poucas empresas do subsetor de papel e celulose, dada a exigência crescente de rotulagem ambiental para os produtos exportados, tendem a investir significativamente em controle ambiental.

As estratégias ambientais desse tipo de empresa contemplam instalações que fabricam polpas branqueadas sem dióxido ou peróxido de cloro, requisito na maioria dos programas de rotulagem. Os efluentes líquidos são tratados em lagos biológicos e bombeados de acordo com os mais exigentes padrões ambientais; análises regulares não indicam traços de dioxinas, e os indicadores de desempenho ambiental são compatíveis com estritas regulamentações internacionais. A polpa provém de eucalipto plantado, combinado com reservas naturais, e as poucas empresas deste subsetor de papel e celulose utilizam técnicas de manejo sustentável, com crescente produtividade florestal, redução no uso de fertilizantes a uma pequena parcela da exigida para outros tipos de plantações e controle de pragas e insetos por meio da biodiversidade natural, que minimiza ou elimina a intervenção humana.

Como estratégia de responsabilidade social, tem-se o caso da implementação da Cooperativa dos Agentes Autônomos de Reciclagem de Aracaju, iniciativa da empresa Maxitel de telecomunicações. Tal projeto está centrado na construção de uma usina de reciclagem que assegura organização e renda mínima a catadores de lixo, em parceria com o Ministério Público, a Universidade Federal de Sergipe e outras 12 instituições públicas e privadas.

Estratégia equivalente é o projeto Acreditar e Agir (Uberlândia), no qual detentos fabricam capas de celulares comercializadas pela Maxitel e sua rede credenciada em Minas Gerais, Bahia e Sergipe. O objetivo é recuperar e integrar socialmente os presos por meio de trabalho remunerado. A mesma empresa mantém outros projetos sociais voltados à comunidade:

- Educar Trabalhando (Novo Horizonte-MG), com cursos profissionalizantes e supletivos para jovens carentes. O projeto também beneficia a comunidade com ações de integração, lazer, cultura, educação e serviços sociais;
- Reciclo/Asmare Cultural, em parceria com a Associação dos Catadores de Papel, Papelão e Material Reaproveitável (Asmare), Belo Horizonte-MG, que cria um espaço sociocultural de produção, exposição e comercialização de objetos. Os produtos são confeccionados nas oficinas por ex-moradores de rua, pela reutilização de materiais recicláveis, e vendidos em suas lojas para fins de sustentação da entidade;
- Comunidade Líder (Minas Gerais, Bahia e Sergipe), com curso de gerenciamento estratégico para líderes comunitários, visando à autogestão de entidades do Terceiro Setor. Os líderes formados, por sua vez, desenvolvem novos projetos sociais em outras instituições congêneres.

A Algar, empresa de telecomunicações, mantém projetos sociais direcionados à educação, como:

- EmCantar (Minas Gerais), como apoio a um projeto que inclui no currículo escolar conteúdos de educação ambiental e cultura popular;
- Escola de Futuro (Minas Gerais, São Paulo, Mato Grosso do Sul e Goiás), com financiamento de cursos de pós-graduação para professores de ensino fundamental das cidades desses estados na área de atuação da empresa;
- Congresso do Futuro da Criança e do Adolescente, realizado em parceria com o Conselho Municipal da Defesa da Criança e do Adolescente de Uberlândia. Durante esse evento, milhares de alunos das escolas públicas e particulares da região participam de palestras, oficinas e apresentações elaboradas pelos próprios estudantes com o objetivo de debater soluções para problemas contemporâneos.

Outro exemplo de estratégia em empresa do setor altamente concentrado (empresa de mineração), implementado pela Minas da Serra Geral, é o Desenvolvimento de Tecnologia para Pequenos Agricultores, que desenvolve para cerca de 100 famílias da região (Itabirito, Ouro Preto e Santa Bárbara) técnicas de cultivo alternativo, como produção de húmus, horta orgânica, cogumelo *shitake* e apicultura. A mesma empresa mantém outro projeto social voltado à comunidade (Minas Gerais), Casa Nossa Senhora do Silêncio, onde a empresa contribui com doações de materiais, verduras, legumes e pessoal para manutenção das instalações da entidade, que abriga dependentes de álcool e drogas. Outra empresa, a Samarco (mineração), desenvolve estratégias de responsabilidade social, como:

- Educação em Informática (Espírito Santo e Minas Gerais), por meio de cursos de informática, para promover a qualificação profissional e incentivar o uso do computador nas escolas municipais do estado;
- Educação Ambiental (Minas Gerais), em parceria com ONGs e prefeitura municipal, para que a comunidade local saia de seu estado de pobreza. O programa desperta para a conscientização da necessidade de preservação do meio ambiente, melhoria da escola, formação de hortas e pomares, educação para adoção de medidas de higiene, e oferece eventos culturais;
- Turismo – Nossa Maior Riqueza (Espírito Santo), realizado em parceria com a TV e Emissora de Rádio da região, o projeto desenvolve campanhas e promove debates para chamar a atenção da importância do turismo como fonte de desenvolvimento econômico, social e cultural para os municípios locais. A proposta é valorizar suas belezas naturais e seu potencial histórico-religioso;
- Centro de Apoio aos Pequenos Empreendimentos do Estado do Espírito Santo (Espírito Santo), a empresa apoia financeiramente a entidade voltada para o desenvolvimento de pequenos negócios.

O projeto Salão do Encontro, em Betim-MG, desenvolvido pela ABB (subsetor de mecânica), prevê contribuição para uma instituição que presta atendimento a crianças, adolescentes, idosos e deficientes, por meio da disponibilização de creche, pré-escola, reforço escolar e formação profissional para as pessoas da comunidade.

A Acesita (subsetor de siderurgia e metalurgia) mantém o Instituto para Aperfeiçoamento dos Artesãos do Município de Timóteo (MG), que disponibiliza tecnologia e equipamentos para capacitação profissional de aposentados, pensionistas, artistas plásticos e membros da comunidade, interessados em desenvolver trabalhos que utilizem o aço como matéria-prima, bem como fornece apoio gerencial para pequenos e médios empresários do ramo. Mantém ainda atividades para capacitação da cadeia produtiva de treinamento a pessoas da comunidade, especialmente desempregados e empresários, para trabalhar com aço. A empresa implementou, ainda, Agência para o Desenvolvimento de Timóteo, que promove o desenvolvimento do município, buscando investidores interessados em montar novos negócios, para gerar empregos e renda para a comunidade. O Projeto de Gestão Ambiental e Economia do Lar direciona programa para mulheres, com palestras que induzem à reflexão sobre o meio ambiente e transmitem conhecimentos sobre organização familiar e comunitária e hábitos alimentares. Outro programa da Acesita, com apoio de voluntários, propicia alfabetização de homens e mulheres com mais de 45 anos e promove a socialização e a valorização dos participantes. A empresa mantém como projetos sociais voltados à educação (Minas Gerais):

- Capacitação Constante, visando ao estímulo do autodesenvolvimento permanente de profissionais das escolas públicas da cidade, contribuindo para a renovação e o aprimoramento da prática pedagógica;

- Renovar e Faça de Sua Escola um Jardim, programas de reforma das instalações, construção de jardins, montagem e manutenção de hortas e instalação de bicicletários em escolas públicas;
- Minha Carteira, Minha Amiga, recuperação do mobiliário das escolas públicas com o envolvimento de alunos, pais, professores e empregados destas instituições de ensino;
- Prêmio Valorização da Educação de Qualidade, concedido anualmente como reconhecimento de iniciativas de sucesso para a melhoria do ensino;
- Gerência da Qualidade Total na Escola, como um conjunto de ações para criar condições para que as escolas tenham acesso, implantem e monitorem processos de melhoria do ensino.

O projeto Apoio à Comunidade da Aracruz (papel e celulose) prevê a doação de terras para distribuição aos moradores, treinamento de pescadores para evitar a pesca predatória, construção de um estádio de futebol, programa de educação ambiental, apoio a posto policial e fornecimento de máquinas para aulas de costura e de móveis para escolas. A empresa mantém ainda o Programa Bons Vizinhos (Espírito Santo e Bahia), canal criado para estreitar seu relacionamento com pequenos proprietários rurais e moradores das regiões situadas em torno de áreas de plantio de eucaliptos e de reservas nativas. Debates e troca de ideias sobre assuntos de interesse da comunidade, como legislação ambiental, aposentadoria rural, fomento à produção, educação ambiental e sanitária e outros temas. Os participantes colaboram na prevenção e no monitoramento de incêndios. A empresa desenvolve, ainda, projetos sociais voltados à educação na forma de:

- Parceiro 2000 (Bahia e Espírito Santo), com a oferta de cursos de informática, de alfabetização e atendimento odontológico a trabalhadores de sindicatos com os quais a empresa se relaciona e a comunidade carente da região;
- Aracruz nas Escolas (Espírito Santo e Bahia), de melhoria da infraestrutura de escolas públicas dos estados, com reforma e reequipamento dos colégios dos municípios da região. Projeto incentivado pelo BNDES e concebido e implantado pela empresa;
- Universidade para Todos (Espírito Santo), com apoio da empresa ao programa, desenvolvido pela Universidade Federal do Espírito Santo, para oferecer curso pré-vestibular a alunos carentes da rede pública de ensino, facilitando seu acesso à universidade;
- Projeto Formar (Espírito Santo), como programa de capacitação de professores do ensino fundamental de escolas públicas com o objetivo de melhoria pedagógica por meio da formação, discussão, práticas inovadoras, participação na busca de soluções para os problemas atuais do ensino, desenvolvimento da capacidade de aprender com autonomia e trabalho de forma interdisciplinar;
- Colégio Pitágoras (Espírito Santo), cessão de instalações e subsídio de mensalidades escolares, possibilitando que crianças e adolescentes da cidade tenham acesso a um padrão de educação considerado modelo.

Projeto de Perfuração de Poços Artesianos, desenvolvido pela Petrobras (subsetor de petroquímica), estabelece acordo com o governo do estado de Sergipe para aumentar a oferta de água por meio da perfuração de poços artesianos, no abastecimento da capital Aracaju.

A Petroflex (subsetor de química e petroquímica) mantém projeto de Conselho de Cidadania da Fiergs na cidade de Porto Alegre. A empresa participa do conselho de cidadania da Federação das Indústrias do Rio Grande do Sul, que tem como missão desenvolver projetos de mobilização social e cidadania. Entre as ações promovidas estão: distribuição de alimentos; atendimento a crianças e jovens carentes em unidades do exército; campanhas de planejamento familiar; doação de medicamentos; reaproveitamento de sucata de madeira; materiais de construção para entidades assistenciais; doação de órgãos e ações correlatas. A mesma Petroflex implementou uma cooperativa de catadores de material reciclável na Baixada Fluminense (Rio de Janeiro) – Cooperativa de Catadores de Recicláveis –, que assegura inúmeros empregos a membros da comunidade.

Projeto como o Iniciativa Jovem, mantido pela Shell, é outro exemplo de estratégia em responsabilidade social, em empresa do subsetor de química e petroquímica. Voltado preferencialmente para adolescentes em desvantagem social, o programa apoia iniciativas empreendedoras e oferece subsídios para sua implantação, nos seis primeiros meses. Conta com cursos preparatórios, incubadoras para diversos ramos de atividades, colabora na obtenção de crédito e promove um concurso para eleger a melhor ideia. A intenção é ajudar a promover o desenvolvimento sustentável da comunidade na qual o negócio é estabelecido.

A Bahia Sul Celulose desenvolve o Programa de Fomento de Produção de Madeira, em parceria com proprietários rurais em um programa de fomento à produção de eucaliptos com a finalidade de aumentar a oferta de matéria-prima para abastecimento da empresa e gerar renda para a comunidade. Essas metas estão sujeitas a limites, impostos pela preocupação com o meio ambiente. Os participantes só podem utilizar até 40% de suas áreas ociosas, para evitar o desmatamento e a manutenção de outras atividades produtivas. Da mesma empresa são os projetos sociais voltados à educação no estado da Bahia:

- Escolas de Ensino Fundamental, onde são mantidas duas escolas dotadas de completa infraestrutura para abrigar alunos provenientes da comunidade local;
- Projeto Educação – Capacitação de Professores para o Futuro –, que contribui para a melhoria da qualidade do ensino fundamental da rede pública, desenvolvendo nos professores a autoconfiança, estimulando sua participação no processo de formação e reforçando a conscientização do papel que cada um exerce;
- Cidadão Educar, em parceria com o Sesi, que tem por meta contribuir para a erradicação do analfabetismo entre empregados de prestadoras de serviços e na comunidade. A metodologia utiliza experiências do cotidiano, desenvolvendo a prática da cidadania.

A empresa Bunge Fertilizantes, do subsetor de química e petroquímica, mantém o Prêmio Incentivo à Educação Fundamental. Esse projeto valoriza e estimula o trabalho de professores do ensino fundamental da rede pública, que desenvolvem iniciativas pedagógicas importantes. Os 20 melhores trabalhos são premiados, publicados, e têm suas experiências relatadas em vídeo, com a proposta de contribuir para a evolução da educação.

O projeto Nova Escola On-line, mantido pela Editora Abril, é outro exemplo de estratégia em responsabilidade social. Por meio de *site* desenvolvido e mantido pela Fundação Victor Civita, são disponibilizadas informações para que os professores de educação infantil e do ensino fundamental mantenham-se atualizados, aumentem seus conhecimentos e preparem suas aulas.

Da mesma empresa é o projeto Clickarvore, resultado de parceria entre Editora Abril, Fundação SOS Mata Atlântica e Instituto Ambiental Vidágua, que executa programa de reflorestamento da Mata Atlântica, que tem a Internet como suporte. Utiliza um *site* que, aliando educação ambiental, mobilização e cidadania, permite a doação de uma espécie nativa, custeada pelos patrocinadores do projeto. O internauta pode acompanhar *on-line*, por fotos e filmes, o plantio e crescimento das árvores.

Outros projetos voltados à educação básica (infantil, ensino fundamental e ensino médio) desta Fundação foram iniciativas pioneiras no campo social, tais como:

- revista *Nova Escola*, que incentiva a troca de ideias e de experiências bem-sucedidas em educação, estimulando inovações pedagógicas, chega gratuitamente ou a preços subsidiados às mãos de milhares de professores;
- Campanha de Valorização do Professor, publicidade na mídia da empresa (revistas e TV a cabo) para sensibilizar a opinião pública sobre o papel fundamental que os professores exercem na construção da cidadania e no desenvolvimento do país;
- Materiais de Apoio ao Professor, por meio da produção de *CDs*, fascículos, cartazes e material de apoio didático ao desenvolvimento dos professores de escolas públicas e privadas e à preparação de aulas do ensino fundamental;
- Bolsas de Incentivo para Trabalho de Conclusão de Curso, voltados aos universitários da ECA/USP, com a finalidade de estimular a pesquisa e o estudo sistemático do jornalismo em revistas.

O Banco da Providência, mantido pela Tomra Latasa (empresa do subsetor de siderurgia e metalurgia), é outro exemplo de estratégia de responsabilidade social. Pessoas desempregadas são cadastradas no Banco da Providência para coletar latas de alumínio em estabelecimentos credenciados (bares e restaurantes do centro da cidade). As latas de alumínio usadas (milhares seguem mensalmente para reciclagem) são trocadas pela empresa por cestas básicas.

A Companhia Siderúrgica Nacional (CSN) mantém o Projeto Acontecer, que propicia apoio a entidades que promovam ações para a melhoria da qualidade do meio ambiente, geração de renda e desenvolvimento social e econômico. Os projetos são avaliados e selecionados por uma comissão e recebem doações anuais da empresa, além daquelas relativas a recursos arrecadados em eventos beneficentes e de equipamentos e materiais que a empresa deixa de usar. Dessa empresa também é o Projeto Rede, que cuida da profissionalização de gestores de entidades sociais e filantrópicas, para a melhoria dos métodos e técnicas administrativas e a sustentabilidade das instituições por meio de palestras, seminários, *workshops* e seminários.

A Companhia Vale do Rio Doce (CVRD) – (siderurgia e metalurgia) propicia apoio financeiro para estruturação e organização do Centro de Educação Profissional de Empreendedores do Pará (Belém-PA). A mesma CVRD, do subsetor de mineração, mantém o Pronager (em Marabá-PA e São Luís-MA), que cria ocupação e gera renda por meio da capacitação de desempregados e subempregados. A mesma empresa mantém ainda projetos voltados à comunidade, tais como:

- Trem da Cidadania (Mato Grosso do Sul), que atende à população de baixa renda que não tem acesso a serviços básicos, como emissão de documentos e atendimento médico e hospitalar. É desenvolvido também um trabalho para prevenção de doenças;
- Artesanato em Cerâmica (Pará), que prevê a implantação de um polo de artesanato cerâmico, visando à melhoria das condições de vida de famílias de artesãos e ao resgate da cultura marajoara;
- Vale Capacitação (Maranhão), para ministrar cursos de capacitação, do acesso a linhas de financiamento à orientação sobre comercialização, a famílias que vivem da venda de produtos aos passageiros da Estrada de Ferro Carajás, possibilitando aumento da geração de renda e da qualidade de vida.

O projeto Menores Aprendizes (Minas Gerais), da Açominas, parte do projeto Educando para a Qualidade, que visa à melhoria de ensino e à qualificação dos empregados, e prepara jovens para atuar nas áreas de mecânica e eletricidade, em parceria com o Senai.

A Jarí Celulose e as empresas do Grupo Orsa formam a Fundação Orsa, que tem como proposta estimular e aplicar programas para oferecer melhores condições de educação, saúde e integridade física e intelectual à criança e ao adolescente em situação de risco pessoal e social. Propõe atuar como "sementeira" de ações voltadas à formação integral de crianças e adolescentes. Seu método é fornecer suporte técnico e recursos para que essas iniciativas possam, posteriormente, caminhar de forma autônoma. Para garantir unicidade a projetos distintos entre si, a Fundação utiliza metodologia de trabalho própria, criada com base em sua experiência. Todos os projetos são desenvolvidos da realidade local, com foco na saúde, educação e promoção social. Alguns deles são o Programa de Inclusão Social e Construção da Cidadania, presente em 12 cidades; Programa de Oncologia Pediátrica; Método Mãe Canguru; Programa de Combate à Desnutrição Infantil; Mães Educadoras; Banco do Livro; Escola da Natureza; e Comunidade Ativa. Têm em comum a preocupação permanente com a assistência integral, o envolvimento da família e da comunidade e a busca de parceiros capazes de garantir a existência autônoma do trabalho, independentemente da ação da Fundação Orsa.

Em termos de publicação de balanços sociais, destacam-se empresas deste setor econômico, como: Telebrás; Grupo RBS; Votorantim Celulose; Chesf; CPFL; Furnas; Eletrobrás; Petrobras; Odebrecht; Aracruz Celulose; Telesp Celular; Light e Usiminas.

CAPÍTULO 6 Empresas da Indústria Semiconcentrada

Corresponde a uma estrutura de mercado inerente às empresas tradicionais, ou da indústria semiconcentrada, produtora de bens como: alimentos; têxtil; confecções; metalurgia; plásticos e borracha; madeira e móveis.

6.1 CARACTERÍSTICAS BÁSICAS E ESTRATÉGIAS GENÉRICAS

Tal setor tem por características:

a) baixo grau de concentração sem participação majoritária de nenhuma empresa, apesar de eventual existência de poucas empresas de significativo porte;
b) pouca diferenciação de produtos por parte das empresas que são extremamente dependentes da taxa de crescimento de emprego, como produtoras de bens consumidos por assalariados;
c) barreira à entrada constituída pelo restrito acesso à rede de distribuição e comercialização, em que intermediários e atacadistas detêm alto poder de negociação.

É um setor da economia que, dada a atuação das variáveis ambientais, sofre influência negativa da abertura de mercado, coerente à tendência de globalização da economia. Esse setor é altamente influenciável às políticas e medidas sociais estabelecidas pelo governo.

No setor econômico semiconcentrado encontra-se um tipo de organização constituído por: empresas tradicionais de bens de consumo não duráveis, de: alimentos; têxteis; confecções; metalúrgicas; plásticos e borracha; madeira e móveis e afins.

No contexto desse setor econômico inserem-se as empresas têxteis que se caracterizam como um subsetor, com características particulares. Esse subsetor está caracterizado pela heterogeneidade tecnológica em seu processo produtivo.

Nesse mesmo subsetor, convivem empresas modernas, que operam com padrões tecnológicos e estratégias similares às de maior excelência, em condições de enfrentar os concorrentes no mercado interno e no exterior, com aquelas empresas parcialmente modernizadas e outras com padrões tecnológicos e gerenciais obsoletos.

Neste subsetor, convivem, ainda, empresas produtoras de semiacabados têxteis/fiação e tecelagem (fios, tecidos e matérias-primas têxteis em geral) e empresas de vestuário. Enquanto naquelas primeiras prevalece grande quantidade de organizações, nestas últimas (vestuário) existe alto grau de concentração, com poucas empresas que compartilham um mercado de malhas de algodão, roupas de cama, mesa e banho.

O setor caracteriza-se por ser de baixo grau de concentração, ou de indústria semiconcentrada, de empresas com produtos relativamente homogêneos, e que pode induzir um posicionamento estratégico genérico, efetivado por medidas como:

a) modernização dos canais de distribuição, que inclui rede de revendedores próprios ou exclusivos (integração vertical *para-frente*);
b) implementação de sistemas de franquias, que estabelecem parcerias com clientes intermediários;
c) ênfase na competição via preços, que nestes ramos de negócios assume maior importância comparativamente a outras estruturas de mercado.

6.2 ESTRATÉGIAS SOCIAIS E AMBIENTAIS

Em função das características básicas e das estratégias empresariais genéricas próprias das organizações pertencentes ao setor semiconcentrado, podem-se delinear estratégias de gestão ambiental e de responsabilidade social conforme descritas a seguir.

Tais estratégias, não obrigatoriamente, são as normalmente aplicáveis a este tipo de organização, independentemente daquelas estratégias específicas, e que dependem das singularidades e do estilo de gestão (crenças e valores), praticados pelo principal gestor em cada organização em particular.

Os programas de rotulagem ambiental sobre os produtos fabricados pelas empresas deste setor econômico incidem, principalmente, sobre os fabricantes de têxteis. Mesmo nestas últimas organizações, o impacto dos programas de selo verde implementados nos países do Primeiro Mundo são diferenciados em função do tipo de produto têxtil: fios de algodão; fibras naturais e sintéticas; tecidos; vestuário (camisetas, malhas e camisas); roupas de cama, mesa e banho.

A implementação de estratégias de gestão ambiental e de responsabilidade social também ocorre de forma diferenciada em função do tipo de empresa do subsetor têxtil. Assim, aquelas empresas fabricantes de vestuário são inovadoras em suas estratégias ambientais e acompanham a demanda no mercado interno e, principalmente, no exterior. Exigências quanto à rotulagem ambiental são imediatamente incorporadas em seus processos produtivos e produtos finais, e constituem diferencial competitivo em relação a seus concorrentes internos e externos.

Como estratégia inerente à responsabilidade social, tem-se o exemplo da Kraft Foods Brasil, que implantou a Universidade de Alimentos para suprir a mão de obra em sua unidade fabril. Tal iniciativa passou a ser um programa de alcance social que profissionaliza e recicla adultos para trabalhar em empresas de alimentação, tanto em linha de produção como em restaurante ou bufê.

Estratégia equivalente é o projeto Nutrir, implementado pela Nestlé (empresa do subsetor de alimentos) para prevenir a desnutrição em crianças e jovens de 5 a 14 anos que vivem em situação socioeconômica desfavorável. Conceitos sobre higiene, nutrição e aproveitamento integral dos alimentos são repassados a instituições e comunidades por meio de uma metodologia que utiliza jogos e brincadeiras. O programa, de expressão nacional, beneficia milhares de crianças e, do volume total de investimentos, metade corresponde a doações dos empregados da empresa, em caráter voluntário.

A Perdigão (empresa do subsetor de alimentos) mantém programa educacional – Qualidade Total Perdigão Rural – voltado para centenas de produtores rurais e suas famílias, parceiros da empresa, com foco em conceitos de qualidade e de administração rural e orientação técnica e econômica, para garantir a profissionalização e a sustentabilidade do empreendimento.

Destaca-se a Ceval como empresa deste setor econômico que publica balanço social, que evidencia suas realizações no campo de responsabilidade social e de gestão ambiental.

CAPÍTULO 7 Empresas de Bens de Consumo Não Duráveis

Caracterizada por estrutura de mercado inerente às empresas produtoras de bens de consumo não duráveis e altamente diferenciados, como farmacêutico, bebidas e fumo e higiene e limpeza.

7.1 CARACTERÍSTICAS BÁSICAS E ESTRATÉGIAS GENÉRICAS

As empresas pertencentes ao setor têm as seguintes peculiaridades:

a) não há grande diversidade entre a tecnologia de processos utilizadas pelas empresas;
b) organizações deste ramo de negócios normalmente operam com várias unidades fabris, em face da natural racionalização da distribuição, comercialização ou acesso às matérias-primas;
c) existência de expressivo número de pequenas empresas que atuam na demanda criada pelas grandes organizações;
d) pouca verticalização na estrutura produtiva das empresas do setor;
e) estabilidade no grau de participação relativa no mercado *market share*, em face dos gastos equivalentes em publicidade e propaganda entre concorrentes, e dadas as naturais barreiras formadas pela fidelidade a determinadas marcas.

Em função das influências ambientais, é um setor da economia, normalmente, beneficiado com o aquecimento do mercado interno, assim como é significativamente taxado por impostos fixados pelas políticas governamentais. No setor econômico de empresas diferenciadas, encontra-se um tipo de organização como: fabricantes de bebidas; de fumo; de higiene e limpeza; laboratórios farmacêuticos; e afins.

Este setor econômico abrange, ainda, empresas calçadistas, que, por si só, constituem um verdadeiro subsetor. O subsetor calçadista brasileiro está-se tornando cada vez mais verticalizado, integrando-se junto a seus fornecedores, e às vezes até adquirindo empresas (curtumes e fábricas de tratamento de couro), como estratégia para assegurar a qualidade e os prazos de entrega para seus produtos.

É um subsetor que se caracteriza por concentrar a produção total de calçados de couro em poucas grandes empresas. Já o volume exportado de calçados de couro pulveriza-se em um grande número de empresas, tanto de pequeno como de grande porte, que produzem primordialmente para o mercado externo.

O setor econômico de empresas diferenciadas tem, para suas organizações, certos elementos estratégicos que podem ser adotados em sua postura frente ao mercado, quais sejam:

a) inversões em publicidade e propaganda, em face da necessidade de prolongar o ciclo de vida relativamente curto de seus produtos; de preservar a lealdade que é devida à diferenciação, não sustentada por base objetiva, e apoiada em maciça publicidade, promoção e propaganda;
b) lançamento de novos produtos, obtido mediante investimentos em Pesquisa & Desenvolvimento, tendo em vista fazer frente à concorrência, inclusive para a preparação de novos produtos futuros a serem lançados quando a conjuntura assim permitir, ou em função de mudanças havidas no mercado;
c) introdução de várias marcas que competem dentro do próprio composto de produtos da empresa;
d) aceleração do lançamento de novos produtos quando a capacidade de produção instalada ou potencial for maior que a demanda, assim como redução dos gastos com Pesquisa & Desenvolvimento e de lançamento de produtos, quando a demanda for maior que a capacidade da produção;
e) segmentação do mercado com faixas diferenciadas, bem como ajustamento entre oferta e demanda, por meio da administração dos estoques e prazos dos pedidos em carteira;
f) permanente monitoramento do mercado em face da possibilidade de novos ingressantes em potencial, assim como evitação de eventuais motivações de novos concorrentes mediante políticas de preços.

A ênfase em termos de estratégia de pessoal deve estar voltada a qualificar uma mão de obra alocada a um processo produtivo em permanente transformação tecnológica, visando à otimização da programação da produção. Essa mão de obra deve estar qualificada, ainda, para a transformação tecnológica para incrementar a qualidade e outras dimensões que elevam o valor de seus produtos.

Esse setor econômico, como os demais, pode ser detalhado, para efeito de análise, em segmentos específicos, como é o caso do segmento das empresas farmacêuticas, que se destaca pelas seguintes peculiaridades:

- produtos normalmente heterogêneos, em que a diferenciação se dá no âmbito da qualidade e das especificações técnicas;
- grande número de organizações, detentoras de pequenas participações no mercado;
- altíssima exigência de capital e recursos financeiros para entrada no setor;
- empresas já instaladas detêm certo controle sobre o setor, e têm acesso direto às fontes de matérias-primas;

- fontes de matérias-primas situadas no país e no exterior, que exigem alto controle das encomendas junto a poucos fornecedores, acarretando reduzido poder de barganha quanto a preços;
- prática de preços extremamente competitiva, o que exige permanente otimização de custos;
- observância rigorosa de prazos na entrega de produtos como uma das vantagens sobre a concorrência;
- alta tecnologia e qualidade reconhecida, que contribuem para o aumento da credibilidade dos produtos e exigem significativos investimentos em pesquisa e desenvolvimento de produtos e em processos produtivos.

Nesse setor econômico, são encontradas organizações que, em face da estrutura de mercado no qual se inserem, podem posicionar-se estrategicamente em função dos seguintes elementos estratégicos específicos (intrínsecos e *não contingenciais*):

- possibilidade de parcerias junto a fornecedores, em direção a fontes de matérias-primas, ou *integração-para-frente*, via parceria com canais de comercialização, com significativa otimização de seus custos;
- ampliação da capacidade operativa, aumentando sua base instalada, antecipando potenciais de crescimentos de mercado (capacidade ociosa pré-planejada, que pode dificultar a entrada de potenciais concorrentes);
- concentração da produção em limitado número de plantas fabris estrategicamente localizadas geograficamente;
- melhoria da qualidade do produto, pesquisa e desenvolvimento de produtos, e aperfeiçoamento dos processos produtivos e de sua base tecnológica instalada;
- concessão de prazos e condições propícias de vendas, financiamentos diretos ou mediante instituições específicas;
- acordo sobre encomendas, com outras empresas congêneres, que podem significar volumes financeiros expressivos, evitando a degradação dos preços;
- ênfase na redução dos custos operacionais, cujos custos fixos representam parcela significativa na estrutura dos custos totais;
- elaboração de previsões de vendas sintonizadas com as demandas do mercado e coerente com os projetos de desenvolvimento de novos produtos;
- programação da produção elaborada de forma antecipada e coerente às previsões de marketing/vendas;
- programação e contratação de insumos produtivos coerente à programação da produção.

Nesse setor econômico, que agrupa empresas produtoras de bens de consumo não duráveis, encontra-se um subsetor dos laboratórios farmacêuticos que se destaca pelas seguintes peculiaridades:

- produtos normalmente heterogêneos, em que a diferenciação se dá no nível da qualidade e das especificações técnicas;
- grande número de organizações, detentoras de pequenas participações no mercado;
- altíssima exigência de capital e recursos financeiros para entrada no setor;
- empresas já instaladas que detêm certo controle sobre o setor e têm acesso direto às fontes de matérias-primas;
- fontes de matérias-primas situadas no país e no exterior, que exigem alto controle das encomendas junto a poucos fornecedores, acarretando reduzido poder de barganha quanto a preços;
- prática de preços extremamente competitiva, o que exige permanente otimização de custos;
- observância rigorosa de prazos na entrega de produtos como uma das vantagens sobre a concorrência;
- alta tecnologia e qualidade reconhecida, que contribuem para o aumento da credibilidade dos produtos e exigem significativos investimentos em Pesquisa & Desenvolvimento de produtos e em processos produtivos.

7.2 ESTRATÉGIAS SOCIAIS E AMBIENTAIS

Em função das características básicas e das estratégias empresariais genéricas próprias das organizações pertencentes a este setor, podem-se delinear estratégias de gestão ambiental e de responsabilidade social, conforme descritas a seguir.

Tais estratégias (não obrigatoriamente aplicáveis a todas as empresas) são as normalmente aplicáveis a esse tipo de organização, independentemente das estratégias específicas, e que dependem das singularidades e do estilo de gestão (crenças e valores) praticados pelo principal gestor em cada organização em particular.

As empresas do subsetor calçadista, particularmente as fabricantes de calçados de couro, tendem a adotar estratégias de gestão ambiental e de responsabilidade social, uma vez que são extremamente afetadas pelos programas de rotulagem ambiental implementados pelos países desenvolvidos.

Esse tipo de empresa gera elevados índices de poluição de resíduos, em específico metais pesados. Complementarmente, as empresas de curtume são responsáveis por significativos níveis de poluição, bem como pelas mais altas taxas de poluição de águas residuais verificadas pelos indicadores industriais do país.

A propensão de adoção de selos verdes para calçados de couro por parte dos Estados Unidos e Comunidade Europeia tende a provocar impactos diferenciados, nos custos e volumes exportáveis, no âmbito das empresas calçadistas, em função da utilização de PVC e materiais sintéticos, em maior ou menor escala, no revestimento, forros e acabamentos de seus produtos.

A Avon (higiene, limpeza e cosméticos) implementou o Fundo Avon & Unifem, por meio da formação de um convênio com o Fundo das Nações Unidas para a Mulher

(Unifem), que visa concretizar ações que promovam o fortalecimento da cidadania feminina. O objetivo é contribuir para o acesso das mulheres a informações básicas sobre trabalho, cultura, educação e saúde, melhorando sua condição de vida e autoestima.

Exemplo de estratégia de responsabilidade social é o Jovem Rural, mantido pela Souza Cruz, empresa do subsetor de fumo. É um projeto que visa educar para o desenvolvimento integral e sustentável no meio rural, contribuindo para a formação de empreendedores, na faixa etária de 15 a 24 anos, com alto senso de responsabilidade e capacidade de autogestão, por meio de seminários de capacitação. O projeto integra a ação Educação para o Empreendedorismo, destinado à preparação de jovens para o mundo do trabalho. Mantido pela mesma Souza Cruz, há o Programa de Formação de Jovens Empresários Rurais – Projovem –, que trabalha com duplo objetivo: educação e mercado de trabalho. O Projovem foi criado em função da necessidade de encontrar alternativas de trabalho para adolescentes, filhos de pequenos agricultores. O projeto integra a ação Educação para o Empreendedorismo do Instituto Souza Cruz, por meio de convênio com a Escola Superior de Agricultura Luiz de Queiroz – Esalq (USP) e o Centro de Educação Tecnológica Paula Souza – Ceeteps.

CAPÍTULO 8 Empresas de Bens de Consumo Duráveis

O setor abrange as empresas produtoras de bens de consumo duráveis, típicos do ramo automobilístico, eletroeletrônica, tecnologia e computação.

8.1 CARACTERÍSTICAS BÁSICAS E ESTRATÉGIAS GENÉRICAS

Suas características principais são:

a) alta concentração com diferenciação de produtos;
b) capacidade ociosa planejada para absorver maior participação quando da expansão do mercado;
c) barreiras a novos ingressantes em face da escala e custos absolutos, bem como pela diferenciação de produtos que exigem expressivos investimentos na estrutura de vendas e serviços;
d) controle sobre a demanda de forma limitada, mas efetiva, por meio de lançamentos de novos produtos, uma vez que os produtos caracterizam-se pela rápida obsolescência, dado que são destinados a clientes de rendas elevadas, bem como resultado dos lançamentos dos concorrentes;
e) intensa dependência das grandes empresas do setor, com os produtores de bens intermediários; e
f) estabilidade relativa quanto à participação no mercado, com gastos publicitários das empresas do setor mantidos em mesmo nível de gastos.

É um setor da economia que, em consonância com as variáveis ambientais, está diretamente vinculado à ampliação imediata do poder aquisitivo das classes de média e baixa renda e de futuros programas que envolvam a melhoria do nível de emprego. Esse setor, no contexto do macroambiente, é bastante vulnerável às políticas cambiais fixadas pelo governo e, portanto, altamente influenciável à redução das tarifas alfandegárias.

No setor econômico de empresas produtoras de bens de consumo duráveis, encontram-se empresas do tipo: montadoras de veículos, fabricantes de eletroeletrônicos e afins.

Nesse setor, de bens de consumo duráveis, ou da indústria de empresas mistas, podem ser delineados determinados elementos estratégicos a serem adotados no posicionamento das organizações do setor, conforme discriminados a seguir:

a) diferenciação de produtos por meio de grande número de modelos, bem como adoção de constantes modificações nos desenhos e características físicas dos modelos;
b) segmentação de mercado, com adoção de modelos diferenciados por classes de renda;
c) financiamento aos clientes por meio de estrutura própria ou de entidades financeiras especiais;
d) ênfase na prestação de serviços aos clientes, que implicam controle direto ou indireto sobre a rede de distribuição e revenda; e
e) inovação tecnológica constante, com expressivos investimentos em pesquisa e desenvolvimento, amortizando-os em amplos mercados.

No setor *misto*, as empresas, normalmente, têm possibilidade de implementar estratégias de gestão de negócios com ênfase em salários e benefícios, bem como contemplando de forma privilegiada as relações trabalhistas em sua esfera de atuação.

As empresas desse setor, normalmente, estão em constante transformação tecnológica no produto, direcionada ao atendimento a segmentos específicos e de forma superior à concorrência. Seu ambiente caracteriza-se por alto grau de mudança, que exige inovação tecnológica em seus produtos e processos produtivos em face das condições do mercado. Concepção, produção e comercialização de novos produtos num mercado altamente competitivo. Isso exige estratégias de gestão, de requalificação constante da mão de obra, correlacionada a tal estratégia de negócios.

A prestação de serviços pós-venda, na forma de garantia e assistência técnica, demanda uma estratégia de negócios de pessoas voltada ao desenvolvimento e preparação de mão de obra de empresas parceiras (ou de distribuidores, intermediários e varejistas).

Empresas do setor econômico misto adotam ainda, como estratégia de negócios, a subcontratação de pessoal externo, para realização de atividades passíveis de terceirização.

As empresas do setor econômico misto, em face das recentes tecnologias de comércio eletrônico (*e-commerce*), adotam estratégias de negócio que privilegiam a criação de lojas virtuais e vendas diretas ao cliente final. Tal desintermediação de distribuidores e lojistas tende à recapacitação do pessoal das organizações pertencentes a esse setor em função de marketing/comercial à medida que tais transações, via Internet, exigem outro tipo de mão de obra.

O setor econômico misto apresenta como exemplo marcante o caso das montadoras automobilísticas, cujas novas fábricas de carros adotam como estratégia produtiva uma robotização menor e uma flexibilidade da linha de montagem acentuada. Ou seja, a robotização está ficando confinada a setores produtivos padronizados de escala, como a pintura, contrastando com a montagem propriamente dita, em que prevalece a mão humana em suas operações. Tal estratégia é fruto do aspecto do menor custo da mão de obra e maior qualidade no processo de montagem final; é similar à adotada nas empresas montadoras aeronáuticas.

O aparente conflito entre a robotização e a flexibilidade da linha de montagem, na verdade, é decorrente de uma estratégia de gestão de negócios que contempla a automação industrial em atividades de alta periculosidade e extrema insalubridade para os empregados da empresa. Ou seja, é uma estratégia de gestão de negócios que evita o risco real para a saúde dos trabalhadores e que proporciona maior qualidade à medida que, também, padroniza os produtos e estabiliza o processo produtivo.

A essência dessa estratégia de gestão de negócios está centrada na simplificação dos processos produtivos aliada ao menor custo da mão de obra. Ou seja, ainda que a menor robotização signifique maior número de empregados, obtém-se menor custo de produção, diferentemente de outros países, onde os salários dos trabalhadores chegam a representar até sete vezes os pagos no Brasil para as mesmas funções da linha de montagem. Outras estratégias alternativas de gestão de negócios nesse tipo de empresa podem ser adotadas na forma de instrumentos de flexibilização da jornada de trabalho, banco de horas ou horas extras, novos turnos de produção e medidas trabalhistas correlatas.

Estratégia de atrair fornecedores do exterior para montarem fábricas no Brasil é uma característica marcante das empresas montadoras desse setor econômico. O setor, além da chegada de gigantes como Bosch, Krupp e Mahle, por exemplo, gera condições propícias para atrair micros e pequenas empresas de autopeças de fora, também.

Essas *organizações* fornecedoras de autopeças são empresas que tendem a instalar-se no país para substituir os componentes importados que representam às montadoras de veículos riscos, como oscilações da moeda ou insegurança logística. Tais micros/pequenas empresas são fabricantes de autopeças com capacidade de investimento em alta tecnologia e que se encaixam nas equipes de primeiro, segundo ou terceiro nível de fornecedores na escala das referidas montadoras.

As empresas pertencentes ao setor econômico misto, dada a existência de empresas de recursos humanos, em face da influência das novas tecnologias da informação, tendem a adotar a Internet como estratégia para recrutamento e seleção de pessoal. Além dos *sites* de currículos, empresas de recursos humanos existentes no mercado de trabalho utilizam portais de recursos humanos, com conteúdo, treinamento (cursos *on-line*) e ofertas de empregos e profissionais. Tais empresas de recursos humanos, além dessas possibilidades, mantêm uma integração virtual de vários escritórios/agências geograficamente dispersas pelo país e pelo mundo com banco de dados virtual (*on-line*) de profissionais, disponibilizado o acesso para empresas de qualquer setor que estão em busca de mão de obra, principalmente a especializada.

8.2 ESTRATÉGIAS SOCIAIS E AMBIENTAIS

Em função das características básicas e das estratégias empresariais genéricas próprias das organizações pertencentes ao setor de empresas de bens de consumo duráveis, podem-se delinear estratégias de gestão ambiental e de responsabilidade social, conforme as descritas a seguir.

Em função do alto conteúdo tecnológico dos produtos gerados pelas empresas desse setor econômico, tem-se como viável a estratégia de reciclagem de componentes obsoletos descartados pelas empresas (principalmente dos segmentos eletroeletrônico, automobilístico e tecnologia e computação). É o caso da empresa Citraya, que recolhe resíduos de empresas como a Compaq, Motorola, Nokia e Solectron, entre outras.

Posteriormente, tais componentes sucateados passam por um processo de triagem dos metais, trituração dos resíduos e, posteriormente, são vendidos (exportados) às empresas produtoras dos componentes eletrônicos originais, sediadas no exterior.

Essa estratégia, além do ganho econômico, possibilita o fim do processo de deposição de sucata em aterros sanitários, que é o método utilizado pela maioria das empresas. Possibilita ainda a recuperação de metais finitos na natureza, como o paládio, ouro, prata, alumínio e cobre.

Outro exemplo de estratégia relacionada ao segmento automobilístico e de pneumáticos é o da empresa Midas, que recicla pneus e borracha. É um mercado que tende a crescer com o respaldo legal de Resolução Normativa do Conselho Nacional do Meio Ambiente (Conama), que estabelece a reciclagem obrigatória de pneus, proporcionalmente à quantidade produzida/importada. Sua tendência é crescente, também em função do problema de saúde pública (aterros sanitários e lixões), além do aspecto ecológico que representa.

As principais estratégias de gestão ambiental e de responsabilidade social, de caráter genérico, normalmente aplicáveis às organizações desse setor são:

- redução do uso de energia por quantidade de produto fabricado;
- redução do uso, recuperação ou reciclagem de água por quantidade de produto fabricado;
- mudança na composição, desenho e embalagem do produto para tornar seu uso menos danoso à saúde humana e ao meio ambiente;
- controle, recuperação ou reciclagem das descargas líquidas da atividade industrial;
- controle ou recuperação de gases e emissões gasosas geradas pelas atividades industriais;
- redução do uso de matérias-primas por qualidade de produto fabricado ou substituição de fonte de energia;
- disposição adequada de resíduos sólidos e de lixo industrial;
- reciclagem de sucatas, resíduos ou refugos;
- mudanças nos procedimentos de estocagem, transporte, manuseio, logística dos produtos e materiais perigosos;
- seletividade de fornecedores/distribuidores ambientalmente corretos;
- expansão dos investimentos em controle ambiental;
- desenvolvimento/aperfeiçoamento de sistemas de auditoria ambiental;
- habilitação da organização para rotulagem ambiental;
- projetos sociais em meio ambiente;
- projetos sociais em educação;
- projetos sociais em saúde;
- projetos sociais em cultura;
- projetos sociais em apoio à criança e ao adolescente;

- projetos sociais em voluntariado;
- imagem ambiental da empresa para fins de marketing.

Estratégias ambientais

Coprocessamento de **resíduos industriais**, como borra de tinta e lama industrial, em fornos de usina de cimento, que são utilizados como combustíveis na produção de cimento, evitando a queima desnecessária de combustíveis fósseis não renováveis, além de dar uma destinação adequada ao resíduo industrial. Os compostos orgânicos são inteiramente destruídos no processo devido à alta temperatura, que é mantida por vários minutos, tempo necessário à formação do clínquer, substância que confere ao cimento suas propriedades hidráulicas. Essa destinação dada ao resíduo industrial permite a desativação de aterro industrial, normalmente criado para armazenamento e depósito de resíduos dessa natureza.

Tratamento de **efluentes industrial e orgânico** (regulamentar), em que os resíduos líquidos são tratados separadamente na estação de tratamento de efluentes da própria empresa. Óleos minerais, por exemplo, após usados no processo produtivo, e óleos separados na estação de tratamento de efluentes podem ser reciclados por empresas especializadas. Outro exemplo, a lama industrial, oriunda do tratamento do efluente industrial, pode ser coprocessada em altos fornos utilizados na fabricação do cimento, e os resíduos sólidos gerados do esgoto orgânico podem ser utilizados como fertilizantes.

Substituição de equipamentos por outros menos agressivos ao meio ambiente, como transformadores e capacitores a óleo sintético (não regulamentar); esses equipamentos podem ser armazenados em galpão específico para esse fim, para permanente monitoramento.

Substituição de componentes de produtos e materiais por outros menos agressivos ao meio ambiente, como os projetos de erradicação de uso de asbestos, cádmio, cromato de chumbo em tintas (não regulamentares) e refrigeração baseada em CFC (regulamentar). O asbesto das lonas de freios pode ser substituído por outro material sintético, e as telhas de amianto, por telhas metálicas; o cádmio pode ser substituído nos produtos, assim como tratamento equivalente pode ser dado a tintas e sistemas de refrigeração.

Estratégias em responsabilidade social

Estratégia que visa ao exercício da responsabilidade social e da gestão ambiental com o suporte da tecnologia da informação. Criação de *site* que visa à abertura de canal de comunicação direta com a comunidade. Viabilização do acesso institucional por parte de pessoas de todo o mundo às informações sobre a empresa, seus produtos e serviços.

É o caso da HP, que desenvolveu para o Instituto Ethos um *site* dedicado ao consumo consciente. O objetivo é permitir que os consumidores possam tomar conhecimento das ações de responsabillidade social das empresas e usar as informações como fator de decisão de compra. Também é possível fazer doações e comprar em um *shopping* virtual, com a comissão pela operação sendo repassada a entidades sociais e ONGs. Outro exemplo é o da IBM do Brasil, que mantém escolas comunitárias de informática, visando contribuir para a redução da exclusão social em comunidades carentes, projeto iniciado no Rio de Janeiro e agora de âmbito nacional, em parceria com o Comitê para a Democratização da Informática e outras instituições. As escolas são instaladas em instituições sociais, associações de bairros e espaços comunitários.

A Xerox do Brasil, empresa do subsetor de tecnologia e computação, mantém projeto educacional autossustentado e sem fins lucrativos, que visa complementar a educação de adolescentes por meio de sua integração no mercado de trabalho. Os jovens participam da rotina dos escritórios e de operações da Xerox do Brasil, com o objetivo de torná-los futuros colaboradores da empresa.

O projeto Tecnologia Solidária, mantido pela Compaq, é outro exemplo de estratégia em responsabilidade social. É desenvolvido em parceria com ONGs na implantação de escolas de informática e centros de acesso à Internet por meio da doação de computadores e trabalho voluntário dos empregados. Parte dos jovens beneficiados é encaminhada a cursos do Centro de Integração Empresa-Escola (CIEE), a fim de complementar sua formação profissional.

Estratégias para integração com a comunidade podem ser desenvolvidas por meio de ações de comunicação e relacionamento social, que enfatizam os valores éticos, personalidade, conceitos de negócios e filosofia de qualidade em um contexto de imagem em bom conceito, necessária ao cumprimento da missão da organização.

Essas estratégias de interação com o meio externo podem dar-se, portanto, mediante ações com a imprensa, com associações de classe, parcerias com universidades e instituições de ensino privadas, diálogo com o governo em suas diferentes esferas (municipal, estadual e federal) e demais entidades que, direta e indiretamente, impactam os negócios da empresa.

Tais estratégias podem materializar-se por meio de: patrocínios locais (eventos culturais, esportivos, sociais de lazer na comunidade local na qual a empresa está inserida); parcerias com universidades e instituições de ensino (complementação educacional em áreas tecnológicas de interesse da empresa, palestras técnicas nas escolas e visitas de alunos a suas instalações fabris); parcerias com entidades beneficentes; participação em entidades de classe que, direta e indiretamente, representam o setor econômico ao qual pertence a empresa; participação em campanhas e doações; e outras ações sociocomunitárias afins.

Apoiado pela Fundação Volkswagen, o projeto Revisão Solidária foi realizado pela montadora em conjunto com seus concessionários. A ação social de interesse geral promoveu a troca de um quilo de alimentos não perecíveis por um *check-up* de 27 itens nos carros dos participantes. O objetivo do projeto é beneficiar, com a doação de alimentos, instituições próximas a concessionários da rede, visando fortalecer a relação da Fundação com os funcionários, além de humanizar a imagem da Assistência Técnica Volkswagen e sua Rede de Concessionários entre os consumidores. Visa ainda mostrar aos clientes que, além de comercializar veículos, peças e serviços, investir em tecnologia e treinar seus funcionários, a Rede Autorizada tem um compromisso com a comunidade. Essa intenção traduz-se por meio da realização de ações sociais que venham a contribuir para a melhoria da qualidade de vida de milhares de pessoas assistidas por entidades beneficentes presentes nessas localidades. Após apresentar aos funcionários as metas da campanha, a Volkswagen, em parceria com sua Fundação, passou a oferecer todo o material institucional do projeto, além de firmar um acordo com a Campanha Natal sem Fome, escolhida como destinatária das doações. Os concessionários ficaram responsáveis pelos *check-ups*, escolha das entidades a serem beneficiadas e recebimento, guarda e envio dos alimentos. Um *hot site* foi desenvolvido para apoiar o programa.

Semelhante projeto de responsabilidade social é o Retrato do Brasil, desenvolvido pela Fiat. É um projeto cultural integrado e internacional que visa divulgar a cultura brasileira e difundir o conhecimento do Brasil no próprio país, na América do Sul e na Europa. Uma equipe percorreu 50 mil quilômetros pelo Brasil, realizando uma série de curtas-metragens, dando um panorama da natureza, história, economia, crenças e valores brasileiros. O projeto contou com a participação voluntária de 178 concessionárias da rede Fiat. Cada uma delas criou uma sala com televisor e videocassete e, em seguida, o Centro de Coordenação Fiat para os Jovens agendou exibições com escolas ou Secretarias de Educação da região. As concessionárias transformaram-se em verdadeiros centros culturais e pólos de debates da cultura brasileira.

Outro exemplo de projeto de responsabilidade social é o Consultório Odontológico Móvel implementado pela Ford para levar assistência gratuita pelas estradas do país. O Odontomóvel atende em postos de abastecimento de grande circulação de caminhoneiros e, em alguns casos, junto com as prefeituras. Os serviços prestados vão desde consulta e tratamento até palestras sobre higiene e prevenção de doenças bucais.

CAPÍTULO 9

Setor de Empresas Comerciais

O setor de empresas comerciais (setor competitivo ou ramo de negócios competitivos) abrange organizações que atuam no comércio varejista, comércio atacadista, autopeças, distribuidora de veículos e organizações correlatas.

9.1 CARACTERÍSTICAS BÁSICAS E ESTRATÉGIAS GENÉRICAS

As empresas desse setor econômico caracterizam-se pelo significativo giro total de seus ativos. Além de tal traço marcante, as empresas pertencentes a esse setor caracterizam-se pela existência de elementos estratégicos, como:

a) não existência de barreiras à entrada de novas empresas;
b) empresa que possui, isoladamente, parcela significativa do mercado é uma situação rara nesse segmento econômico;
c) o setor tem grande número de pequenas empresas, menores que a média do setor, com curva de custos mais elevada e menor taxa de lucratividade, quando comparada com as organizações do setor;
d) os intermediários e os fornecedores de matérias-primas normalmente têm presença mais forte que os fabricantes e estão vinculados também a outros setores econômicos;
e) o nível de desenvolvimento tecnológico é incipiente;
f) os bens e serviços ofertados fazem parte da rotina de compra e do uso dos consumidores;
g) a competição básica é via preços, pois há certeza de captação de novos consumidores às custas de outras empresas.

Esse setor da economia possibilita que empresas com maior produtividade ganhem participação de mercado *market share* em detrimento das menos eficazes. É um ramo de negócios que, em face das influências das variáveis ambientais, normalmente é favorecido pela ampliação do poder aquisitivo, ampliação das linhas de crédito, redução de alíquotas de importação, e beneficiado em cenário de juros nominais menores e de estabilidade de empregos.

O setor econômico de empresas competitivas possibilita que as empresas com maior produtividade ganhem participação em detrimento das menos eficazes.

No setor econômico de empresas competitivas encontram-se organizações do tipo: distribuidoras de veículos; autopeças; empresas do comércio varejista; empresas do comércio atacadista; e afins.

As empresas pertencentes à categoria de empresas comerciais (indústria competitiva), e que se caracterizam por alguns segmentos de alta densidade de conhecimento e de capital, como a indústria de autopeças, têm a possibilidade de adoção de medidas estratégicas, como:

a) competição básica, via preços, com certeza de ampliação de sua participação no mercado *market share*;
b) associação com capitais de entidades nacionais e do exterior e abertura de capital, em direção à efetivação de saltos tecnológicos;
c) aquisição de tecnologias como meio de obtenção de posicionamento competitivo.

9.2 ESTRATÉGIAS SOCIAIS E AMBIENTAIS

Em função das características básicas e das estratégias empresariais genéricas próprias das organizações pertencentes ao setor de empresas comerciais, podem-se delinear estratégias de gestão ambiental e de responsabilidade social, conforme as descritas a seguir.

A Comercial Curitibana de Veículos mantém o projeto Aprendendo Mecânica de Automóveis, que ministra, de forma gratuita, curso profissionalizante de mecânica de automóveis a jovens e adultos residentes na periferia de Curitiba (PR). Desempregados ou vivendo no subemprego, os participantes passam, com o programa, a ter maior grau de empregabilidade e competitividade no mercado de trabalho.

O projeto Escola de Informática, mantido pela Copagaz (comércio varejista), permite que pessoas de baixa renda, crianças e idosos recebam aulas de informática nos escritórios da empresa.

CAPÍTULO 10

Empresas de Serviços Financeiros

10.1 CARACTERÍSTICAS BÁSICAS E ESTRATÉGIAS GENÉRICAS

Este setor econômico abrange organizações como bancos, seguradoras, financeiras, crédito imobiliário, *leasing*, corretoras e distribuidoras de valores, que se caracterizam por:

a) existência de barreiras institucionais e governamentais à entrada de novas empresas;
b) elevada regulamentação estatal;
c) a competição básica é via lançamento de novos serviços financeiros, em busca da conquista de novos clientes;
d) significativo volume de investimento e de capital para entrada no setor.

É um setor cuja rentabilidade das empresas que o compõem está diretamente vinculada às macropolíticas econômicas, em que períodos de alta inflacionária estão associados a altas margens de rentabilidade, ou alternativamente, em períodos normais da economia, rentabilidade baseada na intermediação financeira e expansão de suas operações normais.

O incremento das fusões e aquisições de empresas, captação de recursos externos, bem como a tendência de privatização da economia, influenciam sobremaneira o desempenho de todo o setor.

No setor de instituições financeiras, que congrega empresas como bancos e seguradoras, tem-se a possibilidade de adoção de estratégias voltadas a:

a) deslocamento da prestação de serviços do ambiente intraorganizacional para o ambiente externo, em direção ao aceleramento da massificação dos serviços eletrônicos para esvaziar as agências bancárias;
b) diversificação de serviços financeiros prestados aos clientes atuais e em potencial, como diferencial competitivo;
c) maior eficiência no armazenamento e recuperação de grande volume de documentos operacionais, como elemento de racionalização e agilização na prestação de serviços aos clientes.

No setor de *serviços financeiros*, as organizações, normalmente, têm possibilidade de implementar estratégias de gestão com ênfase em salários e benefícios, bem como contemplar de forma privilegiada as relações trabalhistas em sua esfera de atuação.

As estratégias de negócios das instituições financeiras é a da diferenciação em relação aos concorrentes por meio do lançamento de novos produtos financeiros e da promoção institucional da imagem da organização. Isso demanda estratégias de gestão específicas, principalmente voltadas para o pessoal do nível gerencial e da alta administração.

Por outro lado, a adoção de outras estratégias corporativas voltadas à descentralização do atendimento de clientes e de tecnologias de automação bancária e de tecnologias da informação aplicadas à integração com os clientes (pessoas físicas e jurídicas) exige estratégias de preparação da mão de obra do nível operacional, para fazer frente a tal abordagem empresarial.

10.2 ESTRATÉGIAS SOCIAIS E AMBIENTAIS

Em função das características básicas e das estratégias empresariais genéricas próprias das organizações pertencentes ao setor de empresas de serviços financeiros, podem-se delinear estratégias de gestão ambiental e de responsabilidade social, conforme as descritas a seguir.

O Banco Itaú, do setor de serviços financeiros, mantém o Prêmio Itaú-Unicef Educação & Participação, que visa identificar e incentivar programas educacionais de complementação ao ensino público desenvolvidos por ONGs. Edição do prêmio é instituída anualmente, bem como livros são editados (Reconhecimento e conquistas) com o perfil dos projetos vencedores, modelos de sucesso que podem ser reproduzidos, multiplicando iniciativas no campo social.

Projeto como o Trabalho e Cidadania aos Municípios, desenvolvido pelo Banco do Brasil, oferece consultoria de negócios, cursos profissionalizantes, disseminação dos conceitos de cooperativismo e associativismo e pesquisas do mercado de trabalho para trabalhadores rurais e urbanos, jovens e adolescentes em risco social, portadores de deficiências e pequenos empreendedores. Utiliza recursos do Fundo de Amparo ao Trabalhador (FAT), do Ministério do Trabalho. A empresa mantém ainda o Banco de Tecnologias Sociais, que é uma base de dados que pode ser consultada no *site* da Fundação Banco do Brasil, com casos e soluções para questões sociais relativas à demanda de água, alimentação, educação, energia, habitação, renda, saúde e meio ambiente. Com esse instrumento, a empresa pretende ser uma articuladora social, disseminando experiências de sucesso conhecidas apenas pelas comunidades beneficiadas por elas.

O projeto Vida de Índio – Comunidade Tapeba (Caucaia-CE) é uma escola da Fundação Bradesco que deu origem a um programa de ações voltadas para a melhoria da qualidade de vida dos índios tapeba. Uma parceria com as secretarias de Educação e de Ação Social e a Funai prevê a implantação de uma escola diferenciada na aldeia e a reestruturação de um posto de saúde.

O projeto Capacitação de Multiplicadores, mantido pelo Credicard, possibilita capacitar agentes sociais para servir de multiplicadores de métodos de planejamento estratégico em comitês ou projetos sociais. O programa inclui a organização e a divulgação de trabalhos e a criação de uma rede entre instituições sociais. Da mesma empresa são os projetos, em grandes centros urbanos, de: apoio a crianças e adolescentes de favelas; financiamento de sala de criação para capacitação profissional de jovens em informática; formação de jovens para atuarem como monitores de oficinas temáticas para instalação de Casa de Cultura; suporte a programa de capacitação de jovens para implantação e fortalecimento de Centro Comunitário.

A Sul América Seguros, preocupada com os alarmantes dados sobre a deficiência visual no Brasil, implementou projeto em que crianças entre 4 e 14 anos são examinadas e recebem, com suas famílias, orientação preventiva de saúde. Segundo dados do Conselho Brasileiro de Oftalmologia, cerca de 20% das crianças em idade escolar têm algum tipo de deficiência visual. Para tentar reverter esse quadro, o projeto Sul América de Saúde Ocular uniu-se a várias entidades, como a ONG Helen Keller, entre outras.

O Programa Melhoria da Educação no Município, implementado pela Fundação Itaú Social, é outro exemplo de projeto de responsabilidade social. Unindo esforços com várias entidades, o programa pretende identificar os problemas de cada região, apresentar soluções e encorajar os docentes a minimizarem os índices de baixo aproveitamento e evasão escolar.

A Fundação Bradesco, outro caso exemplar, mantém projeto de instalação de escolas para educação infantil, de jovens e adultos, ensino fundamental e médio, educação profissional básica e técnica em nível pós-médio, em regiões carentes. Essas práticas são sempre adaptadas às realidades locais, as quais promovem a inserção social dos beneficiários.

O programa Banco de Tecnologias Sociais, inserido no *site* da Fundação Banco do Brasil, permite a difusão de soluções para o desenvolvimento social, aplicáveis a diferentes realidades. Dissemina ações transformadoras, que contribuam para o desenvolvimento social sustentável, visando à satisfação das necessidades humanas básicas, quanto a água, alimentação, educação, energia, habitação, renda, saúde e meio ambiente. Busca-se multiplicar os lucros sociais gerados pelas tecnologias bem-sucedidas, de baixo custo e fácil implementação, que possam ser transferidas a comunidades carentes.

Em termos de publicação de balanços sociais, por parte das empresas desse setor econômico, destacam-se: Banespa, Banco do Brasil, Bradesco, Nossa Caixa/Nosso Banco, Febraban e Banco Itaú.

CAPÍTULO 11

Empresas de Serviços Especializados

11.1 CARACTERÍSTICAS BÁSICAS E ESTRATÉGIAS GENÉRICAS

Nessa categoria, enquadram-se empresas de serviços especializados, tais como: agências de publicidade e propaganda, consultorias, auditorias independentes e escritórios profissionais especializados.

Seu produto final tem alto conteúdo tecnológico e de conhecimento. Sua mão de obra é altamente especializada, e uma empresa do setor necessita, como fator de sobrevivência, de um verdadeiro banco de dados de talentos, bem como de conhecimento e informações específicas.

Talento, e não estratégias empresariais ou produtos inovadores, é o fator determinante para a sobrevivência do negócio.

11.2 ESTRATÉGIAS SOCIAIS E AMBIENTAIS

Em função das características básicas e das estratégias empresariais genéricas próprias das organizações pertencentes ao setor de empresas de serviços especializados, podem-se delinear estratégias de gestão ambiental e de responsabilidade social, conforme as descritas a seguir.

Como estratégia em responsabilidade social, tem-se o caso da Skill Contabilidade, empresa de prestação de serviços localizada em Pernambuco. A empresa adotou a cidade de Tabira (cerca de 400 quilômetros de Recife), implantando um projeto social que se desdobra em várias frentes, aulas sobre o cultivo de hortaliças, instalação de posto médico completo, construção de reservatórios de água potável e atendimento médico domiciliar para pacientes da terceira idade, entre outros programas. Todos os empregados da empresa participam como voluntários.

Outro caso de projeto social voltado à educação é o da Stefanini (serviços em informática) no Parceria com a Educação (São Paulo), com a finalidade de melhorar a qualidade do ensino e de vida da comunidade, com a promoção de ações em escolas públicas de bairros carentes. Além da doação de material didático e de apoio financeiro, o projeto inclui acompanhamento pedagógico das crianças, treina professores e dirigentes, promove passeios e encontros para integração dos moradores da região.

O projeto Serasa Social, criado pela SERASA – Experian com o incentivo ao voluntariado entre seus funcionários, investe no campo da assistência social, em termos práticos. Visa prover alimentação, vestuário, higiene, remédios, teto e conforto para beneficiar idosos abandonados, meninos de rua, crianças e adultos excepcionais, enfim, uma amostragem significativa da população que necessita de ajuda solidária. O projeto conta com 33% do quadro de funcionários da Serasa como voluntários, inserido nas 40 agências da empresa, localizadas em todo o Brasil.

O projeto social voltado ao meio ambiente Gerenciamento de Resíduos Sólidos da Sobloco (engenharia e construção) tem por proposta reduzir e reaproveitar o lixo gerado em núcleo urbano planejado e construído pela empresa na região de Bertioga (litoral norte do Estado de São Paulo). É desenvolvido, complementarmente, trabalho de educação ambiental com zeladores e caseiros, que atuam como agentes multiplicadores. A empresa mantém, na mesma região, o projeto Educação Ambiental, que desenvolve hortas e canteiros mantidos por crianças e adolescentes, passeios ciclísticos, curso de reaproveitamento de materiais e jardinagem para a comunidade e encontro de alunos com representantes indígenas da região.

CAPÍTULO 12

Instituições do Setor Educacional

12.1 CARACTERÍSTICAS BÁSICAS

O setor educacional, composto pelas Instituições de Ensino Superior (IES), quando analisados apenas os estabelecimentos de ensino de nível superior de caráter privado, caracteriza-se por:

- diferenciação das *instituições de ensino* em função de sua localização geográfica, tanto em termos qualitativos (porte, tipo de cursos oferecidos, qualificação do corpo docente e demais peculiaridades intrínsecas), como em termos quantitativos em face do diferente grau de concentração geográfica de IES, por região do país (por exemplo, na região Sudeste há maior concentração de instituições de ensino);
- baixa concentração de IES em suas áreas geográficas de atuação, sem participação majoritária de nenhuma instituição, apesar de eventual existência de poucas organizações de significativo porte;
- interdependência entre as IES da mesma região, em que o comportamento e o desempenho de uma instituição têm reflexo direto sobre as demais, bem como pelo fato de que quanto menor for o número de instituições e quanto mais semelhantes em termos de porte, maior será a interdependência entre tais instituições;
- não há grande diversidade entre as tecnologias educacionais e de processos utilizadas pelas instituições;
- existência de barreiras legais e governamentais à entrada de novas instituições;
- elevada regulamentação estatal/governamental;
- competição básica, via lançamento de novos cursos, em busca de novos clientes;
- significativo volume de investimentos e de capital para entrada no setor;
- produto gerado – alunos – detentor de alto conteúdo tecnológico e de conhecimento;
- pouca diferenciação de produtos por parte das instituições, sendo normalmente homogêneos, em que a diferenciação dá-se em relação à qualidade e às especificações didático-pedagógicas, e cuja demanda é extremamente dependente da taxa de crescimento da população estudantil;
- instituições de ensino já instaladas detentoras de significativo controle sobre o setor, em sua área de atuação, com domínio dos fornecedores/ docentes da região.

As *estratégias genéricas* são normalmente aplicáveis às Instituições de Ensino Superior (IES), independentemente das estratégias de gestão ambiental e de responsabilidade social específicas e que dependem das singularidades e do estilo de gestão praticados em cada organização em particular. Normalmente provenientes de decisões tomadas no âmbito de uma IES, em função das variáveis ambientais próprias do setor educacional, podem ser adotadas, principalmente, em termos de:

- criação e manutenção de um verdadeiro banco de dados de talentos (professores), dada a exigência de mão de obra altamente qualificada;
- diferenciação estabelecida em termos de qualidade e serviços agregados, em face da homogeneidade dos produtos/cursos;
- ampliação da capacidade instalada, com acréscimo de novos cursos a serem ofertados ao mercado, antecipando potenciais crescimentos de mercado;
- adoção de tecnologias educacionais inovadoras como meio de obtenção de um posicionamento competitivo;
- melhoria da qualidade de todas as IES e, em particular, um rigor acadêmico maior em relação ao corpo docente e em relação aos cursos oferecidos à clientela;
- implementação de cursos de especialização, cursos sequenciais e outras formas de ensino complementares aos cursos de graduação, com estreita interação teoria-prática;
- implementação de novos produtos/cursos, tendo em vista fazer frente à concorrência, inclusive com a preparação de novos cursos futuros a serem lançados quando a conjuntura assim permitir, ou em função de mudanças havidas no mercado;
- utilização de formas alternativas de prestação de serviços ao mercado, tipo *empresa júnior*, com a consequente criação de espaço de atuação para os docentes e alunos que teriam oportunidade de junção da teoria à prática, à medida que projetos de apoio às organizações empresariais são desenvolvidos;
- convênios com potenciais organizações empregadoras da mão de obra egressa da *instituição de ensino*, visando à colocação dos profissionais formados;
- desenvolvimento de programas de integração com a comunidade empresarial da região, promovendo uma interação nos dois sentidos, tanto com visitas de alunos às organizações locais como de conferencistas/palestristas originários dessas organizações para realizarem palestras na IES;
- convênios e parcerias com instituições de ensino similares nacionais e do exterior, visando ao intercâmbio de conhecimentos, de programas conjuntos e de projetos de pesquisa;
- realização de programa permanente de pesquisa socioeconômica (e projetos correlatos) nas organizações de seu entorno, com a participação do corpo docente e discente, visando conhecer seu perfil, bem como servir de centro de informações sobre a comunidade local (criação e preservação de acervo e banco de dados);
- realização de programa permanente de consulta e pesquisa nas organizações empresariais, visando conhecer o tipo de profissional, tipo de curso e disciplinas demandadas pelo mercado;

- criação de conselho de empresários, executivos e lideranças locais, que por meio de reuniões com representantes da IES, professores e alunos estabeleceriam um canal de comunicação e subsidiariam a gestão estratégica da instituição de ensino em seus diferentes níveis (plano estratégico, plano pedagógico, currículo do curso e avaliação institucional). De forma análoga, incentivo à criação de associação de ex-alunos, congregando profissionais formados que na realidade são executivos/empresários do mercado;
- parcerias com fornecedores de tecnologia e equipamentos na área educacional;
- participação intensiva nas entidades de classe, visando influenciar na regulamentação legal do setor;
- incentivo ao corpo docente para a publicação de trabalhos científicos e de iniciação científica na forma de artigos, livros, relatórios de pesquisas e outros equivalentes, por meio de mídia própria ou veículos da comunidade acadêmica e não acadêmica;
- utilização das tecnologias da informação para fins de gerenciamento do conhecimento em detrimento de uma menor ênfase na administração de dados e de informações;
- convênios com bibliotecas de instituições de ensino e demais entidades, visando ao acesso *on-line* ao acervo bibliográfico disponibilizado na comunidade;
- ênfase na redução dos custos operacionais, cujos custos fixos representam parcela significativa na estrutura dos custos totais.

12.2 ESTRATÉGIAS SOCIAIS E AMBIENTAIS

Em função das características básicas e das estratégias empresariais genéricas próprias das organizações pertencentes ao setor de instituições educacionais, podem-se delinear estratégias de gestão ambiental e de responsabilidade social, conforme as descritas a seguir.

Como estratégia em responsabilidade social, há o caso da Faculdade de Belas Artes de São Paulo, que desenvolve, em parceria com a prefeitura e a Associação de Caridade São Vicente de Paula, projeto Urbanização do Conjunto Habitacional de Paraty (Rio de Janeiro), que prevê a elaboração de um complexo habitacional para idosos sob a forma de *villagio* planejado com área de atendimento clínico de saúde e um pequeno *shopping center*, cuja renda será revertida para a manutenção do complexo.

Da mesma instituição de ensino é o projeto Reurbanização da Região de Santa Efigênia, Campos Elíseos e Luz (São Paulo), que visa reconstituir o perfil residencial e atrair *flats*, hotéis e serviços nos 11 quarteirões da região do Eixo Cultural da Luz. O pólo é um *shopping center* de eletroeletrônicos e de informática que já se desenvolve na vizinhança.

Já o Yazigi desenvolve o projeto Cidadão do Mundo, que abriga diversas iniciativas voltadas para melhoria da qualidade de vida de seus estudantes e professores e também da comunidade. Uma delas é um curso de inglês, utilizando a Internet, que é oferecido a pessoas carentes a baixíssimo custo.

A rede mantém parceria com a Fundação Gol de Letra e o Instituto M. M. Tand, da Parmalat. Adicionalmente, treina professores para ensinar, voluntariamente, inglês à comunidade de baixa renda.

Outro exemplo de estratégia em responsabilidade social e gestão ambiental é o projeto Recicle: a Vida se Renova, apoiado pela Associação dos Ex-Alunos de Administração da Fundação Getulio Vargas. Esse projeto tem por objetivos:

- inclusão social, econômica e cultural dos catadores de lixo e maior aproveitamento de materiais que possam ser reciclados;
- incentivo a ações de tratamento, coleta seletiva e reciclagem de materiais;
- preservação ambiental e desenvolvimento de atividades educativas.

A proposta do projeto é permitir aos catadores de lixo de São Paulo (Capital) o acesso à educação, fazer com que eles percebam a importância do trabalho que realizam, além de oferecer condições para que os materiais coletados sejam reciclados, contribuindo, assim, com a preservação ambiental.

Como ações complementares do projeto, têm-se:

- creche para o cuidado e educação das crianças enquanto os pais trabalham no projeto;
- combate à desnutrição e acompanhamento do desenvolvimento infantil por intermédio da Pastoral da Criança;
- curso de alfabetização para jovens e adultos;
- desenvolvimento de artesanato a partir do lixo.

CAPÍTULO 13

Organizações de Outros Ramos de Negócios

Segundo a *Gazeta Mercantil* (2004), as atividades empresariais podem ser classificadas em setores como: agricultura; alimentos; autopeças e material de transportes; bebida e fumo; cana, açúcar e álcool; carne e pecuária; comércio atacadista; comércio exterior; comércio varejista; comunicação-agência; comunicação-veículo; construção; distribuidores de veículos e peças; eletroeletrônica; farmacêuticos e higiene; finanças; *holdings*; informática; madeira, móveis e papel; mecânica; metalurgia; mineração; não metálicos; plásticos e borrachas; química e petroquímica; seguros e previdência; serviços; telecomunicações; têxtil e couros; transportes e armazenagem.

Tais setores, agrupados em categorias maiores, ainda segundo a publicação Panorama Setorial da *Gazeta Mercantil* (2004), podem conter segmentos na forma relacionada a seguir.

Alimentos e Rações: Fruticultura; Indústria de Conservas; Mercado de Refeições; Mercado de Rações; Biotecnologia-Alimentos; Transgênicos.

Atacado e Varejo: Varejo de Material de Construção; Comércio Atacadista; Farmácias e Drogarias; *Shopping Centers.*

Setor Automobilístico: Mercado de Pneus; Indústria de Ônibus; Concessionárias de Veículos.

Bebidas e Fumo: Bebidas Destiladas; Indústria do Fumo; Indústria de Refrigerantes e Águas.

Comunicações: Telefonia Fixa; Telefonia Móvel; Equipamentos de Telecomunicações; Serviço Móvel Pessoal e a Terceira Geração.

Informática: Computadores Pessoais; Componentes Eletrônicos.

Energia: Mercado de Gás; Indústria do Petróleo.

Finanças: Crédito Direto ao Consumidor; *Leasing*; Financiamento ao Comércio Exterior; Corretoras de Valores, Câmbio e Mercadorias; *Factoring*; Cartões de Crédito e Débito.

Infraestrutura: Saneamento; Ensino Superior; Hospitais e Prestação de Serviços de Saúde.

Indústria de Base: Embalagens; Mineração; Celulose e Papel; Indústria do Vidro; Cimento e Concretagem; Indústria Cerâmica; Alumínio.

Química e Petroquímica: Indústria de Tintas e Vernizes; Higiene Pessoal; Gases Industriais; Indústria Farmacêutica; Mercado de Plástico; Indústria de Fertilizantes.

Turismo: Locadoras de Veículos; Operadora de Turismo e Agências de Viagens; Indústria Hoteleira.

Têxteis e Calçados: Indústria da Moda; Mercado de Calçados; Fiação e Tecelagem.

Transportes: Terminais Marítimos de Cargas; Terminais Alfandegados; Rodovias; Terminais de Cargas Aéreas; Transporte Rodoviário de Cargas; Terminais Portuários.

Já na classificação da Fundação de Amparo à Pesquisa do Estado de São Paulo (Fapesp) (1998), as empresas podem ser classificadas em: ***Produtos*** Minerais não Metálicos (produtos de pedra, cerâmica, concreto e vidro); ***Metalúrgica*** (indústria de metal primário, produtos fabricados de metal, exceto máquinas e equipamentos de transporte); ***Mecânica*** (máquinas industriais e comerciais e equipamentos de computação; instrumentos de medição, análise e controle; artigos fotográficos, médicos e ópticos; relógios); ***Material Elétrico e de Comunicações*** (equipamentos e componentes eletrônicos exceto equipamentos para computador); ***Material de Transporte***; ***Papel e Papelão***; ***Borracha e Produtos de Matérias Plásticas***; ***Química, Farmacêutica e Perfumaria, Sabões e Velas***; ***Têxtil*** (produtos de tecelagens); ***Vestuário e Calçados***; ***Produtos Alimentares, Artefatos de Tecidos e Bebidas***.

Para o Banco Nacional de Desenvolvimento Econômico e Social (BNDES), a classificação utilizada é: Indústria Extrativa Mineral; Agropecuária; Indústria de Transformação; Serviços; Outros.

Por sua vez a categoria Indústria de Transformação desdobra-se em: transformação de produtos minerais não metálicos; metalurgia/siderurgia; mecânica; material elétrico e de comunicações; material de transporte; madeira; mobiliário; papel e papelão; borracha; couro/pele/artefatos para viagem; química; produtos farmacêuticos e veterinários; perfumaria/sabões/velas; produtos de matérias plásticas; têxtil; vestuário/calçados; beneficiamento de produtos alimentícios; bebidas; fumo; editorial/gráfica; outras indústrias.

A categoria serviços compõe-se dos seguintes segmentos: atividades de apoio/utilidades e serviços industriais; atividades administrativas; construção; serviços industriais de utilidade pública; comércio varejista; comércio atacadista; instituições de crédito, seguro e capitalização; comércio de imóveis, títulos e valores mobiliários; transportes; comunicações; alojamento/alimentação; serviços reparação/manutenção/confecção; diversões; serviços auxiliares diversos; serviços profissionais.

13.1 COOPERATIVAS

Segundo a Lei nº 5.764/71, que define a Política Nacional do Cooperativismo,

> *"Cooperativas são sociedades de pessoas, com forma e natureza jurídica próprias, de natureza civil, não sujeitas a falência, constituídas para prestar serviços aos associados."*

As cooperativas podem ser organizadas como união de trabalhadores ou profissionais diversos, que se associam por iniciativa própria, em diferentes tipos:

- de serviços comunitários;
- de consumo;
- de trabalho;
- de agropecuárias e agroindustriais;
- de mineração;
- habitacionais;
- de produção;
- educacionais;
- de crédito;
- especiais.

Cooperativas singulares são criadas para prestar serviços diretamente aos associados e atender a um único objetivo econômico, político ou social. Já as cooperativas centrais e federação são criadas para organizar, em comum e em maior escala, diversos serviços de, no mínimo, três cooperativas singulares, filiadas, orientando e integrando suas atividades. Confederações de cooperativas, por sua vez, são criadas para organizar, em comum e em maior escala, diversos serviços de, no mínimo, três cooperativas centrais ou federações, orientando e integrando suas atividades. E, por fim, cooperativas mistas são aquelas criadas para prestar serviços diretamente aos associados e atender a mais de um objetivo econômico, político ou social.

As cooperativas, quanto às relações de trabalho, apresentam características organizacionais vantajosas, quais sejam:

- eliminam a relação empregado-empregador;
- não existe a figura do intermediário e do atravessador;
- os próprios associados exercem a direção e execução das atividades cooperadas;
- representam coletivamente os interesses e/ou necessidades de todos os associados;
- negociam melhores preços, prazos e formas de pagamentos com os fornecedores;
- podem formar uma central ou federação de cooperativas, com base na união de pequenas cooperativas;
- asseguram direitos iguais a todos os sócios cooperados;
- permitem o desenvolvimento intelectual dos associados e de seus familiares.

Como exemplo de cooperativa singular tem-se a Coopamare de São Paulo (SP) que é uma cooperativa de moradores de rua, que vivem do lixo. Proporciona uma alternativa de trabalho organizado que gera renda por meio da coleta, seleção, armazenagem e comercialização de materiais recicláveis. Também desenvolve um programa educacional sobre a importância da reciclagem. Essa cooperativa é um projeto social desenvolvido pela Companhia Suzano (papel e celulose) que mantém, ainda, o projeto Carvoeiro Cidadão (Conceição da Barra – ES). O propósito social foi a construção e a implantação de uma cooperativa economicamente viável e ambientalmente adequada para beneficiar famílias carvoeiras desempregadas ou precariamente empregadas. O projeto propõe-se a possibilitar a humanização das condições de vida e trabalho dos carvoeiros, a erradicar o trabalho infantil e a promover a qualificação profissional desses membros da comunidade.

O projeto Arte na Comunidade, que trata da promoção do desenvolvimento pessoal e social de crianças e adolescentes do Jardim Recanto, em São Paulo, com o artesanato como base, implementado pelo Credicard, permite a preparação para ingresso em uma cooperativa de trabalho.

Como estratégia de responsabilidade social, tem-se o caso, ainda, da implementação da Cooperativa dos Agentes Autônomos de Reciclagem de Aracaju, iniciativa da empresa Maxitel de telecomunicações. Esse projeto está centrado na construção de uma usina de reciclagem que assegura organização e renda mínima a catadores de lixo, em parceria com o Ministério Público, a Universidade Federal de Sergipe e outras 12 instituições públicas e privadas.

O projeto Cursos Semiprofissionalizantes (Minas Gerais), mantido pela Holdercim Brasil (mineração), permitiu a criação de uma cooperativa de artesãos. A finalidade é gerar renda e facilitar a inserção ou a permanência no trabalho com a oferta de cursos e para incentivar a autossustentabilidade da comunidade.

13.2 HOSPITAIS

Como exemplo de organizações hospitalares, tem-se o caso de uma instituição privada, sem fins lucrativos, funcionando como um hospital geral, voltado ao atendimento integral ao paciente.

É um hospital geral, localizado na Grande São Paulo, reconhecido nacionalmente por sua tecnologia e qualidade de serviços clínicos, cirúrgicos e terapias, que proporcionam atendimento integral ao paciente.

O mercado do Hospital Municipal é constituído de pacientes e seus familiares, os convênios médicos, os médicos que encaminham os respectivos pacientes. O principal mercado é composto pela comunidade da Grande São Paulo, que representa 60% dos pacientes atendidos; o segundo mercado é composto de pacientes de outras regiões do Estado de São Paulo (25%) e o restante, de pacientes de outros Estados.

O hospital adota como estratégia ambiental e de responsabilidade social a implementação de programas de ação social, conforme descritos a seguir, na comunidade local em que está inserida e em toda a sociedade. Esses programas procuram, por suas práticas e condutas, demonstrar o compromisso de relacionamento ético e transparente com a sociedade, com o poder público e com todas as demais partes interessadas.

A organização aborda de maneira proativa o impacto de seus serviços, processos e instalações sobre a sociedade e o meio ambiente. São mantidos programas de atuação conforme descritos a seguir.

Programa de tratamento, redução e reciclagem de lixo hospitalar

Com o objetivo de redução e reciclagem do lixo hospitalar, a organização desenvolve um programa de conscientização e treinamento da força de trabalho, relativo ao uso e manuseio correto de todos os equipamentos e materiais que geram o lixo hospitalar, incluindo serviços terceirizados de diagnósticos e terapias.

A área de Suprimentos desenvolve análise permanente sobre todos os materiais e serviços adquiridos, em busca de alternativas que gerem menor quantidade de lixo hospitalar ou que permitam reciclagem. A Diretoria Clínica e todo corpo clínico, de forma complementar, contribui com a identificação de condutas alternativas que, mantendo a mesma eficácia, produzam menor quantidade de lixo hospitalar.

Programa de tratamento, redução e reciclagem de lixo comum

Contribuindo com a preservação do meio ambiente, o hospital utiliza em todas as áreas (Corpo Clínico, Enfermagem e Áreas de Apoio) um processo de separação do lixo comum em cinco tipos: papelão; papel branco; papel colorido; plástico; e outros.

Após o recolhimento, todo o volume de lixo passível de reciclagem é vendido e a verba obtida é doada a um grupo de entidades assistenciais da região, composto, sobretudo, por creches e orfanatos.

Segurança da comunidade

O Hospital Municipal considera seu dever básico zelar pela segurança e saúde do grande número de pessoas que frequentam todos os dias o hospital e suas redondezas, além dos moradores da vizinhança.

Procura-se garantir a segurança da comunidade com os sistemas de:

- controle de infecções hospitalares;
- prevenção e detecção de incêndios;
- evacuação rápida do hospital e das redondezas (em conjunto com a Defesa Civil);
- controle de fornecedores e da qualidade dos gases estocados na parte externa do hospital.

Uso racional de energia

O Hospital Municipal, visando à racionalização do uso da energia elétrica, adota as seguintes práticas:

- substituição de equipamentos, sempre que possível, por alternativas que apresentem menor consumo de energia;
- uso de sensores para desligamento automático de lâmpadas em diversas áreas do hospital onde a iluminação permanente não é obrigatória;

- instalação de painéis coletores de energia solar, para diminuição do consumo de energia elétrica;
- alterações no arranjo físico das áreas hospitalares, administrativas e instalações em geral, para melhor aproveitamento da luz solar;
- treinamento permanente da força de trabalho, sobre formas de economia de energia.

Responsabilidade social

A integração com a sociedade é preservada por meio de programas de saúde para a população carente, bem como pela participação em projetos de educação, cultura e bem-estar social, coerente com a filosofia do hospital como instituição de saúde promotora da melhoria da qualidade de vida da comunidade local.

As necessidades da comunidade são identificadas por meio da participação de membros da organização em entidades externas (entidades classistas, sindicatos, fundações, universidades e instituições de ensino) e por meio de encontros comunitários permanentes, para direcionar o envolvimento do Hospital Municipal em programas de desenvolvimento social.

Com base nas necessidades inventariadas, a equipe liderada pelo Coordenador de Programas Comunitários prepara o Plano Anual de Ação Social do Hospital, que contém projetos a serem desenvolvidos com o apoio da organização. Esse plano é constituído de dois conjuntos de ações: projetos diretamente relacionados à área de atuação do hospital; e projetos de outras áreas, como educação, cultura e bem-estar social.

Monitoramento da gestão ambiental e responsabilidade social

As ações inerentes à gestão ambiental e à responsabilidade social do Hospital Municipal são monitoradas conforme indicadores de desempenho do tipo:

- quantidade de lixo hospitalar eliminado;
- quantidade de lixo hospitalar reciclado;
- quantidade de lixo comum eliminado;
- quantidade de lixo comum reciclado;
- percentual de acidentes com ambulâncias do hospital (por chamada);
- percentual da força de trabalho inscrita em programas de voluntariado;
- número de horas de trabalho gastas em atividades voluntárias;
- percentual do faturamento investido em programas sociais.

13.3 EMPRESAS DE TRANSPORTE

As empresas que atuam com serviços de transportes, notadamente com passageiros (urbanos, intermunicipais e afins), caracterizam-se por embolsos financeiros imediatos (passageiros pagam a vista) e por desembolsos a prazo. Essa característica marcante nesse tipo de negócios faz que a estratégia genérica principal seja a gestão do fluxo de caixa de forma que otimize a programação financeira da organização.

Como estratégia de responsabilidade social e ambiental, tem-se o caso da Transportadora Americana (Estado de São Paulo) que mantém projetos voltados à comunidade:

- *Brincando com Qualidade* (Estados de São Paulo e Rio de Janeiro), com concurso para divulgar conceitos de qualidade e de cidadania entre crianças até 14 anos;
- *Transporte Solidário* (Estado de São Paulo), em parceria com a Rede Permanente de Solidariedade, iniciativa do Fundo de Solidariedade do Estado; a empresa transporta donativos de toda espécie, dos lugares onde foram arrecadados, para as entidades ou comunidades que serão assistidas. O programa também incentiva os empregados da empresa a participar das campanhas criadas pelo Fundo de Solidariedade.

A Transportadora Americana, como projeto social voltado à educação, na região de Americana e Campinas, sustenta a Escolinha TA de Informática com doação de equipamentos, mobiliário, apostilas e instalações elétricas para a criação de centros de informática em escolas estaduais e municipais. As aulas ficam a cargo de empregados, voluntários da empresa.

A Auto Viação 1001 (serviços de transporte), com o projeto *1001 Histórias* (RJ, MG e SP), mantém biblioteca itinerante, montada em ônibus adaptado, com um acervo de centenas de livros, revistas em quadrinhos e vídeos educativos disponíveis para alunos da rede pública de ensino.

Como organização do setor econômico de transportes com publicação de balanços sociais, destaca-se a extinta CMTC, que foi uma das pioneiras em transparência e responsabilidade pública na comunidade.

ESTUDO DE CASO

Projeto Axé

"Os dirigentes do Terra Nuova e eu estávamos encerrando uma pesada jornada de trabalho na sede provisória do projeto que era em minha casa, na praia de São Tomé. Um deles perguntou: 'Qual é o nome desse projeto?' Entre nós baixou o silêncio. Olhei para fora da janela da sala: o sol estava desaparecendo atrás da Ilha de Maré, nas águas da Bahia de Todos os Santos. Na praia, nuvens de 'capitães da areia' brilhavam sua negritude aos últimos raios de sol. 'Axé', sussurrei – 'Projeto Axé'. Os dirigentes recém-chegados da Itália não entendiam nada e me olhavam interrogando silenciosamente. 'No Candomblé da Bahia, expliquei, o axé é o princípio

vital, a energia que permite que todas as coisas do mundo existam. Nomeando o projeto de Axé, não estamos apenas prestando homenagem à religiosidade e à cultura afro-brasileira. Estamos também afirmando que a criança é o axé mais precioso de uma nação.'"

Cesare de Florio La Rocca
Presidente do Projeto Axé

Não foi por acaso que o nome do projeto é *Centro Projeto Axé de Defesa e Proteção da Criança e Adolescente.* O nome é grande, mas maior ainda é a missão desse plano: prestar atendimento às crianças e jovens de Salvador, Bahia, que estão fora da família, da comunidade, da escola e já em situação de rua, marcados por uma situação de extrema pobreza e, muitas vezes, privados de seus direitos.

Criado em 1990, o Projeto Axé tem sua proposta baseada numa visão de educação integral, buscando que os jovens atendidos se situem criticamente na sociedade e sejam capazes de estruturar um projeto de vida pessoal e social. O primeiro passo do Projeto Axé foi em 1990, quando fez um reconhecimento do número de crianças de rua em Salvador. Por uma contagem orientada metodologicamente, chegaram ao número de 12 mil meninos e meninas. Depois disso, o Axé formou educadores e foi às ruas.

O Projeto Axé nasceu da ONG italiana Terra Nuova – que estava abrindo um escritório de representação aqui no Brasil em 1989 e contou com o apoio legal e político do Movimento Nacional dos Meninos e Meninas de Rua (MNMMR).

Um dos princípios mais defendidos pelo Projeto Axé, segundo a coordenadora geral, é respeitar o local onde vivem as crianças e os adolescentes. Ou seja, o projeto presta atendimento às crianças no lugar onde elas se encontram, nas ruas. "Muitos desses jovens proferem o discurso 'Eu não tenho nada a perder'. Em contrapartida, trabalhamos com a 'Pedagogia do Desejo' – que pretende recuperar a vontade de sonhar deles – e assim invertemos esse quadro", diz a coordenadora geral do Projeto Axé.

Depois de 11 anos defendendo o lema "A melhor educação para os mais pobres", o projeto já atendeu a mais de 7.700 crianças e adolescentes, entre 5 e 21 anos, e, desses jovens, 30% são meninas. Os participantes do projeto são assistidos em vários aspectos. Os educadores procuram saber se os meninos e as meninas de rua têm família; prestam atendimento jurídico – caso o jovem não tenha documentos; fornecem atendimento médico e, dessa forma, o educando decide o que vai fazer de sua vida. A coordenadora geral do Projeto Axé acredita que o movimento já conseguiu mudar a realidade social de Salvador. "Nesses 11 anos de atuação, o nosso motivo de orgulho é ter formado grandes cidadãos e ter oferecido uma escola de qualidade a eles."

PARTE III

Estratégias Genéricas para Gestão das ONGs

Toda teoria utilizada para compreender e gerenciar uma ONG é construída mediante observação e análise do funcionamento de organizações já existentes.

VISÃO GERAL

Nos capítulos precedentes, foi analisada a responsabilidade do Governo (Primeiro Setor) nas questões sociais, bem como a participação da iniciativa privada nas referidas questões.

Analisou-se a contribuição, nas questões sociais, das organizações não governamentais sem fins lucrativos, de finalidade ambiental, social, cultural e afins. Foi evidenciado, ainda, o roteiro de como montar uma organização para o desenvolvimento de atividades de interesse público, com seus trâmites legais e burocráticos.

Partiu-se das reflexões sobre as diferentes dimensões das questões sociais, de responsabilidade do Estado, para daí extrair os conceitos aplicáveis ao modelo de gestão de organizações não governamentais (ONGs).

No Capítulo 14, coerente a esta linha de análise, procura-se propor um modelo, entre outros possíveis, de gestão das questões sociais no campo de ação das organizações não governamentais.

É um modelo não prescritivo e que não deve ser considerado como um receituário, padrão a ser aplicado a todos os casos. Ao contrário, deve ser encarado como mero referencial de gestão, que é dinâmico e adaptável às singularidades de cada organização não governamental. O modelo de gestão propõe uma forma particular de como a ONG pode implementar suas estratégias sociais, coerente a sua missão e visão de longo prazo.

Nos capítulos subsequentes desta Parte III, são detalhados os elementos do modelo de gestão propostos. Dessa forma, abordam-se aspectos relacionados a:

- parcerias e gestão com pessoas;
- estratégias financeiras;
- tecnologias da informação e estrutura organizacional; e
- indicadores de gestão aplicados às ONGs.

Os estudos de casos apresentados nesta Parte III foram inspirados em trabalhos de consultoria realizados em diferentes organizações e considerando, ainda, dados obtidos de várias fontes, incluindo acesso a *sites* específicos de organizações como a Rede de Informações para o Terceiro Setor (Rits), Associação Brasileira de Organizações Não Governamentais (Abong).

CAPÍTULO 14 Um Modelo de Gestão Aplicado às ONGs

Conforme visto anteriormente nos conceitos relativos ao Primeiro, Segundo e Terceiro Setor, pode-se incrementar a realização de projetos sociais no País por meio da atuação das organizações privadas e, sobretudo, das ONGs. É para esse tipo de organização não governamental sem fins lucrativos que se desenvolve um modelo de gestão que:

a) identifique as estratégias genéricas aplicáveis a esse tipo de organização;
b) hierarquize as decisões que compõem o processo de gerenciamento em estratégicas e operacionais;
c) identifique os diferentes agentes e instituições que se integram à ONG.

O modelo de gestão proposto, entre outros possíveis para diagnosticar e gerenciar uma organização não governamental, parte de *fora para dentro da organização*, e do *geral para o particular*, e está fundamentado nos seguintes pressupostos:

- existem estratégias genéricas para cada tipo de organização;
- as estratégias genéricas, comuns a todas as organizações que fazem parte do mesmo setor econômico, podem subsidiar a definição das estratégias específicas (decisões de nível estratégico) e, em seu conjunto, tornam cada empresa singular;
- às estratégias genéricas agregam-se as estratégias específicas que formam o processo decisório da organização. Essas estratégias específicas dependem do estilo de gestão do principal executivo da organização e das crenças, valores e cultura reinante na zona de atividade da organização;
- o processo decisório, função direta da cadeia produtiva da organização, pode ser hierarquizado em camadas/níveis decisivos, nos contornos delineados pelo foco estratégico definido para o negócio da empresa;
- o processo decisório compõe-se das decisões necessárias à operacionalização das atividades empresariais (cadeia de agregação de valores/cadeia produtiva da *organização*);
- como resultado da hierarquização em diversas camadas, no modelo proposto sugere-se trabalhar com apenas duas (decisões de nível estratégico e decisões de nível operacional), em que as decisões de nível operacional, que agrupam as decisões de gestão ambiental e de responsabilidade social, interagem com as ações da cadeia produtiva da organização;

- as decisões estratégicas estabelecem as regras de decisão para a camada de decisões operacionais, que, por sua vez, retroalimentam a camada decisória de nível superior (estratégica) com dados dos eventos ocorridos em seu nível operacional;
- a cadeia produtiva (ciclo operacional ou cadeia de agregação de valores) composta dos processos sistêmicos produtivos (atividades-fim da organização) é suportada pelos processos de apoio.

Essa hierarquização estratifica as decisões de nível estratégico (estratégias genéricas e específicas) e de nível operacional. Por estratégico entendem-se as decisões que afetam diretamente os objetivos estratégicos traçados pela alta administração.

A Figura 14.1 retrata a organização inserida no ambiente em que opera, sujeita às influências das variáveis ambientais e interagindo com os *stakeholders*, que são seus diferentes públicos, para satisfazer a suas expectativas.

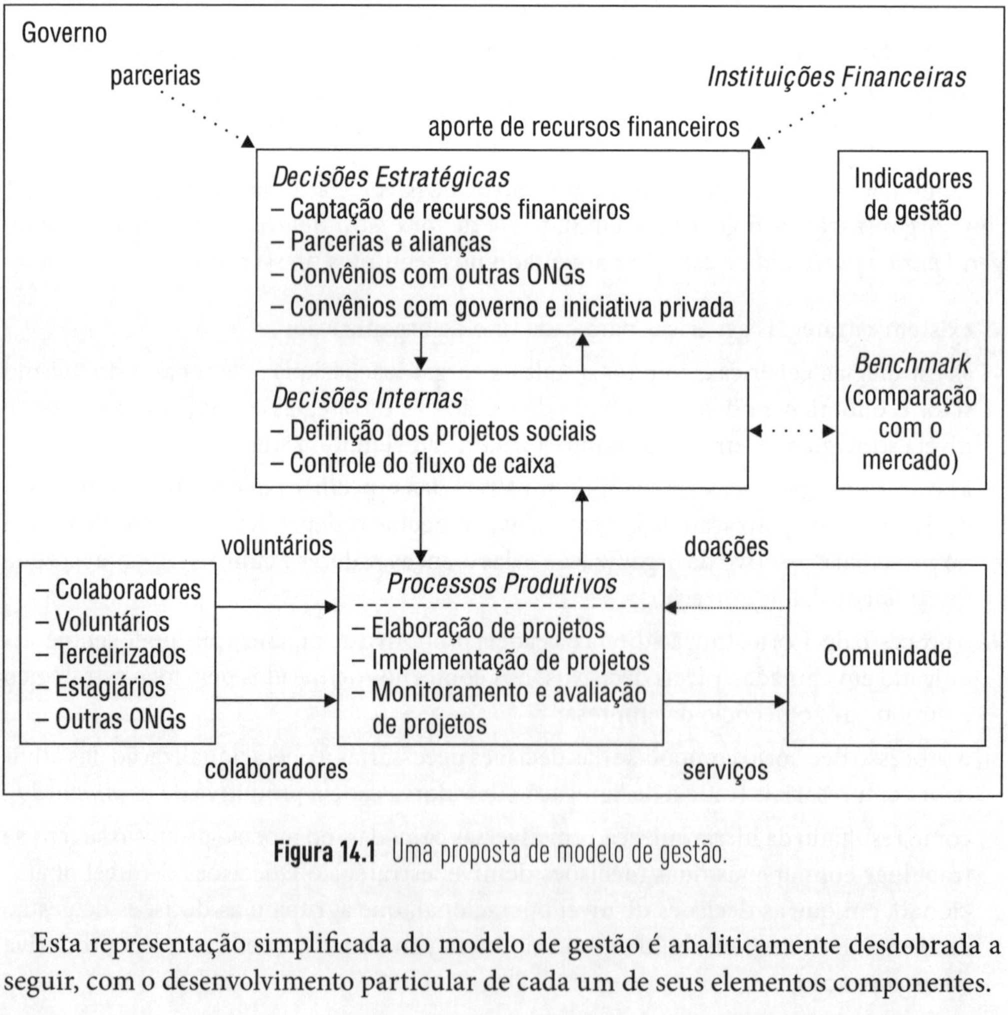

Figura 14.1 Uma proposta de modelo de gestão.

Esta representação simplificada do modelo de gestão é analiticamente desdobrada a seguir, com o desenvolvimento particular de cada um de seus elementos componentes.

Como estratégias para parcerias e gestão com pessoas, propõe-se que a ONG tenha o mínimo indispensável como pessoal fixo, com vínculo empregatício. Esse pequeno contingente deve ser formado pelo pessoal considerado estratégico para o desenvolvimento das atividades necessárias ao cumprimento da missão da organização.

Os demais elementos, que podem variar de acordo com o volume de atividades inerentes aos projetos sociais a serem desenvolvidos, podem ser mobilizados e descontratados em função da flutuação da demanda. Ou seja, de acordo com a quantidade de projetos sociais em andamento, pode-se contar com mais ou menos pessoal externo, contratado como voluntário, estagiário, pessoal temporário e outras formas de terceirização de mão de obra.

Outra forma de reduzir os custos operacionais da ONG é firmar parcerias com outras organizações não governamentais congêneres para fins de execução dos serviços e atividades demandadas por seus projetos sociais.

Como estratégias financeiras, o modelo de gestão sinaliza ênfase estratégica na captação dos recursos financeiros necessários à execução dos projetos sociais da ONG. Essa captação pode-se dar em fontes governamentais, organizações não governamentais e organismos financiadores internacionais, empresas e pessoas físicas na forma de doação e parcerias específicas.

Os recursos das tecnologias da informação, cuja utilização é preconizada pelo modelo de gestão, possibilitam otimizar o desempenho das organizações não governamentais, bem como permitem ampliar as fronteiras físicas da organização. Essa expansão virtual dos limites da ONG propicia uma integração de suas atividades com as desenvolvidas com outras instituições parceiras e conveniadas, bem como com seus colaboradores que desenvolvem atividades externamente.

Indicadores de gestão tendem a melhorar a capacidade de monitoramento e avaliação dos projetos sociais executados e em andamento, bem como permitem o controle das atividades inerentes à ONG.

ESTUDO DE CASO

Marketing Institucional para Organizações do Terceiro Setor

Caso extraído e adaptado do *site* da Rits e de Reis (2002).

Dirigentes e coordenadores de programas ou projetos de organizações do terceiro setor constantemente precisam de informações para tomar decisões. No âmbito das atividades de marketing de uma organização, há decisões que dependem de um conjunto de informações que normalmente se encontram dispersas e que podem ser agrupadas em um conjunto de estratégias de marketing institucional.

Sua aplicação, por exemplo, às atividades de *captação de recursos*. Como há vários públicos que podem ser abordados para contribuir com recursos e como algum tipo de investimento inicial deverá ser feito para realizar determinada atividade, algumas decisões terão que ser tomadas. Que informações são necessárias?

SOBRE O AMBIENTE DE MARKETING

Públicos-alvo

Empresas

Que empresas estão em condições de fazer uma contribuição?

Que empresas se beneficiariam de associar sua marca ao projeto em pauta?

Que empresas já estão habituadas a contribuir para projetos de organizações do Terceiro Setor?

Quem são as pessoas capazes de decidir sobre este assunto em cada empresa?

Indivíduos

Quem são as pessoas dispostas a contribuir para projetos ou para a instituição?

Qual seu perfil?

Institutos, fundações e outras organizações doadoras

Que tipo de projetos apóiam?

Que tipo e montante de recursos costumam direcionar a projetos de outras organizações?

Que exigências possuem para apoiar projetos ou instituições?

Concorrentes

Que outras organizações solicitam apoio a essas empresas?

Que resposta outras organizações têm recebido a suas solicitações?

Que aspectos são ressaltados pelas empresas para apoiar projetos?

Públicos

Que outros públicos influenciam nas decisões de doadores?

Quem são nossos parceiros em projetos ou no nível institucional?

Que tipo de apoio existe por parte de órgãos de governo?

Forças do macroambiente

Que tendências estão despontando na sociedade acerca do apoio a organizações do terceiro setor?

Que forças sociais colocam-se a favor/contra parcerias entre o terceiro setor e outros setores?

Uma das formas de organizar as informações disponíveis e transformá-las em instrumento de decisão é a criação e a manutenção de um processo decisório de marketing. Ele pode ser composto de quatro áreas, conforme descrito a seguir.

Monitoramento interno

A listagem de doadores regulares ou que contribuíram em campanhas específicas, a qual inclui nome, endereço, idade, escolaridade, faixa salarial, ocupação, outras associações a que pertencem, valor das doações.

Os membros da organização, diretorias, assinantes de publicações.

Informações estratégicas de marketing

Contêm as informações que cada membro da organização coleta, oriundas de fontes diversas (jornais, revistas, relatórios, pesquisas, documentos de outras organizações) sobre o ambiente externo de marketing. Informações também podem ser obtidas com fornecedores e parceiros, como também junto aos públicos beneficiários.

O importante é que o sistema criado seja simples de ser preenchido e acessível a quem toma as decisões.

Pesquisa de marketing

As necessidades de pesquisa são determinadas pelo tipo de decisão que os dirigentes precisam tomar.

Instrumentos analíticos de marketing

Consistem em dois tipos de instrumentos: o banco estatístico e o banco de modelos. O banco estatístico permite, pelos procedimentos estatísticos, ir além da frequência de distribuição, meios e desvios-padrão nos dados. Permite, por exemplo, fazer estimativas de doações numa próxima campanha.

O banco de modelos permite realizar simulações, com base em cenários diferenciados, mediante cruzamentos de insumos × resultados.

CAPÍTULO 15

Parcerias e Gestão com Pessoas

15.1 NOÇÕES GERAIS DE PARCERIAS E ALIANÇAS ESTRATÉGICAS

Vive-se, atualmente, segundo Barreira (2001), um período em que a sociedade tem sido chamada a colaborar de forma crescente, associações entre organizações da sociedade civil evoluem e, entre elas, organizações governamentais também crescem.

Quando esforços são somados e juntam-se conhecimentos e recursos, ampliam-se as possibilidades de atuação. A busca por parcerias e a construção de alianças têm sido pouco exploradas, embora sejam necessárias.

Quando se fala em parcerias, é comum pensar em como cada parceiro manterá sua identidade em um projeto comum, quais são as responsabilidades e limites de cada um e como trabalhar sem perder a autonomia. A questão da identidade e da autonomia de cada parceiro adquire grande relevância.

A parceria é uma arte; construí-la envolve habilidades e talento. É preciso respeitar cada um dos componentes envolvidos e verificar claramente o que não está sendo exposto nas conversas iniciais. É preciso saber ouvir e habilmente descobrir pontos de identidade e espaços nos quais a soma dos talentos e das possibilidades individuais resultará em benefício para todos os participantes.

Outro aspecto importante quando o assunto é parceria é se ela se efetuará apenas em um projeto específico ou em uma ação mais continuada, que, é evidente, demandará planejamento integrado e conjunto.

Quando a associação se dá em apenas um projeto ou em uma ação eventual, a parceria adquire características distintas das que buscam atuação conjunta em longo prazo. É nesse ponto, quase sempre, que os conceitos de parceria e aliança estratégica diferem. Parceria está associada à ideia de ações mais pontuais, um projeto ou uma iniciativa conjunta. As ações de longo prazo ou uma associação permanente buscam uma aliança estratégica.

Construir parcerias e alianças estratégicas requer habilidade, desprendimento e o desejo de, ao somar forças e recursos, poder mais. No Terceiro Setor, tanto as parcerias quanto as alianças estratégicas estão voltadas a importantes objetivos relacionados à transformação da realidade, buscando justiça social. A união de forças permite a transformação social.

Três forças significativas criaram um espaço propício para o surgimento tanto das parcerias quanto das alianças estratégicas:

- a procura de capacidades à medida que os limites entre as organizações tornam-se indefinidos;
- recursos escassos e a intensificação da competição por espaço além da crescente necessidade de intervenção na problemática social;
- a lacuna entre o que uma organização gostaria de realizar e o que, levando em conta a realidade e seus recursos próprios, pode realizar.

Por meio de parcerias e de alianças estratégicas, as organizações podem desenvolver novas atividades, iniciar novos projetos, abrir frentes de atuação, fortalecer projetos em andamento, ampliar o leque de conhecimentos, captar recursos e reduzir a alocação de recursos. Por intermédio das alianças e parcerias, uma organização pode superar suas lacunas e preencher espaços importantes nos quais não é tão forte.

A aliança estratégica é a realizada entre iguais – ainda que uma organização seja maior que outra ou mais conhecida – e une as capacidades centrais de cada parceiro. Ela funciona melhor quando cada parceiro reconhece que não pode evoluir tanto sem a ajuda ou o aporte de recursos do outro, ou quando deseja uma abordagem revolucionária, ou almeja iniciar novo empreendimento.

No coração de cada aliança estratégica, há uma ênfase em selecionar, construir e colocar em ação novas possibilidades que podem marcar uma diferença.

Para organizações que aspiram crescer tanto em suas frentes de atuação quanto globalmente (em tamanho, em recursos, em área geográfica, no aumento de serviços oferecidos), um importante desafio consiste em selecionar os parceiros, avaliar os riscos e identificar os fatores que justifiquem e levem à parceria ou à aliança.

A avaliação dos parceiros é fundamental tanto para desenvolver uma parceria quanto para estabelecer uma aliança estratégica. Os aspectos a verificar – atuação, tempo de existência, credibilidade, imagem, missão, valores, intencionalidade ética, capacidade de investimento, saúde financeira, gestão de pessoas, projetos já desenvolvidos – devem ser analisados pela organização e registrados em relatórios minuciosos.

Conforme Valarelli (1999), *parceria* tem sido um termo bastante utilizado e difundido, e busca caracterizar o que seria um novo modelo de relação entre as várias organizações da sociedade: ONGs, governos, agências multilaterais, fundações, igrejas, sindicatos, empresas, entidades assistenciais. Sua virtude viria do fato de enfatizar a atuação motivada por interesses comuns, em vez do relacionamento pautado pelo conflito e pela concorrência.

Cooperação e parceria têm sido apregoadas tanto como necessidade, quanto como modo de atuação e, ainda, como valor em si mesmo. Tão valorizadas e ao mesmo tempo tão difíceis de construir!

É preciso ter claro que são muitos os sentidos e as práticas que a palavra pode designar, que se defrontam uns com as outras.

A diversidade de grupos sociais e organizações que atuam na sociedade, com interesses, trajetórias, valores e naturezas distintas, faz com que o que seja uma parceria para uns não seja necessariamente considerado como tal por outros. No entanto, a experiência acumulada nos anos recentes por parte de várias organizações sem fins lucrativos constitui uma referência importante do que vem a ser uma boa relação de parceria.

Toda e qualquer organização atua e se move num ambiente em que estão presentes outras organizações, instituições, grupos e indivíduos, com os quais estabelece relações de várias naturezas: de contrato ou mercado, de subordinação política ou legal, de serviço (com o seu público-alvo, por exemplo), de cooperação e de concorrência.

Com uma mesma organização (por exemplo, um financiador) pode existir simultaneamente uma relação de contrato e de cooperação. Essa rede de relações de uma organização denominamos de marco ou panorama institucional.

Muitas vezes, a organização tem apenas uma percepção muito difusa de seu panorama institucional, como se as relações que tem estabelecidas fossem produtos das circunstâncias, das oportunidades ou do acaso. Contudo, quanto mais a organização tem consciência delas, consegue visualizá-las como conjunto e reflete sobre elas, mais tem condições de perceber se são suficientes ou adequadas a suas necessidades e ao cumprimento de sua missão.

Torna-se possível perceber quais relações devem ser ampliadas, intensificadas, modificadas, estabelecendo objetivos para cada uma delas ou para o conjunto. A organização torna-se sujeito de suas relações, sabendo com quem quer ou deve-se relacionar, com quem mantém relações de subordinação, com quem deve estabelecer ou aprofundar a cooperação e o que espera disso. Reduzem-se, desse modo, os riscos da inconstância, do personalismo, do idealismo e do amadorismo tão comuns.

Parceria tem sido a designação de certas formas de cooperação entre organizações, e indica, antes de tudo, uma ação conjunta, motivada pela existência de interesses e objetivos comuns, na qual cada um aporta e mobiliza os recursos de que dispõe para atingir esses objetivos.

Não é seu caráter legal ou formal que a determina. É, mais precisamente, a qualidade da relação que a distingue. Ou seja, o modo como organizações com distintos interesses, poderes, recursos e atribuições constroem um espaço onde se comportam como iguais na definição dos objetivos comuns, dos papéis e da contribuição de cada uma. Nesse sentido, a parceria se distinguiria da relação de contrato (como a prestação de serviços, por exemplo), porque nela os objetivos e o que deve ser feito tendem a ser preponderantemente definidos pela parte que contrata; ao contratado cabe cumprir a tarefa que lhe foi solicitada, quando muito negociando um ou outro aspecto.

Certamente, nesse caso há uma satisfação de interesses tanto de uma quanto de outra organização: para quem contrata, o serviço a ser realizado; para a contratada, a possibilidade de obter recursos e desenvolver seu trabalho.

No entanto, a parceria vai além da troca e da satisfação de interesses mútuos. Há, é claro, uma dimensão de complementaridade, isto é, buscar no outro recursos e capacidades de que não se dispõe, mas que são necessários para atingir seus propósitos. Todavia, a diferença reside no fato de que essa troca ou complementaridade têm como motivação o cumprimento de objetivos compartilhados e externos a cada uma.

Os objetivos da parceria tendem a ser relativos a um impacto mais profundo na realidade na qual as organizações envolvidas atuam. Por isso, ela não apenas supre necessidades, mas também converte-se tanto numa forma de ampliar e irradiar os efeitos de um trabalho quanto num modo de sensibilizar, mobilizar e corresponsabilizar outros sujeitos em torno de ações voltadas para a ampliação da cidadania e do enfrentamento dos problemas sociais.

Por isso, o pressuposto fundamental da parceria é o encontro de organizações autônomas, com identidades e posições claras. Mesmo tendo recursos e poderes distintos, elas devem-se reconhecer como iguais em determinado momento, além de conhecer e valorizar mutuamente a contribuição que cada uma pode dar. E devem adotar um comportamento com igual poder na relação, tanto para estabelecer os objetivos como para definir os recursos necessários, os papéis e as responsabilidades. Parceria é o oposto de subordinação.

Nessa relação aparentemente tão simples, mas difícil de construir, é que reside o segredo de boas parcerias. Este é o aprendizado que ONGs, entidades assistenciais, empresas e órgãos públicos, agências internacionais, sindicatos, associações comunitárias estão tentando pôr em prática, atuando em projetos comuns, redes e fóruns. Aprendendo a ouvir e valorizar mutuamente, buscando estabelecer relações mais horizontais. Como diz Rubem César Fernandes, se são relações múltiplas e parciais, não se devem idealizar essas relações e esperar blocos de lealdade permanentes. As alianças mais duradouras apenas se constroem como opções que vão-se renovando no tempo, com base na experiência da troca, do conhecimento mútuo, do aumento da confiança e do desenvolvimento de uma identidade maior em torno de valores, objetivos amplos e modos de atuação.

O importante é reconhecer que qualquer relação, mesmo a melhor parceria, não está isenta de tensões e conflitos. Muitos dos problemas nas parcerias surgem, na verdade, após algum tempo de realização dos trabalhos em conjunto. Isso porque não bastam boa vontade e boas intenções. Poucas vezes as organizações estão preparadas para gerir a relação de parceria, isto é, implementar formas de acompanhamento, discussão e renegociação dos termos do trabalho conjunto e das bases que o motivaram.

Por um lado, é preciso reconhecer o fato de que tanto o ambiente quanto as pessoas que compõem uma organização mudam. Portanto, é natural que interesses, papéis, poderes, objetivos, vantagens obtidas e capacidades das organizações possam não ser mais os mesmos depois de certo tempo. Por outro lado, se uma organização detecta problemas ou se se percebe insatisfeita na relação e não consegue abordar direta e objetivamente seu parceiro, provavelmente o problema acaba assumindo dimensões maiores e pode colocar em dúvida todo o trabalho, quando talvez não fosse o caso.

Portanto, a construção e a gestão de relações de parcerias é, por um lado, um processo que, ao mesmo tempo em que exige, contribui para o crescimento do grau de transparência nas relações entre os diversos grupos e instituições da sociedade brasileira.

Por outro lado, no plano específico de uma organização, qualquer que seja seu tamanho ou tipo, a construção de parcerias representa elemento fundamental de seu desenvolvimento institucional: sua capacidade de estabelecer relações, influenciando, convencendo, cooperando e mobilizando outros atores para atingir objetivos institucionais, ampliando o impacto e a abrangência de sua atuação.

Como iniciar alianças e parcerias

Quanto mais alianças e parcerias a organização desenvolver, mais fácil e rápido será o processo. A seguir, as quatro etapas:

- identificação;
- valorização;
- negociação;
- implementação.

Essas etapas compreendem sete passos ou atividades que devem ser seguidos para facilitar a formação de parcerias e alianças:

a) definir estratégias e objetivos;
b) avaliar parceiros em potencial;
c) avaliar as possibilidades e o que se oferece em troca;
d) definir a oportunidade;
e) avaliar o impacto da ação conjunta;
f) planejar a integração;
g) implementar a integração.

Para não errar, devem-se examinar oportunidades de parcerias ou de alianças estratégicas com objetivos claros e definidos, saber por que e como se quer criar esses vínculos.

Questões-chave para análise de relações de parceria

O pesquisador Jim Austin identificou sete aspectos que podem ser analisados em uma relação de parceria, chamados de "7 Cs". Consoante Adulis (2002), cada um desses aspectos apresenta questões importantes para que uma organização possa compreender melhor suas relações de parceria e identificar pontos de desequilíbrio ou conflitos.

Clareza do propósito

Qual o propósito da colaboração?

Ambos os parceiros têm clareza do propósito da parceria?

Em qual dos estágios de colaboração a relação encaixa-se e qual o desejo dos participantes?

Os parceiros superaram a síndrome da filantropia?

Compromisso

Qual o nível de compromisso da organização com a parceria e como é demonstrado?

Qual o investimento feito na parceira (pessoal, humano e institucional)?

Qual o conjunto de parcerias de cada organização e como ela se situa?

Esse conjunto de parcerias é compatível com a capacidade de colaboração de cada uma?

Conexão

Os indivíduos estão conectados/envolvidos com os propósitos da colaboração?

Qual o nível e a qualidade da interação entre os líderes das organizações?

Em que medida as interações ocorrem em outros níveis nas organizações parceiras?

Congruência

Em que medida cada parceiro conhece bem missão, estratégias e valores do outro?

Quais são as áreas de possível sobreposição?

Como cada parceiro ajuda o outro a alcançar sua missão?

Em que medida a colaboração é uma ferramenta estratégica para o outro parceiro?

Os parceiros compartilham uma visão sobre o futuro?

Criação de valor

Quais recursos de uma parceira são valiosos para a outra?

Quais benefícios específicos serão advindos da colaboração?

Os benefícios são maiores que custos e riscos?

Que valor social pode ser gerado por meio da aliança?

Quais novos recursos, capacidades e benefícios podem ser criados pela colaboração?

Existem benefícios para ambos os lados e de forma equilibrada?

Comunicação

Qual o nível de respeito e confiança existente entre as partes?

A comunicação é aberta, franca e construtiva?

Como a comunicação entre os parceiros é gerenciada?

Cada parceiro tem um responsável pela gestão da relação?

Como a aliança é comunicada internamente na organização?

Há potenciais dissidentes? E como poderiam ser convencidos?

Como a aliança é comunicada externamente?

A parceria é adequadamente divulgada?

Contínuo aprendizado

O que cada parceiro tem aprendido ao trabalhar com o outro?

Como esse aprendizado tem sido incorporado na colaboração?

Há um processo para avaliar o aprendizado dessa colaboração?

Avaliar e gerir suas relações de cooperação e parceria

Conforme Valarelli (1999), se você está envolvido numa relação de parceria com outras organizações, vale a pena estabelecer com elas mecanismos, algumas regras e procedimentos regulares de avaliação e acompanhamento da qualidade da relação, não tanto do trabalho que ambos fizeram. Agendar reuniões específicas a cada dois, três ou seis meses, antecedidas de avaliações no campo de cada uma das organizações, pode ser uma boa opção. Pode parecer desnecessário ou um esforço que tomará tempo precioso do trabalho. No entanto, vale a pena. Dedique um tempo a pensar na qualidade das relações que sua organização estabelece.

Uma sugestão é fazer periodicamente um exercício no qual sua organização avalia seu próprio comportamento e o do parceiro na relação, identificando ou antecipando problemas e permitindo que se tomem medidas para esclarecer, solucionar ou tomar decisões quanto a eles.

1. Reúna em sua organização as pessoas que mantêm relação com a organização parceira, ou que são importantes para a tomada de decisões, e avalie sua organização nos seguintes aspectos, atribuindo-lhes um valor no quadro a seguir (– –, –, +, ++):
   - **Objetivos**: Fixamos com nossa parceira objetivos periodicamente e em conjunto?
   - **Contrato**: Conseguimos chegar a acordos claros e inequívocos, escritos ou verbais, sobre nossos direitos e obrigações?
   - **Fidelidade ao contrato**: Mantemos os acordos estabelecidos ou comunicamos oportunamente as mudanças produzidas?
   - **Vantagens**: Extraímos vantagens da relação de cooperação (políticas, materiais, financeiras)?
   - **Confiança**: Informamos ativamente sobre nossas intenções?
   - **Comunicação**: Oferecemos interlocutores, reagimos com a maior rapidez possível e colocamos à disposição os meios de comunicação e os interlocutores apropriados?
   - **Conflitos**: Abordamos direta e imediatamente os conflitos e oferecemos soluções possíveis?

2. Responda às mesmas questões no que se refere a como você avalia sua organização parceira (Ex.: “Nossa parceira fixa conosco objetivos periodicamente e em conjunto?”, “Ela consegue chegar a acordos claros sobre direitos e obrigação?”). Atribua os valores a cada aspecto no quadro.

3. Identifique e analise os pontos que são mais importantes para sua organização, mas perceba também os aspectos nos quais a "distância" entre sua organização e a parceira é maior. Aí, certamente, há uma forte possibilidade de que venham a explodir conflitos.
4. Coloque-se no lugar da organização parceira e procure entender desse ponto de vista como ela avalia ou explica os problemas que você identifica como mais importantes ou os aspectos mais "explosivos". Reconheça com naturalidade a existência de interesses diferentes e avalie se continuam tornando válida e proveitosa a relação ou não.
5. Procure eleger um ou dois aspectos prioritários a serem enfrentados, levando em consideração que nem sempre é possível resolver tudo de uma vez e que alguns problemas podem ser a causa de outros.
6. Não localize apenas os problemas. Elabore soluções possíveis, mas não apenas para serem adotadas pelo outro. Procure identificar o que você pode fazer ou mudar para enfrentar o problema.
7. Procure sua parceira e proponha a ela uma conversa quanto aos pontos que você está interessado em discutir. Sugira a ela que faça uma avaliação ou exercício semelhante. Se a relação for suficientemente madura a ponto de todas ouvirem com respeito as opiniões que têm umas sobre as outras, seria bastante positivo confrontar as visões.
8. Prepare adequadamente o debate. Estabeleça de comum acordo qual problema será objeto de discussão. Esteja atento ao clima da discussão e decida como lidará com ele. Defina precisamente qual o objetivo da reunião: iniciar o diagnóstico comum? Chegar já a uma solução? Respeite os tempos necessários para a tomada de decisões. Consensos frágeis costumam durar somente até o dia seguinte.

Sua Organização					Organização Parceira			
- -	-	+	++		++	+	-	- -
		X		Objetivos			X	
			X	Contrato		X		
			X	Fidelidade		X		
			X	Vantagens				X
X				Confiança				X
	X			Comunicação			X	
			X	Conflitos				X

Além disso, tenha cuidado para não interferir nos assuntos internos da outra organização. Isso pode ferir suscetibilidades e provocar a ruptura da relação. Esteja atento também para o fato de que ambas as organizações podem ter estabelecido ao longo do tempo novas parcerias com outras, o que pode ser percebido como ameaça por quem se vê excluído. Sem abrir mão de sua autonomia ou questionar a de sua parceira, procure não deixar vazios de informação que deem margem a interpretações equivocadas e façam diminuir a confiança.

15.2 PARCERIAS COM O GOVERNO

Segundo Reis (2000), este parece não ser um tema novo no mundo das organizações do Terceiro Setor no Brasil, considerando o que aponta Leilah Landim em seu texto *Para além do mercado e do Estado? Filantropia e cidadania no Brasil*. É sabido que, desde a colonização, Estado e Igreja Católica estiveram interligados na consolidação da sociedade colonial, cabendo às instituições religiosas atribuições como registro civil, manutenção de escolas, assistência médica e social, para citar apenas algumas. São remanescentes dessa época as Santas Casas de Misericórdia. É herança dessa época o espírito de proteção aos pobres concedido pelos senhores.

Não obstante a separação de Estado e Igreja Católica e da mudança de configuração destas atribuições com a Proclamação da República, a prestação direta de serviços sociais pelo Estado manteve-se precária até 1930, com as instituições de caridade e beneficência mantendo-se bastante ativas e presentes neste cenário.

Mesmo com o advento da industrialização e de novas relações econômicas, a questão social dizia respeito a amenizar o sofrimento dos mais pobres, pois os benefícios das políticas sociais eram concedidos apenas aos que possuíam vínculo com a produção.

Esta questão serve para lembrar o tipo de relações entre público e privado que se estabeleceram, desde muito cedo, na sociedade brasileira, assim como a lógica de condescendência que historicamente orientou a ação de caráter social entre nós.

A partir dos anos 1950, com nova fase de desenvolvimento industrial, intensificam-se os debates em torno do produto do desenvolvimento e observa-se uma crescente tensão entre pólos distintos de compreensão da questão social – aliviar a pobreza *versus* conquistar direitos – como consequência de tipos divergentes e opostos de pensamento, tendo sido introduzido na discussão o conceito de direito à cidadania para todos, independentemente de seu lugar na sociedade.

Mudanças recentes

Não é à toa que, mesmo hoje, variem tanto as visões orientadoras de quem atua nas áreas sociais que, por suas respectivas lógicas, afastam ou aproximam as organizações do Terceiro Setor do Estado.

A Constituição de 1988 passou a prever a participação da sociedade civil na promoção de políticas sociais, abrindo novos espaços de atuação para as organizações, na forma de conselhos de políticas sociais, emendas populares etc. Ao mesmo tempo em que as políticas macroeconômicas introduzidas a partir de 1990 aprofundaram antigos problemas sociais e reduziram o gasto social, nos níveis estadual e municipal, intensificou-se o interesse dessas instâncias por parcerias com as organizações do Terceiro Setor. Ainda mais recentemente, no bojo da reforma do Estado, o Terceiro Setor passa a ser identificado como potencial parceiro para atuar em áreas consideradas como não exclusivas do Estado e a legislação brasileira adotou novas formas de contar com a participação dessas entidades (as chamadas *organizações sociais*) na implementação de políticas de caráter público.

Várias experiências estão em curso, principalmente em instâncias municipais, de parceria e corresponsabilização em programas sociais. Para onde caminham, então, as organizações do Terceiro Setor com relação à parceria com o Estado?

Interpretações quanto à parceria com o Estado

Parece que o importante aqui não é avaliar se a parceria deve ou não se firmar. Afinal, cada organização é autônoma para tomar decisões a esse respeito, pesando os prós e os contras. No entanto, parece adequado avaliar para que direção essas possibilidades apontam. Pois, subjacente a essas propostas, está um projeto mais amplo, que diz respeito ao tipo de desenvolvimento que o país deve escolher e ao papel que cada ator deve assumir. É possível prever que, quanto maior o consenso sobre essas direções amplas entre os atores envolvidos, menor será a divergência em torno da viabilidade das parcerias.

Nesse sentido, as interpretações correntes a esse respeito dão conta de dois polos de interpretação: uma que percebe na reforma em curso no Brasil o afastamento do Estado de suas responsabilidades por políticas sociais amplas, e outra, que o Estado deve operar especificamente nas questões nas quais a iniciativa privada e as organizações da sociedade civil não teriam condições de atuar, o chamado Estado mínimo. Parece estar faltando nesta discussão o ponto que seria necessário esclarecer: de que Estado precisa-se? Sem este esclarecimento, veja-se, a seguir, o que pode suceder às parcerias propostas.

Uma possibilidade é a realização de parcerias em que as organizações do Terceiro Setor prestam serviços ao Estado, aproveitando o contato e o conhecimento sobre os grupos sociais de base que foram capazes de construir. Estarão implementando políticas governamentais que eventualmente não ajudaram a construir, o que constitui, a longo prazo, um risco para sua sustentação institucional. Estariam tendo, assim, o papel de executoras do Estado mínimo, que continua fragmentado por interesses de caráter privado.

Outra é as organizações manterem-se afastadas das etapas de implementação, mas atuarem nos espaços de debate e formulação de políticas sociais, tentando influir em mudanças na lógica de apropriação do espaço público, mas obtendo repercussões de caráter restrito.

Critérios de análise

Como o processo de definição sobre as características de um Estado democrático é necessariamente de longo curso, que critérios, então, utilizar para definir pelo acerto na decisão de formalizar uma parceria com o Estado?

Econômico-financeiro – Sem dúvida, pesa a situação financeira da organização em tempos de escassez de recursos. No entanto, é preciso ter clareza quanto às exigências relativas à periodicidade de relatórios e prestação de contas, bem como quanto aos cronogramas de recebimento e desembolso. Muitas organizações têm encontrado dificuldades em gerenciar seus fluxos de caixa em razão de atrasos nos repasses de recursos, o que gera problemas para cumprir obrigações financeiras principalmente no pagamento de funcionários contratados em projetos.

Administrativos – Também são frequentes as mudanças de orientação nos órgãos encarregados da gestão dos projetos, acarretando maior volume de trabalho interno às organizações, que nem sempre estão preparadas para responder a tais modificações em tempo hábil. A carga de trabalho extra que a gestão de projetos traz para a organização deve ser estimada e dimensionada com relação às demandas já existentes.

Dependência × autonomia – O cuidado neste aspecto deve ser quanto à dependência que a implementação de projetos pode trazer para a organização, pesando-se o risco que o percentual de recursos representa para a sustentação financeira da organização. Nem sempre são feitas previsões relativas aos impactos que possam ter mudanças de governo, seja pelo calendário eleitoral, seja por alianças que se modificam ao longo de um mandato.

Estratégia organizacional – Parece que o mais acertado é ter clareza quanto aos rumos da instituição e suas próprias escolhas, de forma que a possibilidade de parceria possa ser contemplada em uma estratégia institucional previamente definida. Significa que a organização estará em melhores condições de decidir sobre benefícios e riscos, pois pressupõe que terá maior controle sobre sua própria dinâmica. Possibilita, igualmente, melhores estratégias de negociação da parceria, uma vez que estarão claros objetivos e limites que possam ser aceitos.

Estes são alguns dos critérios de análise que as organizações do Terceiro Setor estão utilizando; certamente, haverá outros que permitam prever consequências e orientar escolhas. O importante é que se alargue o campo de visão quanto a benefícios e riscos, para além de aspectos imediatos, tendo por centro da discussão o papel que a organização quer assumir perante a sociedade.

Como organizações de serviços públicos, encontram-se: órgãos da administração direta (federal, estadual e municipal); órgãos da administração indireta; empresas públicas; sociedades de economia mista; autarquias; fundações; e afins.

15.3 PARCERIAS COM A INICIATIVA PRIVADA

O gerenciamento das atividades relacionadas a pessoas (tradicionalmente chamado de recursos humanos) diz respeito a decisões a serem tomadas quanto a: recrutamento/seleção; contratação; administração de cargos e salários; avaliação de desempenho; planejamento de carreira; treinamento e desenvolvimento; clima organizacional; e atividades correlatas.

Um dos requisitos para obtenção de resultados pelas ONGs, cada vez melhores, é a *otimização dos recursos* de que dispõe. Dessa maneira, quanto mais otimizada for a utilização dos recursos financeiros para investimentos, mais possibilidade terá a ONG de ampliar e até diversificar sua linha de produção, atendendo a novos clientes. Da mesma forma, a adequação de equipamentos de utilização multivariada e a prática de modernos métodos de trabalho permitirão a otimização dos recursos da tecnologia. Em decorrência, o desempenho do trabalho das pessoas poderá ser crescente, à medida que programas específicos mantenham sua motivação e desenvolvam sua capacitação.

A produtividade evidencia que uma ONG somente atingirá seus objetivos se a produtividade das *pessoas* envolvidas em seus processos for adequada às metas de produção. Quanto maior a produtividade, melhores serão seus resultados da micro/pequena empresa. A produtividade, conforme conceito adotado neste livro, depende de fatores como nível de qualificação da mão de obra, volume de unidades produzidas (economia de escala), modo de produção, localização geográfica, tecnologias da informação e grau de automação das fábricas (automação).

Para que consiga maior produtividade e, consequentemente, melhor resultado econômico, é necessário que a ONG dedique especial atenção à formulação de políticas e diretrizes voltadas para o recrutamento, seleção, contratação, treinamento, desenvolvimento e realização profissional das pessoas de seu quadro de colaboradores.

No campo de ação das ONGs, de nada valerão seus esforços voltados para o mercado, e suas estratégias para ocupar espaços e obter bons resultados, se não considerarem que tudo depende da boa execução dos procedimentos internos que compõem sua cadeia produtiva. E que a realização desses procedimentos está diretamente ligada à boa gestão das pessoas da ONG que, utilizando-se das facilidades que lhes são disponibilizadas, realizam o grande trabalho da produção, atuando direta ou indiretamente nos níveis estratégico e operacional.

Por esse motivo, é muito importante para a ONG estabelecer um relacionamento com seus colaboradores, alicerçado em bases sólidas que só podem ser conseguidas com valores positivos, com políticas e diretrizes compatíveis com a realidade de mercado, com práticas de relações trabalhistas justas e bem aceitas e com um ambiente de trabalho seguro e agradável.

Pode-se citar a ONG Grupo de Trabalho e Pesquisa em Orientação Sexual (GTPOS) como exemplo de parceria, firmada com a Philips, Secretarias de Educação Estaduais e o Conselho Nacional Empresarial para Prevenção de DST/Aids, e que desenvolve o projeto Doe Vida, que privilegia as áreas de saúde, educação e voluntariado.

O projeto foi implementado com a utilização de funcionários da Philips, que atuaram como voluntários para repassar a alunos adolescentes do ensino médio de escolas públicas informações sobre a prevenção de doenças sexualmente transmissíveis (DST), sobretudo a Aids.

Em sua primeira experiência, no segundo semestre de 2001, o projeto atingiu 9 mil alunos. No ano de 2002, a expectativa é triplicar esse número, englobando novas escolas. Este ano devem ser realizadas mais duas etapas de treinamento de funcionários, chegando a mais de 700 voluntários. O êxito do programa levou a novas alternativas para atender aos pedidos de várias unidades de ensino, como convidar ex-colaboradores aposentados pela Philips para participar do Doe Vida.

ESTUDO DE CASO

Decisões Relativas à Gestão com Pessoas

Extraído e adaptado do *site* da Rits e de Reis (2002).

Apresenta-se, a seguir, um roteiro para a determinação de informações inerentes à gestão com pessoas, em organizações do Terceiro Setor.

Os princípios apontados em cada um dos itens, desenvolvidos com base em indicações de profissionais e pesquisadores da área, conferem o sentido que se pretende dar ao tratamento das pessoas nas organizações. Valendo-se desse roteiro inicial, cada organização deverá estabelecer seus próprios princípios, para fins de tomada de decisões.

Uma vez definidas as diretrizes de gestão com pessoas, elas devem ser de conhecimento de todos os membros da organização, tornando claros os parâmetros que pautam esse relacionamento.

DIRETRIZES DE GESTÃO COM PESSOAS

Indagações

Que enfoque a organização pretende dar a sua política de gestão com pessoas?

Como e de acordo com que parâmetros serão feitas modificações na política?

Quem participa de sua formulação?

Como a política de gestão com pessoas se articula com a missão e objetivos estratégicos?

1 Provisão

A provisão de gestão com pessoas de uma organização deve ser orientada por seu Horizonte Estratégico (o futuro que está construindo, em todas as suas formas de atuar) e pela Visão da organização sobre o sentido de sua atuação.

Qual é a missão da organização e que visão possui quanto a sua atuação no futuro? Esta visão implica modificações num futuro próximo?

A quem deve caber a tarefa de recrutar pessoas para a organização?

É desejável que todos estejam atentos a pessoas que contribuam para a missão?

O que a organização valoriza nas pessoas para integrar seus quadros?

Que habilidades, aptidões, conhecimentos, atitudes devem ser gerais a todos?

1.1 Pesquisa de mercado relativa à gestão com pessoas

Com que frequência a organização deve realizar pesquisas de mercado na área de gestão com pessoas para manter-se atualizada quanto a patamares de remuneração, benefícios e necessidades de atualização profissional? Com que categorias de profissionais?

Que novas áreas de serviços são pesquisadas pela organização?

1.2 Recrutamento de pessoas

Que procedimentos de recrutamento de profissionais a organização adota?

O que deverá ser anunciado pela organização para o preenchimento de cargos?

1.3 Seleção de pessoas

Em que elementos será baseada a seleção (nas necessidades contidas nas descrições de cargo, ou em outros pré-requisitos)?

O que será levado em consideração para a seleção (apresentação de *curriculum vitae*; entrevistas com o responsável direto pelo cargo a ser ocupado, outras pessoas; referências fornecidas por antigos empregadores etc.).

Que dimensões (comportamental, técnica, gerencial) dos candidatos deverão ser avaliadas na seleção?

Como capacidade de trabalho em equipe, habilidades de relacionamento interpessoal e determinação em atingir objetivos negociados (assim como outras habilidades) serão avaliados na seleção?

2 Aplicação

A aplicação deve ser orientada pela ênfase no desempenho eficaz das pessoas, na contribuição que realizam para a missão. Como tal, deve prever mudanças ao longo do tempo, de forma que a organização possa estar de acordo com as exigências de seu tempo.

Que princípios a organização adota para incentivar a eficácia de desempenho das pessoas?

Como se dará a alocação interna de gestão com pessoas em vista de adaptações da Organização a seu ambiente de atuação?

2.1 Integração de pessoas ao trabalho

Quem será responsável pela tarefa de integração de novos profissionais à Organização?

Como se dará esta integração?

Existe período de treinamento?

De que forma as expectativas da Organização e dos profissionais devem ser discutidas e negociadas, de forma que o desempenho das pessoas na equipe esteja baseado em metas e especificações estabelecidas a cada período?

2.2 Planejamento de cargos

Que critérios serão utilizados para o desenho de cargos?

A criação de cargos está subordinada às necessidades estratégicas, táticas e operacionais da Organização?

A quem compete (Conselho Administrativo, Secretário Executivo, outros) aprovar a criação de cargos e organograma da Organização?

2.3 Descrição e análise de cargos

Antes de contratar profissionais, a organização fará uma descrição do cargo? O que deve constar desta descrição (reporte imediato, principais atividades do cargo, natureza e amplitude de responsabilidades, formação e habilidades, resultados finais esperados do cargo)?

Como os cargos estarão sujeitos a modificações ou adaptações, de forma a acompanhar as mudanças que estejam ocorrendo na Organização ou em seu ambiente de atuação?

2.4 Avaliação de desempenho

Como acompanha o desempenho dos profissionais em sua permanência na equipe?

Com que frequência será avaliado formalmente?

Que critérios serão utilizados na avaliação de desempenho (cumprimento de objetivos, satisfação dos públicos usuários/beneficiários, contribuição do profissional aos resultados da organização no período)?

Que instrumento será utilizado na avaliação de desempenho dos profissionais? A quem caberá a responsabilidade de sua aplicação?

Os procedimentos de avaliação permitirão a avaliação dos gerentes por sua equipe e a autoavaliação?

3 Gerenciamento

A manutenção deve ser orientada pelo respeito a diferenças individuais para o melhor desenvolvimento das pessoas e do trabalho da organização. A convivência com a diversidade exige flexibilidade.

Como a atenção às diferenças individuais será colocada em prática?

Como serão aproveitadas as qualificações e talentos dos profissionais para o bom desempenho de suas funções?

Que critérios básicos (qualidade de vida no trabalho, administração por objetivos participativa e democrática, adesão a objetivos organizacionais, outros) serão utilizados para contemplar diferenças individuais?

3.1 Remuneração e compensação

Como se dará a remuneração dos profissionais (plano de cargos e salários, tabela de remuneração, preço/hora, outros)?

A título de estímulo diferenciado individual, a organização concederá, ao final de cada avaliação, aumento de salário, bonificação ou outras formas de compensação financeira?

Que indicadores servirão de base para este cálculo (indicadores de desempenho, de qualidade, competências individuais, resultados alcançados, outros referenciais de excelência)?

3.2 *Benefícios e serviços sociais*

A que benefícios têm direito os profissionais da organização (plano de saúde, auxílio-alimentação, auxílio-transporte, auxílio-educação, licença-prêmio após cinco anos, outros)?

3.3 *Higiene e segurança do trabalho*

Quais as condições de trabalho dos profissionais (horário de trabalho, compensação por horas além do expediente, por viagens a trabalho etc.)?

3.4 *Relações sindicais/outras organizações*

Que organizações são de particular interesse para a organização?

4 *Desenvolvimento*

O desenvolvimento das pessoas na organização deve ser planejado, antecipando-se a acontecimentos e necessidades futuras, de maneira que garanta que as pessoas possuam as habilidades e conhecimentos necessários às atividades propostas.

4.1 *Treinamento*

Como as necessidades de treinamento detectadas pelas avaliações de desempenho dos profissionais se articulam com os planos de desenvolvimento da organização?

Quem deve participar das decisões quanto a prioridades de treinamento?

4.2 *Desenvolvimento organizacional*

Quem determina os investimentos necessários ao desenvolvimento da Organização para que o desempenho planejado seja atingido (Conselho, Diretoria, Secretário Executivo)?

Como serão levadas em consideração as indicações feitas pelos gerentes/ coordenadores, outros?

5 *Monitoramento*

O monitoramento caracteriza-se cada vez mais por desenvolver e estimular autocontrole e flexibilidade, tendo em vista que os empregados e colaboradores devem manter com a organização e seus públicos uma atitude de cooperação e engajamento na missão.

5.1 Banco de dados/Sistemas de Informação

Como serão registradas as informações sobre cada um de seus empregados/colaboradores e de seu desenvolvimento profissional?

5.2 Demissão

Em que critérios deverá estar respaldada a demissão de um profissional?

O que deverá estar incluído nos procedimentos de demissão (entrevista de desligamento, encaminhamento a novo empregador, outros)?

5.3 Controles – Remanejamento – Frequência – Produtividade – Balanço Social

Que controles serão estabelecidos com relação ao cumprimento de objetivos e tarefas?

Como será observada a frequência dos empregados (folha de ponto, outros, ausência de instrumentos)?

Como deve ser a comunicação entre gerentes e subordinados para soluções relativas a ausências, afastamentos e férias?

Em que critérios estará respaldado o remanejamento de pessoas entre os cargos da organização (desempenho apresentado, aptidões para realização de novas tarefas, conhecimento demonstrado, outros)?

Como será incentivado o crescimento profissional na estrutura organizacional?

Com que indicadores será calculada a contribuição individual à Organização (desempenho, competências e resultados alcançados, outros)?

A organização publicará um Balanço Social anual, apresentando à sociedade sua contribuição, conforme expresso em sua Missão?

CAPÍTULO 16 Estratégias Financeiras

As estratégias são consideradas relevantes nos níveis:

- estratégico (obtenção de recursos financeiros); e
- operacional (gestão dos fluxos de caixa da ONG).

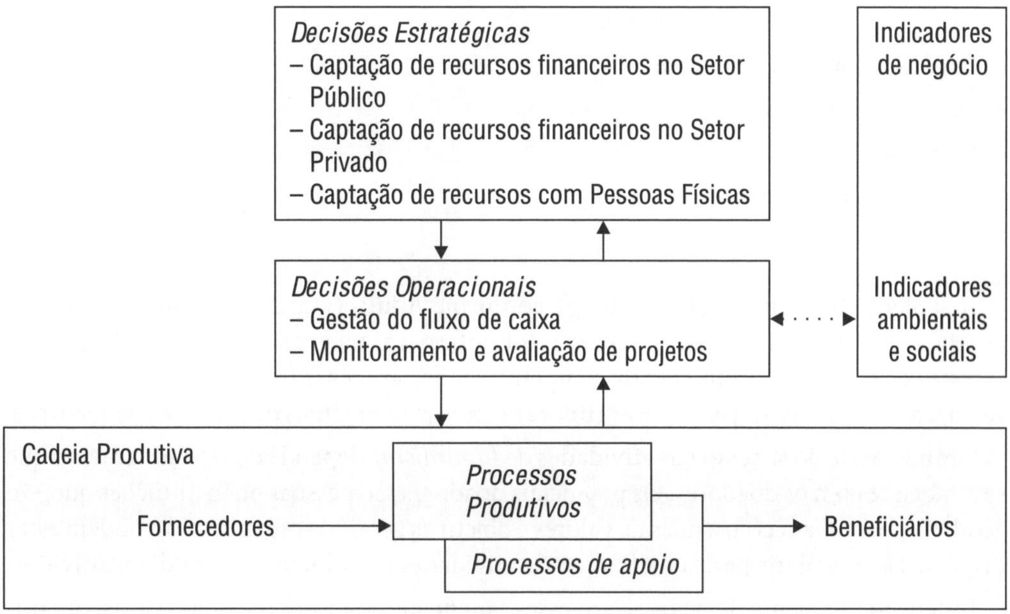

Figura 16.1 Hierarquização das decisões financeiras.

A captação de recursos financeiros pode dar-se por doações, aporte de recursos do Estado (esferas federal, estadual e municipal) e aporte de recursos externos.

16.1 OBTENÇÃO DE RECURSOS FINANCEIROS

As ONGs, quando analisadas em seu conjunto, mantêm um padrão de estratificação com muitas "pequenas" e poucas "grandes" organizações, em um modelo piramidal.

E de onde provêm os recursos? Aqui não há grandes surpresas: como se sabe, as Agências Internacionais de Cooperação Não Governamentais são responsáveis pela maioria deles, fazendo parte constitutiva da história das ONGs e de sua possibilidade de existência e crescimento. Uma compreensão dessas redes internacionalizadas de financiamento deve passar por uma história das relações iniciadas e progressivamente construídas entre agentes dos "Centros de Educação Popular" surgidos nos anos 1970 e os agentes de entidades internacionais de "ajuda ao Terceiro Mundo" de países europeus, do Canadá e também dos Estados Unidos, onde – no caso do universo aqui considerado – as igrejas cristãs representam um papel de peso.

As fontes de recursos financeiros podem ser:

- Agência Internacional de Cooperação Não Governamental;
- Venda de produtos/serviços;
- Agência de Cooperação Multilateral;
- Agência de Cooperação Bilateral;
- Órgãos brasileiros de governo;
- Doações individuais;
- Empresas;
- Fundações nacionais;
- Outras.

A captação de recursos (*fundraising*), conforme Adulis (jan. 2002), é um dos maiores desafios que organizações do Terceiro Setor enfrentam na atualidade. Com a crescente escassez de recursos e o aumento da competitividade para obter fundos, as organizações se veem, cada vez mais, obrigadas a aprimorar e inovar nas formas de captação de recursos.

Grande parte do sucesso nas atividades de *fundraising* depende do relacionamento que se estabelece com os doadores. Os potenciais doadores são pessoas ou instituições que, em geral, compartilham com a missão, valores e objetivos gerais da organização e podem estar dispostos a contribuir para a realização de atividades ou projetos por ela desenvolvidos.

Independentemente de quais sejam esses potenciais doadores (pessoas físicas, organizações públicas, privadas, do Terceiro Setor ou agências multilaterais), é certo que uma campanha de captação de recursos exige cuidados com a comunicação que se estabelece com cada um desses públicos, o que pode ser facilitado quando se elabora um plano de comunicação adequado.

Os esforços de comunicação da organização devem ter o propósito de aumentar a consciência dos potenciais doadores sobre a organização, suas atividades e, o que é fundamental, os problemas que a entidade procura solucionar segundo suas ações.

Como a maior parte das pessoas ou instituições que apóiam uma organização do Terceiro Setor tem valores e opiniões comuns sobre causas sociais, econômicas ou ambientais, é fundamental que a entidade desenvolva programas de comunicação que propiciem um clima favorável para doações e, ao mesmo tempo, favoreçam o estabelecimento de relacionamentos duradouros com esses atores sociais.

Uma organização pode utilizar diferentes meios de comunicação para relacionar-se com seus públicos (contatos pessoais, cartas, telefonemas, *e-mails* ou *website*) e, geralmente, dispõe de materiais institucionais como folhetos, brochuras, *folders*, boletins ou jornais. O cuidado na elaboração desses materiais é muito importante, porque eles transmitem uma imagem da organização para os diferentes públicos que podem vir a ter interesse na organização (*stakeholders*).

Antes de iniciar uma campanha de captação de recursos, é interessante que a organização desenvolva material institucional que apresente de forma clara os objetivos e a lógica (razão de ser) da organização e as razões pelas quais o possível apoiador poderia oferecer seus recursos. Dispor de material impresso formal é importante, porque transmite confiança ao leitor e ainda confere um ar mais profissional à campanha ou à entidade. Este material, que pode ser um folheto ou uma brochura, precisa comunicar o objetivo da captação de recursos de maneira persuasiva, de tal modo que "toque" tanto o coração quanto a mente do público (doadores, financiadores ou voluntários). O material precisa ilustrar de que modo os recursos captados poderão ser utilizados para que a organização continue e/ou amplie suas atividades com vista em alcançar sua missão.

Este material pode ser utilizado com potenciais doadores e como meio de divulgação da entidade e seus programas em órgãos de imprensa, por exemplo. Ao divulgar suas ações, a organização pode conquistar espaços de publicidade importantes, aumentando ou fortalecendo seus esforços de *fundraising*.

A elaboração de um simples folheto muitas vezes pode dar mais trabalho do que se poderia pensar à primeira vista, pois pode gerar discussões internas na organização quanto ao conteúdo, a melhor linguagem, o formato, o *design* e o tamanho do documento. É claro que a participação de todos é importante na elaboração do material, mas é bom lembrar que nem sempre é possível obter consenso absoluto sobre todos os aspectos envolvidos. O emprego de um roteiro simples, como o apresentado a seguir, pode ser útil no processo de elaboração do material institucional para uma campanha de doações:

- introdução com o propósito de despertar interesse para a organização, seus desafios e os problemas que ela procura solucionar;
- relevância da organização no contexto social e regional;
- breve histórico da organização com destaque para sucessos do passado;
- aspectos de destaque da organização e seus programas/serviços;
- desafios atuais da entidade que demonstrem que eles foram devidamente avaliados;
- lógica da campanha, demonstrando que ela resulta de um processo de planejamento;
- explicação de como os recursos serão empregados e sua importância para o sucesso da iniciativa;
- papel que a doação pode ter na solução dos problemas sociais visados;
- apelo final para que efetue a doação;
- instruções para realizar a doação.

Princípios para a captação de recursos

1. Não se deve partir do princípio de que as organizações merecem receber apoio, mas de que o apoio deve ser conquistado. Quaisquer que sejam as realizações e projetos que a organização execute, é necessário provar para os que a apóiam e para a comunidade o valor e a eficiência de seus esforços.
2. A obtenção bem-sucedida de fundos não ocorre por acaso, mas, ao contrário, deve-se ao esforço árduo por parte de indivíduos devidamente preparados para realizá-la. A captação de recursos requer planejamento, pesquisa e estratégia.
3. A captação de recursos não é apenas obter dinheiro, mas estabelecer e gerenciar relacionamentos com pessoas e organizações que podem ter interesse em sua organização.
4. As pessoas não doam recursos sem que haja uma razão. É necessário solicitá-los.
5. Apenas solicitar recursos é insuficiente. Por melhor, valiosa e eficiente que uma entidade seja, as pessoas darão recursos apenas se estiverem convencidas de fazê-lo.
6. Não aguarde um momento "oportuno" para captar recursos. Solicite recursos assim que você apresentar sua organização e seu plano para um possível doador. Caso não consiga, tente descobrir a razão da objeção e tente contorná-la, ou aceite a negativa e siga adiante.
7. Muitas vezes, os diretores que têm êxito na obtenção de fundos não os solicitam diretamente, mas convencem outros para que os obtenham.
8. Você não pode decidir captar recursos hoje e tornar a captá-los amanhã. A recaptação exige tempo e paciência e requer planejamento. Inicie uma campanha de (re)captação de fundos antes que surja a necessidade.
9. Trate os potenciais clientes e doadores como trataria os clientes fiéis em um negócio comercial. Nenhum negociante de êxito trata seus clientes como se eles tivessem a obrigação de comprar. É importante demonstrar como os possíveis clientes e doadores são importantes e tratá-los com cortesia e respeito.

Fonte: Adaptação de Dalberto Adulis (2002).

Apresentando projetos a agências de cooperação não governamentais

As recomendações descritas a seguir, segundo Valarelli (2002), referem-se basicamente ao universo de fundações e agências de cooperação não governamentais, brasileiras ou internacionais. Em grande parte, baseiam-se na experiência de muitas organizações, como em depoimentos de dirigentes e responsáveis pela análise, seleção e aprovação de projetos naquelas instituições. Portanto, não são regras, mas pontos a serem observados. O importante é alertar que, além de um projeto consistente, é preciso informar-se sobre a instituição à qual vai solicitar apoio e apresentar suas ideias de modo claro e objetivo.

Algumas tendências gerais da cooperação internacional não governamental

Algumas tendências da cooperação internacional já são bastante conhecidas: redução global do volume de financiamentos para a América Latina e o Caribe; maior ênfase no apoio a projetos, reduzindo os chamados apoios institucionais. No entanto, existem algumas outras características das fundações e agências que vale a pena ter em conta quando se pensa na apresentação de projetos.

Várias fundações e agências têm, assim como as ONGs que elas apoiam, passado por profundos processos de reorganização de estruturas e prioridades. *Reestruturação*, *downsizing* e *profissionalização* são termos que, cada vez mais, vêm fazendo parte do cotidiano dessas organizações e de seu vocabulário. São constantemente cobradas por seus conselhos, doadores e contribuintes quanto ao impacto de sua atuação própria e dos projetos e instituições que apóiam. As tendências que se verificam com essa dinâmica são:

- profissionalização dos quadros. Cada vez mais, as pessoas que trabalham nestas instituições conhecem bastante ou tiveram experiência sobre o "outro lado", o dos projetos e ONGs;
- maior preocupação em enfatizar a atuação, reduzindo o leque de temas e aspectos nos quais atuam e dão apoio, visando aumentar o impacto. Algumas instituições têm, até, optado por fazer doações maiores a um número menor de organizações, de forma a aumentar o impacto de seus fundos;
- opções mais claras relativas ao tipo e ao tamanho das instituições que apóiam. Privilegiam organizações pequenas, com atuação local e capacidade inovadora. Outras têm optado por apoiar grupos maiores, regionais e nacionais com maior possibilidade de difundir experiências, opiniões e influenciar políticas públicas;
- estão tornando-se mais proativas e levando mais a sério seu papel na formulação de políticas públicas. Cada vez mais, definem objetivos próprios e áreas nas quais querem investir. Assim, procuram organizações parceiras que possam levar adiante esses projetos, reduzindo o orçamento para atendimento a demandas;
- preocupação crescente com a sustentabilidade e a replicabilidade dos projetos e iniciativas. Isso conduz à priorização de projetos que nascem e se desenvolvem apoiados em relações de parceria e colaboração entre várias organizações e projetos;
- priorização de projetos participativos, que envolvem o público-alvo no desenho de um projeto: na definição do problema, na indicação das soluções e na execução das ações.

Que você deve saber antes de entrar em contato?

- tente informar-se o máximo possível sobre a fundação ou agência, dedicando tempo à pesquisa e à preparação, antes de tentar entrar em contato com o possível doador;
- localize ou peça *folders*, publicações, orientações para envio de projetos. Visite a *home page* na Internet;
- confira as áreas programáticas da fundação. Verifique se você está incluído nas prioridades e se atende aos critérios da entidade. Veja a relação (se disponível) de projetos que eles já apoiaram e compare com o tipo de projeto que você desenvolve ou pretende implementar;

- verifique os procedimentos apontados pela entidade sobre como fazer contato. Algumas pedem uma carta inicial, curta e objetiva. Outras só estabelecem contato quando do recebimento de projetos apresentados conforme roteiros, formulários e listas de documentos necessários, fornecidos pela entidade. Observe se existe alguma exigência quanto ao projeto ter sido concebido e estruturado segundo algum método de planejamento específico;
- conheça a si mesmo e sua organização. Assegure-se de que seu conselho tem clara sua missão. Seja capaz de definir por que vocês são diferentes e como podem resolver os problemas;
- escreva um documento conceitual e deixe-o na gaveta por uma semana. Depois, releia e mostre aos colegas e pergunte se o texto realmente está comunicando o que você está querendo dizer, de maneira honesta e direto ao ponto.

Que os doadores esperam do modo de contato e de apresentação da proposta?

- informe-se sobre com quem você deve falar: nome, cargo, função. A pior coisa é enviar cartas dirigidas a alguém que não está mais no cargo. Dirija-se diretamente à pessoa e acredite em sua capacidade profissional e inteligência. Siga suas recomendações e seja respeitoso com os procedimentos da entidade. Esforços de *lobby*, como 25 cartas de apoio de outras instituições, não funcionam;
- evite o uso de contatos pessoais diretos com o conselho da entidade, passando por cima do responsável pelo recebimento e avaliação de projetos. Não tente criar canais pessoais e informais, como convites para jantar, a não ser que proposto pela pessoa como um jantar de trabalho;
- apronte-se para a entrevista. Releia o material sobre a fundação ou agência e prepare-se para apresentar com clareza e objetividade sua organização e seu projeto. Enfatize mais as soluções (e menos os problemas) que o projeto pretende oferecer. Evite os jargões e a falta de concisão;
- em uma entrevista, garanta sempre a presença das pessoas que dirigirão o projeto, e não apenas do responsável pela captação de recursos;
- jamais pergunte: "Quanto devemos solicitar?" Tenha bem definidas as necessidades e o orçamento e apresente-os de forma bem fundamentada.

Quais as características de uma proposta bem-sucedida, na opinião dos doadores?

- quando ela possibilita aos doadores ver como seu investimento resultará em um impacto de longo prazo, indicando os planos para a sustentação no futuro;
- a que revela o interesse e o compromisso do Conselho da organização;
- quando demonstra que o solicitante refletiu claramente sobre seu papel e suas políticas no contexto em que opera. E que, além de entender profundamente este contexto, consegue articular claramente a essência e a personalidade da organização na busca de soluções;

- ser bem estruturada, demonstrando com clareza o problema e os objetivos para enfrentá-lo;
- comprovar que a organização já demonstrou ter capacidade para fazer um trabalho sólido, e que conta com líderes capazes, comprometidos, perseverantes e efetivos;
- apresentar formas inovadoras, consistentes e pouco usuais para resolver problemas;
- estar em sintonia com as prioridades da instituição doadora.

Quais são algumas das razões pelas quais uma proposta pode ser rejeitada?

- não estar em sintonia com os objetivos e prioridades da entidade doadora;
- ser genérica a ponto de poder ser atribuída a qualquer outra instituição;
- ter um orçamento bastante alto quando comparado com as despesas operacionais gerais da organização ou se há algo espantoso, como 60% de despesas administrativas;
- se não demonstra a capacidade da organização e de seu pessoal de levar adiante o projeto;
- discurso arrogante ou retórico;
- falta de honestidade ou falta de caráter.

Na proposta, qual é a seção mais importante, de maior peso?

Há um consenso generalizado entre os doadores sobre a importância da carta inicial ou do chamado sumário executivo, em geral de uma página ou duas, que apresenta o resumo da proposta. É a primeira coisa que os doadores leem. Há uma avaliação comum: se você não puder dizer quem é, o que pretende, onde, quando e por que em uma página, não poderá fazê-lo em dez. Portanto, espera-se que nesta carta inicial ou sumário estejam contidos os seguintes aspectos:

- logo nos primeiros parágrafos, a organização deve dizer o que quer e como a proposta se encaixa nas prioridades programáticas do doador;
- fazer um resumo sobre o problema (ou necessidades), como o diagnosticaram e como pretendem solucioná-lo.

Em seguida, as partes da proposta (texto mais desenvolvido sobre o projeto) que mais merecem a atenção dos doadores são o orçamento e a caracterização da organização e de seu pessoal, para avaliar a capacidade da organização em implementar o projeto.

O que os doadores procuram no orçamento?

Cada doador tem seus formulários, esquemas ou roteiros próprios para apresentação de orçamentos. No entanto, em uma fase de apresentação de propostas ou debate inicial, você talvez tenha que apresentar seu orçamento a seu modo. De maneira geral, porém, as atenções para os orçamentos estão voltadas para os seguintes aspectos:

- a porção do orçamento solicitada ao doador;
- as fontes de onde virão os outros recursos (governamentais, associados, outras financiadoras etc.);
- como a organização levará o projeto adiante se não obtiver tudo que pretende;
- a parcela representada pelo orçamento do projeto no contexto do orçamento global da organização;
- comparações, não detalhadas, de três anos quando se trata de projetos em andamento (ano passado, este ano, próximo ano);
- os salários dos funcionários principais e o tempo que eles dedicarão ao projeto;
- os valores de contrapartida da organização ou comunidade e como evoluirão no tempo. Todavia, existem reservas quanto a contrapartidas orçadas em espécie, como trabalho voluntário, tempo de reunião etc., que elevam de maneira irreal o custo total do projeto;
- orçamentos bem estruturados, que indicam a natureza das despesas e sua evolução no período. Orçamentos muito detalhados são considerados inadequados, e são usados apenas para gerenciamento interno da organização. Detalhes e explicações devem ser fornecidos em notas de rodapé.

Qual é considerado o tamanho ideal de uma proposta?

Embora cada doador tenha seus formulários e roteiros próprios, há grande tendência de valorizar propostas iniciais que tenham, no máximo, entre três e oito páginas, com no máximo um ou dois anexos que sirvam para aumentar a compreensão de algum aspecto da proposta ou da organização. Informações detalhadas demais, que não foram solicitadas, ou pré-propostas de 30 páginas, tendem a ser avaliadas por último. Os doadores alegam que, neste estágio inicial, uma organização deve colocar a essência do que está propondo. As informações adicionais são geralmente requeridas por meio de formulários ou de acordo com o desenvolvimento do interesse pelo projeto.

A melhor forma de sua proposta chamar a atenção está no fato de ela ser capaz de, assim como a carta inicial ou sumário executivo, apresentar claramente o problema e o modo como serão construídas as soluções, de modo direto, breve e sem jargões.

Qual a importância do *layout* na apresentação da proposta?

Os critérios fundamentais que elegem uma proposta com uma boa apresentação não estão ligados à capacidade de chamar a atenção por sua forma, ao contrário do que muitas vezes se supõe. Pense nos profissionais que lerão sua proposta como pessoas que têm muitas outras para analisar e que estão essencialmente interessadas apenas no conteúdo. O fundamental é que a proposta seja apresentada de modo que facilite e agilize o manuseio, a leitura e a compreensão do projeto. Para tanto, uma proposta deve:

- apresentar a ideia por escrito, de maneira lógica, e que leve o leitor, passo a passo, a compreender a natureza e as características da execução do projeto;

- ter tipos e tamanhos de letra que tornem a leitura fácil;
- ser grampeada, pois torna-se mais fácil desmontá-la e arquivá-la. Capas duras, espiral e pastas de plásticos com folhas soltas não são indicadas;
- conter poucos materiais anexos, apenas os que realmente acrescentarem informações relevantes para a compreensão de seu projeto e que não exijam tempo ou esforço demasiado para serem vistos. Recortes de jornal, brochuras ou cartilhas, vídeos, gráficos e dados estatísticos têm valor limitado e muito provavelmente não são objeto de atenção, a não ser que sejam claramente bastante importantes.

16.2 USO DO MARCO LÓGICO NA GESTÃO E AVALIAÇÃO DE PROJETOS

A avaliação de projetos ou programas sociais, segundo a Rits (2001), é um dos campos mais polêmicos na gestão social. A importância da avaliação tem crescido nos últimos anos, em especial com a exigência feita por agências financiadoras para que organizações avaliem de forma mais sistemática a eficácia, a eficiência e a efetividade de seus projetos e programas. Essa crescente demanda por avaliações resulta ao menos de três movimentos:

- redução no volume dos recursos destinados à área social, agravada por um crescente ceticismo dos financiadores em relação ao valor da ajuda destinada às organizações que atuam nos países em desenvolvimento;
- crescente concorrência entre as organizações do Terceiro Setor, que dificulta a captação de recursos e cria pressões para maior profissionalização;
- processo de democratização e o consequente aumento da participação social, que, aliado à transparência, possibilita melhores condições de controle social dos gastos públicos.

Ainda que haja esta pressão crescente por parte dos financiadores para as organizações adotarem mecanismos e processos de avaliação, a maior parte das entidades ainda não utiliza os processos de avaliação como um meio estratégico para aperfeiçoar sua atuação social. O grande poder da avaliação de projetos reside em seu uso como um instrumento de gestão (Reis, 2000), o que pode contribuir para diferentes atividades da organização, entre as quais se pode destacar:

- compreender, verificar ou aumentar o impacto dos serviços e ações desenvolvidas pela organização;
- aperfeiçoar os métodos empregados para aumentar a eficiência das ações e diminuir seus custos;
- facilitar a gestão do projeto ou programa;
- produzir informações que possam ser utilizadas junto à comunidade, financiadores e organismos públicos.

Qualquer que seja o tipo da avaliação que se pretenda adotar em um projeto (eficácia, eficiência, efetividade ou impacto), é indispensável que ele seja objeto de um processo de planejamento adequado, que explicite os recursos, metas e objetivos do projeto. Sem essas informações sistematizadas, dificilmente os esforços para a avaliação serão bem-sucedidos.

Marco lógico

Um recurso útil para planejamento e gestão de projetos que facilita o processo de avaliação é compreendê-los com base no chamado "marco lógico", que é utilizado por grande parte das organizações financiadoras. O marco lógico é uma ferramenta para facilitar o processo de concepção, desenho, execução e avaliação de projetos e programas. O principal objetivo é oferecer uma estrutura lógica comum e possibilitar uma síntese das informações sobre os projetos. O método do marco lógico foi desenvolvido na década de 1970 pela Usaid para responder a três problemas comuns em projetos sociais:

- os planos dos projetos careciam de precisão e continham múltiplos objetivos que não estavam relacionados com as atividades do projeto;
- dificuldade de determinar o alcance da responsabilidade dos gestores no caso de insucesso de projetos;
- pouca clareza quanto aos resultados esperados do projeto, dificultando a possibilidade de comparação e avaliação.

A estrutura do marco lógico é uma matriz formada por quatro linhas e quatro colunas, que devem ser preenchidas levando-se em consideração a relação existente entre as diferentes dimensões do projeto, a saber:

- atividades desenvolvidas;
- componentes/resultados das atividades, como serviços e produtos produzidos;
- objetivos esperados do projeto;
- impactos/finalidade a médio e longo prazos.

Para cada uma dessas dimensões do projeto, é necessário definir quatro elementos:

- uma descrição sucinta dos objetivos, ações ou resultados;
- metas e indicadores de acompanhamento e avaliação;
- meios de verificação dos indicadores/fontes de informação;
- hipóteses/pressupostos sobre aspectos externos (fora do controle dos gestores) que devem ocorrer para que o projeto seja bem-sucedido.

A matriz deve ser preenchida "de baixo para cima" e da "esquerda para a direita", conforme ilustrado no Quadro 16.1 (matriz do marco lógico).

O preenchimento da matriz deve ser iniciado pela descrição das "atividades" até que se chegue à coluna "hipóteses", que deve ser preenchida considerando-se as condições necessárias ao sucesso das atividades. Considerando que essas hipóteses possibilitem a realização das atividades, passa-se para a segunda linha, que trata dos componentes do projeto. A mesma lógica deve ser aplicada até que se chegue ao último nível, que trata do impacto que se espera alcançar com o projeto.

O Quadro 16.1 a seguir, adaptado de um manual do Banco Interamericano de Desenvolvimento (BID), oferece indicações para o preenchimento da matriz de marco lógico para um projeto ou programa.

Quadro 16.1 Matriz do marco lógico.

Matriz do marco lógico			
Descrição	**Indicadores**	**Meios de verificação**	**Pressupostos**
Impactos Os impactos/finalidade do projeto mostram como o projeto contribuirá para a solução de um problema social.	Medem o impacto final do projeto. Devem especificar quantidade, qualidade e prazos.	São as fontes de informação que podem ser utilizadas para verificar se os objetivos foram alcançados. Podem incluir publicações, pesquisas, levantamentos etc.	Indicam acontecimentos, condições e decisões importantes necessárias para a sustentabilidade dos benefícios gerados pelo projeto.
Resultados Resultados diretos a serem alcançados com a aplicação dos componentes produzidos no projeto. São hipóteses sobre os benefícios que se espera obter com base nos componentes.	Descrevem os resultados alcançados ao final do projeto. Devem incluir metas que reflitam a situação ao final do projeto.	São as fontes de informação que podem ser utilizadas para verificar se os objetivos estão sendo alcançados. Podem indicar a existência de problemas e/ou a necessidade de ajustes ou mudanças nos componentes do projeto.	Indicam acontecimentos, condições ou decisões que devem ocorrer para que o projeto contribua significativamente para os impactos desejados.
Componentes São os serviços e/ou produtos desenvolvidos no âmbito do projeto. Ex.: curso de capacitação, produção de apostila, campanha de vacinação.	São descrições breves e claras sobre quantidade, qualidade dos componentes do projeto e seus prazos de execução.	Onde encontrar informações sobre os componentes produzidos.	Suposições, acontecimentos ou condições que devem ocorrer para que os componentes do projeto levem aos resultados desejados.
Atividades São as tarefas que devem ser executadas para completar cada um dos componentes do projeto. Elas implicam em custos e devem ser organizadas cronologicamente para cada componente.	O orçamento de cada componente do projeto e de suas atividades.	Indicam as fontes de informação para acompanhar a execução das atividades (cronograma) e orçamento do projeto.	São acontecimentos, condições ou decisões fora do controle do gerente do projeto que precisam ocorrer para que os componentes sejam completados adequadamente.

Fonte: Adaptado por Reis (2000) de BID/EVO (1997).

O marco lógico facilita a sumarização dos elementos centrais do projeto, explicita a lógica existente por trás dele e mostra algumas relações de causa e efeito entre atividades e resultados. O processo subjacente ao emprego do marco lógico em projetos sociais tende a levar os gestores a definir com maior clareza os objetivos e parâmetros necessários para monitorar e avaliar seus projetos.

Em sua origem, o modelo do marco lógico não previa a participação da população ou comunidade, mas desde a década de 1980 diferentes organizações têm utilizado os princípios do marco lógico em conjunto com metodologias participativas.

16.3 CONTROLE DO MOVIMENTO FINANCEIRO DE UMA ONG

Para melhorar o gerenciamento na zona de atividade das ONGs e atenuar a falta de capital de giro que, normalmente, surge como a principal dificuldade na condução de suas atividades, sugere-se utilizar o *fluxo de caixa* (com suporte de planilha do tipo Excel), como instrumento de planejamento e controle. É uma forma eficaz de análise do movimento financeiro da organização que evidencia a eventual diferença entre superávit e situação do caixa. Ou seja, uma ONG pode estar obtendo resultado positivo ao mesmo tempo em que pode estar sem recursos financeiros em seu caixa (e vice-versa).

O fluxo de caixa, como sugerido, pode ser elaborado com a utilização dos recursos da planilha eletrônica (Excel, por exemplo), ou mesmo manualmente como livro-caixa.

Na forma de um livro-caixa, constitui-se em um meio de registrar de forma ordenada, cronológica e contínua todas as operações financeiras da ONG. Os fechamentos mensais do movimento financeiro são parciais, uma vez que os lançamentos referentes ao mês subsequente continuam no mesmo livro-caixa.

Quando do registro ou lançamento de operação no final do livro-caixa em sua última página, deve ser criada linha de transporte para o remanejamento de saldo parcial para o início do outro livro-caixa, inicializando com a linha *A TRANSPORTAR*... Analogamente, deve ser criada, na primeira e última linha de cada página do livro-caixa, a linha de total proveniente *DE TRANSPORTE* e *A TRANSPORTAR*, respectivamente.

No fechamento mensal do movimento financeiro, a ser feito após lançamento da última operação referente ao último dia útil do mês, devem ser apurados os dados de fechamento para efeito de análise, observando os critérios descritos a seguir.

- totais parciais: totalizar, verticalmente, os totais das colunas relativas a *RECEBIMENTOS* e *PAGAMENTOS*, exceto a coluna de SALDOS;
- participação relativa em %: calcular o grau de participação relativa correspondente a cada categoria de *RECEBIMENTOS* ou *PAGAMENTOS*, dividindo, em cada coluna, o valor apurado no *TOTAIS PARCIAIS* pelo valor total dos recebimentos ou pagamentos, conforme o caso. O somatório, em percentagem, da linha de *PARTICIPAÇÃO RELATIVA %*, deve fechar em 100%. Idêntico critério é aplicado nas colunas relativas a *PAGAMENTOS*;

- acumulado até a data: os totais parciais apurados na linha de *TOTAIS PARCIAIS* devem ser somados ao *ACUMULADO ATÉ A DATA*, referente ao Movimento Financeiro do mês anterior, dando origem aos novos valores acumulados a serem lançados sob este título. Os dados devem ser cumulativos a partir do primeiro mês do exercício comercial correspondente. No primeiro mês, a linha de *TOTAIS PARCIAIS* deve ser igual à linha de *ACUMULADO ATÉ A DATA*;
- participação relativa acumulada em %: deve ser calculado o grau de participação relativa correspondente a cada categoria de *RECEBIMENTOS* ou *PAGAMENTOS*.

ESTUDO DE CASO

Fundo de Universalização dos Serviços de Telecomunicações (Fust)

Extraído e adaptado do *site* da Rits (2002).

Está chegando a hora de as ONGs se beneficiarem dos recursos do Fundo de Universalização dos Serviços de Telecomunicações (Fust). O Fust é composto por 1% do faturamento das empresas de telefonia e a ideia é que estes recursos sejam utilizados na promoção da universalização dos serviços de telecomunicações e no combate à exclusão digital.

Este ano, a expectativa é que seja arrecadado pelo Fust cerca de um bilhão de reais – deste total, algo em torno de 240 milhões de reais serão direcionados para as bibliotecas públicas, centros de divulgação cultural e científica e para as organizações da sociedade civil que abriguem bibliotecas (com um acervo de pelo menos 500 volumes), pelo projeto Telecomunidades/Bibliotecas. Este projeto é desenvolvido pelo Grupo de Trabalho de Universalização de Acesso, no âmbito do Programa Sociedade da Informação – Socinfo.

O Programa Socinfo promoveu, ao longo de três meses, reuniões com representantes de algumas instituições que deverão implementar o projeto Telecomunidades/Bibliotecas. Nessas reuniões, foram discutidos vários procedimentos relativos às aplicações dos recursos do Fust, bem como questões relativas a seus desdobramentos, tendo em vista uma eficiente, adequada e transparente implementação de centros de informação compostos por bibliotecas e computadores ligados à Internet de uso público. Vale lembrar que os recursos do Fust serão utilizados na implantação de conectividade e na cessão de equipamentos terminais – computadores, impressoras, *scanners* – na forma de comodato.

Espera-se, dessa forma, montar telecentros em cerca de 4 mil bibliotecas públicas, 5 mil organizações da sociedade civil e 500 centros de referência cultural e científica – uma ação de proporções nunca vistas antes, na história do Brasil, no que diz respeito à universalização e democratização da informação. É um projeto ambicioso e de importância inquestionável, num país onde apenas cerca de 3% dos municípios têm acesso à Internet.

Para facilitar a implementação deste projeto – e seu posterior acompanhamento – em um universo extenso e capilarizado como é o das ONGs, por exemplo, foi definida a estruturação de uma árvore hierárquica em três níveis. O primeiro andar seria constituído pelos postos ou bibliotecas de serviço, as instituições e organizações na ponta, ou seja, em contato direto com a comunidade. São mais de 9 mil entidades – entre bibliotecas públicas, centros culturais e organizações da sociedade civil – ainda não totalmente definidas e localizadas. Uma vez que elas não compõem um todo único, é evidente que o projeto não pode ambicionar ter contato direto com cada uma delas, acompanhá-las e fiscalizá-las individualmente.

Diante deste cenário, a ideia é aproveitar uma característica básica comum aos três tipos de instituição: a articulação entre si. As bibliotecas públicas compõem o Sistema Nacional de Bibliotecas Públicas, coordenado pela Biblioteca Nacional; os centros de referência cultural, embora não dispondo mais de um sistema semelhante (extinto no governo Collor), desempenham práticas diversas em que é realizado um trabalho colaborativo interinstitucional; as organizações sem fins lucrativos atuam tradicionalmente por diversas redes, formais e informais.

Propõe-se, assim, a definição de um segundo nível, composto de organizações bem estruturadas, capazes de articular as organizações de primeiro nível e coordenar suas atividades. Essas organizações de segundo nível, em número bem menor (não passando de algumas dezenas), teriam a responsabilidade do contato com as organizações de ponta e desempenhariam algumas funções essenciais para o bom funcionamento do projeto: capacitação, avaliação, apoio. Os contratos de cessão de equipamentos e de estabelecimento de conectividade seriam feitos com elas; no caso das organizações da sociedade civil apenas elas deveriam ser, necessariamente, Oscips, o que, por sua vez, resolveria uma importante questão formal: as Oscips, atualmente, são em número muito pequeno, e sua criação em breve espaço de tempo só será possível se se estiver tratando de números menores do que os que compõem todo o universo de bibliotecas que se pretende implantar.

Num terceiro nível, estaria um número ainda menor de organizações, tanto privadas quanto públicas, que se relacionariam verticalmente tanto com as vencedoras das licitações e órgãos governamentais, como com as organizações de segundo nível, devendo implementar ou apoiar a implementação de algumas funções estratégicas relativas à capacitação do pessoal encarregado da manutenção das bibliotecas, de captação de recursos, de divulgação e animação. Entre as organizações de terceiro nível poderiam estar instituições como a Biblioteca Nacional, o próprio Programa Sociedade de Informação, organizações da sociedade civil de grande porte etc.

Na escolha das organizações e instituições a serem beneficiadas, os grupos de trabalho chegaram à conclusão que, para garantir a transparência de todo o procedimento, seria necessário realizar ampla chamada pública precedida de divulgação, com critérios de seleção e exigências de pré-requisitos definidos, esclarecendo as condições do projeto e convidando as organizações interessadas a se candidatarem aos benefícios do Fust. Esta seleção das organizações não necessita ser feita de uma só vez: na verdade, a boa escolha exige algum tempo para ser realizada. Assim, uma vez que não é indispensável que sejam definidas previamente todas as organizações a serem beneficiadas, a proposta é que sejam feitas diversas seleções (chamadas públicas) ao longo do tempo, levando em conta tanto questões técnicas como questões prático-institucionais.

Assim, o Grupo de Trabalho de Universalização do Acesso decidiu divulgar antecipadamente os formulários e documentos que deverão ser enviados às organizações da sociedade civil que desejarem ou tiverem interesse em participar do projeto Telecentros/Bibliotecas, candidatando-se a receber computadores e conectividade. A Rits publica, em primeira mão, os documentos elaborados pelo Socinfo para essa chamada, ainda não oficial, mas um importante teste para avaliar a quantidade e a qualidade da resposta das ONGs a essa proposta de universalização do acesso à informação. De acordo com essas respostas, o grupo responsável pelo Projeto Telecomunidades/Bibliotecas terá os insumos para conformar os critérios e propostas para a formação dos 5 mil telecentros que serão montados nas ONGs de todo o país.

CAPÍTULO 17 Tecnologias da Informação e Estrutura Organizacional nas ONGs

17.1 CONFIGURAÇÃO ORGANIZACIONAL DE UMA ONG

A estrutura organizacional possível de ser adotada em uma ONG pode variar dos tipos clássicos (funcional, por localização geográfica, por clientes, e afins) para os modelos inovadores, entre eles a estrutura:

- *por projetos*: cada projeto configura uma unidade de funcionamento e as atividades caracterizam-se por terem objetivo determinado, prazo de duração, orçamento e recursos próprios; que facilita o acompanhamento, as adaptações à realidade do projeto, a coordenação de atividades e a análise de resultados;
- *matricial*: conjuga a estrutura por projetos com a funcional. As unidades funcionais fornecem o suporte aos projetos (recursos humanos, financeiros, tecnológicos etc.); que permite a alocação de recursos de forma eficiente, pois permite utilizar as áreas de especialização das pessoas e maior agilidade operacional. Garante maior flexibilidade a novos objetivos e ao atendimento específico de segmentos sociais;
- *redes*.

REDES

As redes têm sido saudadas, nas duas últimas décadas, como a mais significativa inovação humana no campo da organização da sociedade. As organizações do terceiro setor têm sido pioneiras na criação e manutenção de redes, que operam nos níveis local, regional, nacional e internacional, seja para a troca de informações, para a articulação política, seja para a implementação de ações conjuntas.

Sem chefe, mas com liderança; sem "cabeça", mas toda pensante, a rede funciona. Fluida, plástica, dinâmica, a rede sustenta-se tão somente pela vontade de seus integrantes. Essa aparente fragilidade é sua grande força.

Uma rede é um sistema de nós e elos capaz de organizar pessoas e instituições, de forma igualitária e democrática, em torno de um objetivo comum, cujos principais fundamentos são:

- **autonomia**: cada integrante mantém sua independência em relação à rede e aos demais integrantes. Numa rede não há subordinação;

- **valores e objetivos compartilhados**: o que une os diferentes membros de uma rede é o conjunto de valores e objetivos que eles estabelecem como comuns;
- **vontade**: ninguém é obrigado a entrar ou permanecer numa rede. O alicerce da rede é a vontade;
- **conectividade**: uma rede é uma costura dinâmica de muitos pontos. Só quando estão ligados uns aos outros é que indivíduos e organizações mantêm uma rede;
- **participação**: a cooperação entre os integrantes de uma rede é o que a faz funcionar. Uma rede só existe quando em movimento. Sem participação, deixa de existir;
- **multiliderança**: uma rede não possui hierarquia nem chefe. A liderança provém de muitas fontes. As decisões também são compartilhadas;
- **informação**: numa rede, a informação circula livremente, emitida de pontos diversos e encaminhada de modo não linear a uma infinidade de outros pontos, que também são emissores de informação;
- **descentralização**: uma rede não tem centro. Ou melhor, cada ponto da rede é um centro em potencial;
- **múltiplos níveis**: uma rede pode desdobrar-se em múltiplos níveis ou segmentos autônomos, capazes de operar independentemente do restante da rede, de forma temporária ou permanente, conforme a demanda ou a circunstância. Sub-redes têm o mesmo "valor de rede" que a estrutura maior à qual se vinculam;
- **dinamismo**: uma rede é uma estrutura plástica, dinâmica e em movimento, que ultrapassa fronteiras físicas ou geográficas. Uma rede é multifacetada. Cada retrato da rede, tirado em momentos diferentes, revelará uma face nova.

A Internet é o meio por excelência no qual as redes podem florescer, adquirir força e expandir-se. O propósito da Rits é justamente fomentar a criação e consolidação das redes do Terceiro Setor na Internet e ser um espaço de conexão entre elas.

A ideia é fazer que as redes já existentes – e que organizam o Terceiro Setor nos planos político e institucional – passem a operar também no plano da Internet, isto é, lançando mão dos recursos e das facilidades que as tecnologias de comunicação e informação proporcionam: *websites, e-mails, chats*, listas de discussão, teletrabalho, educação a distância, acesso a bancos de dados, comércio eletrônico etc.

A Rits vem articulando a criação das redes por intermédio de palestras, reuniões de apresentação do projeto e visitas a entidades em todo o país. Em paralelo, o debate acontece num ciberfórum especialmente criado para esse fim, do qual participam os representantes das entidades animadoras das redes em desenvolvimento.

Mais do que fomentar e dar apoio à organização e à articulação das redes, a Rits oferece uma série de ferramentas e recursos avançados para o trabalho colaborativo, a disseminação de informações e a gerência do conhecimento: Intranet, acesso à base de dados, apoio para a construção do *site* da rede, capacitação técnica, assessoria jurídica e, eventualmente, computadores.

É importante ressaltar que o papel institucional da Rits é o de oferecer condições técnicas e suporte para o funcionamento das redes. Cabe às organizações a animação dos debates, a manutenção e atualização das informações e a produção de conteúdo.

Para a Rits, em função da diversidade e da dinâmica do Terceiro Setor, não há um formato predeterminado de rede. A ideia é apoiar cada uma delas, conforme suas demandas e características específicas.

As Redes do Terceiro Setor podem ostentar uma multiplicidade de formas híbridas conforme determinados tipos e desdobrar-se em graus diferenciados de profundidade e/ou especialização. Inicialmente, a Rits identifica três categorias de redes do Terceiro Setor na Internet, conforme descritas a seguir.

Redes temáticas

São as que se organizam em torno de um tema, segmento ou área de atuação das entidades (ou indivíduos) participantes. A temática abordada é o fundamento desse tipo de rede, seja ela genérica (ex.: meio ambiente, infância), seja específica (ex.: reciclagem, desnutrição infantil).

Redes regionais

As redes regionais têm em determinada região ou sub-região o ponto comum de aglutinação dos parceiros: um Estado, um conjunto de municípios, um bioma, uma cidade, um conjunto de bairros etc.

Redes organizacionais

São, em geral, aquelas vinculadas a uma entidade supra-institucional – isto é, que congrega instituições autônomas filiadas (federações, confederações, associações de entidades, fóruns etc.) –, ou a organizações muito complexas, compostas, por exemplo, de várias unidades autônomas e/ou dispersas pelo território nacional.

O papel do Conselho nas organizações do Terceiro Setor

Conforme Reis (2002), a maior parte das organizações do Terceiro Setor possui estatutariamente um Conselho ou Diretoria, em geral responsável por acompanhar a execução das determinações da Assembleia na instância executiva da organização.

No Brasil, não é raro que este Conselho desempenhe um papel menor na vida da organização, cumprindo somente as formalidades legais. Também não é raro que os membros do Conselho não saibam exatamente como podem contribuir para o desenvolvimento da organização e que se limitem a participar de uma ou duas reuniões anuais. Isso gera frustração e apatia, uma vez que muito pouco é aproveitado do potencial dos membros do Conselho para, por exemplo, gerar novas receitas, ganhar visibilidade pública ou estabelecer novos contatos com outras instituições.

No entanto, há várias formas de tornar o Conselho mais presente e atuante na vida da organização, revitalizando este papel e contribuindo para uma nova dinâmica de relações.

Confira, a seguir, algumas recomendações a respeito do relacionamento com o Conselho.

1 Aproveitamento dos membros do Conselho

Distribua os membros do Conselho em comissões de trabalho. Essa divisão pode ser feita de acordo com as áreas de trabalho da organização (por exemplo: Administração e Finanças; Programas e Projetos; Relações Institucionais etc.).

A melhor forma de realizar essa distribuição é solicitar aos membros do Conselho que escolham em que área desejam atuar, de acordo com suas competências profissionais e pessoais. A pergunta é: onde posso dar minha melhor contribuição à organização?

De acordo com a atuação da organização, selecione as atribuições e competências das comissões de trabalho, para que todos saibam o que deve ser esperado como resultado dessa participação.

Cada comissão pode estabelecer sua própria agenda de trabalho, frequência de reuniões e modos de trocar informações.

Nas datas de reunião do Conselho, um tempo pode ser separado para reunião das comissões de trabalho. Cada comissão pode dar um informe de suas atividades na reunião do Conselho.

2 Informação

Estabeleça uma frequência (quinzenal, mensal) para envio de informações relevantes aos membros do Conselho.

Crie um formato simples para o envio das informações.

Preencha-o à medida que as coisas acontecem, evitando ter que fazer um longo exercício de memória ao final de determinado período.

Estimule os membros do Conselho a lhe enviarem informações relevantes no período entre reuniões. Selecione-as para repassar aos demais membros do Conselho.

3 Reuniões

Estabeleça uma frequência de reuniões (bimestral, trimestral) com o Conselho.

Envie a pauta da reunião com antecedência, apontando os assuntos que dependem de decisão e os que são para simples informação dos membros do Conselho.

Ao final da reunião, envie aos membros do Conselho um resumo do que foi decidido, lembrando datas importantes e tarefas que ficaram a cargo dos membros do Conselho.

17.2 USO ESTRATÉGICO DAS TECNOLOGIAS DA INFORMAÇÃO NAS ONGS

O simples uso dos recursos do correio eletrônico (pioneiramente, um simples memorando entre pessoas, tornado digital) em uma organização já é um grande avanço tecnológico, e que contribui, de forma significativa, na redução do volume de papéis, disquetes, dispositivos de armazenamento de informações e outras mídias magnéticas e digitais. As redes de computação (com evolução e barateamento do *hardware* e *software*) possibilitaram a tecnologia do correio eletrônico acessível até mesmo para as micro e pequenas empresas. De fato, basta ter um *software* do tipo *Outlook Express* (*Microsoft*) ou do tipo *Netscape* para a organização minimizar os impactos ecológicos (redução de documentos convencionais) e agilizar seus projetos sociais, como:

- fazer que a comunicação flua pela empresa por *e-mail*, de forma que decisões ocorram com a agilidade requerida pelos novos tempos;
- usar ferramentas digitais para criar equipes virtuais que possam compartilhar tarefas, e aproveitar conhecimentos e ideias, em tempo real, em nível mundial. Usar sistemas informatizados para criação de acervo histórico da empresa para uso compartilhado de todos;
- converter os tradicionais processos convencionais em papel para processos digitais, eliminando entraves administrativos e liberando as pessoas para tarefas mais importantes;
- entender de tecnologias da informação tanto quanto entende de outras funções da empresa e, para tanto, considerá-la como um recurso estratégico para alavancar melhores resultados econômico-financeiros;
- utilizar ferramentas digitais para eliminar funções isoladas, ou transformá-las em atividades de valor agregado;
- estabelecer circuitos ágeis de controle digital para melhorar a eficácia dos processos físicos bem como da qualidade dos produtos e serviços em que cada pessoa torna-se capaz de monitorar facilmente todos os principais parâmetros da empresa;
- interagir com sistemas de informação para encaminhar reclamações dos clientes, bem como de dados estratégicos do mercado, às pessoas responsáveis pelo aprimoramento dos produtos e serviços;
- criar comunicações digitais para redefinir a natureza e as fronteiras de seu negócio, interna e externamente à empresa, avaliando se seus clientes querem uma organização maior, ou uma organização menor e mais personalizada;
- trocar informações por tempo, diminuindo os ciclos operacionais, mediante utilização de transações digitais com todos os fornecedores e parceiros comerciais e transformando cada processo de negócio numa interação *just in time*;
- usar a transação digital de produtos e serviços para eliminar intermediários nas interações com clientes e, se a organização for um intermediário, utilizar ferramentas digitais para agregar valor a suas transações comerciais;

- usar ferramentas digitais para auxiliar os próprios beneficiários das ONGs a resolver problemas, reservando o contato pessoal para responder às necessidades complexas e de alto valor desses clientes.

O correio eletrônico (*e-mail*) permite que os colaboradores da ONG enviem mensagens eletronicamente de um computador para outro, e que as mensagens sejam enviadas para pessoas específicas, ou então para grupos de pessoas predeterminados. Documentos e arquivos eletrônicos podem ser anexados à mensagem enviada, reduzindo significativamente o fluxo físico de papéis e deslocamento de pessoas. Desse modo, fornecedores e clientes, ambos os extremos da cadeia produtiva da organização, passam a interagir a distância, sem necessidade de deslocamento físico até as dependências e escritórios das empresas. A distância e o tempo ficam menores e, virtualmente, as fronteiras da ONG ficam ampliadas, ou seja, suas atividades internas "penetram" até o recinto de outras organizações.

Recente inovação – criada por provedoras de soluções em *software* – implementa serviço de transmissão de mensagens certificadas, que permite às ONGs promoverem suas comunicações corporativas de modo mais seguro, e tende a incrementar o uso de *e-mail* no âmbito organizacional. O serviço transforma os *e-mails* em documentos certificados e pode ser acionado de qualquer ponto conectado à Internet. Funciona como a assinatura de uma linha telefônica, e, para garantir o acesso, a organização utiliza a estrutura normal de seus recursos tecnológicos de *hardware* e *software*.

É uma solução de tecnologia da informação operacionalizada na modalidade Application Service Provider (ASP) (aplicação desenvolvida e residente em provedor de Internet e que dispensa o ônus de ter uma aplicação exclusiva da empresa usuária utilizando, portanto, a infraestrutura tecnológica daquele provedor), que possibilita à organização acessar sua caixa postal de qualquer ponto, desde o tradicional micro de mesa até os equipamentos móveis como *notebook*, *handheld* e equipamentos equivalentes.

Programas de colaboração como o *Lótus Notes*, *Exchange* da *Microsoft* e o *Groupwise* da *Novell*, que permitem ao usuário o acesso rápido a vários tipos de informação, são cada vez mais comuns nos postos de trabalho das organizações. Inicialmente usadas como correio eletrônico, agendas de reuniões, atualmente essas ferramentas de trabalho em grupo, ou *software* de *groupware*, interligam-se ao *call center* e ao *help desk* da organização, além de integrar ações de *business intelligence* (acesso a banco de dados corporativos).

Esses programas possibilitam buscar qualquer tipo de informação dentro ou fora da organização, via *Web*, e mandar mensagens para colaboradores ou beneficiários das ONGs, qualquer que seja a base eletrônica, telefones celulares, *pagers* ou *notebook*. Reduz o tempo de busca e envio de informações, liberando o colaborador para atividades mais específicas, possibilitando ao usuário gerenciar o acesso a dados pessoais, empresariais ou servidor *site* da Internet.

O correio eletrônico nas organizações pode ser aplicado, ainda, como apoio ao teletrabalho, que é uma alternativa de trabalho flexível para torná-las mais competitivas e dinâmicas, diferentes das que ainda estão acomodadas na rotina do trabalho tradicional. O teletrabalho é o processo de levar as atividades – normalmente executadas no espaço físico das instalações nas organizações – até o colaborador que as executa em casa ou em qualquer outro local. É a substituição parcial ou total dos deslocamentos diários do trabalhador até os escritórios das empresas, pelo trabalho a distância, tornada possível graças às tecnologias da informação e às facilidades de comunicação do correio eletrônico.

É uma tecnologia da informação que melhora a qualidade de vida dos colaboradores da organização, como acumular recados e transmiti-los de uma só vez, via correio eletrônico – *e-mail* –, é também grande ganho do teletrabalho, visto que assim haverá menos interrupções durante o horário de trabalho. Um dos melhores exemplos das possibilidades do teletrabalho apoiado nos recursos do *e-mail* são os vendedores/representantes de vendas que poderiam trabalhar integralmente fora das dependências da empresa e, desse modo, podem transmitir seus pedidos de vendas a distância.

Várias causas podem ser assinaladas para a implementação dos programas de teletrabalho no âmbito das organizações: aumento de produtividade; redução de custos; diminuição do índice de absenteísmo/faltas ao trabalho; e melhoria do clima organizacional no ambiente de trabalho dos colaboradores.

A implementação de um *software* do tipo *WORKFLOW*, como integrador dos sistemas de informação, corporativos e locais (integrando, até, os processos manuais de trabalho estabelecidos), é uma solução altamente recomendada, também para redução do volume de documentos e papéis no campo de ação das ONGs. Com o uso de assinaturas eletrônicas, torna-se um instrumento fundamental para a consolidação dos processos sistêmicos, unindo e fortalecendo a organização orientada a processos e com isso horizontalizando sua estrutura, reduzindo a burocracia e aproximando-se mais dos clientes externos.

Conforme Adulis (2000), os processos de comunicação e troca de informação vêm adquirindo importância crescente na chamada sociedade do conhecimento. Nos últimos anos, a Internet tem-se mostrado uma ferramenta valiosa para organizações do Terceiro Setor, que passaram a dispor de novos recursos para acessar e disseminar informações e de meios eficientes para comunicar-se com pessoas, comunidades e organizações em qualquer parte do mundo.

As organizações do Terceiro Setor podem utilizar a Internet diretamente em cinco tipos de atividades:

Informação

A Internet possibilita o acesso a baixo custo a uma imensa quantidade de informações, como bases de dados, estudos, relatórios e documentos que até então eram indisponíveis para a maior parte das entidades.

Comunicação

A comunicação de baixo custo e alta velocidade, propiciada pela troca de *e-mails*, as listas de discussão e os *chats*, facilita a interação e a colaboração entre pessoas e organizações. Possibilita também a realização de consultas e a participação em processos decisórios.

Visibilidade

A Internet propicia diferentes formas para a organização divulgar informações e aumentar a visibilidade com organizações parceiras, financiadores e população. Para alcançar essa visibilidade, as organizações podem criar um *website*, produzir e distribuir boletins eletrônicos e participar de discussões utilizando a Internet.

Colaboração

As listas de discussão e as comunidades virtuais são recursos que propiciam a colaboração entre organizações e pessoas, e que possibilitam a comunicação entre um grande número de pessoas, com eliminação de barreiras geográficas. Por esses recursos, "comunidades virtuais" e redes de organizações dispõem de meios para compartilhar informação e realizar trabalhos coletivos, como elaboração de propostas e relatórios, organização de eventos e busca de soluções para problemas comuns.

Gestão

O emprego da Internet contribui para a gestão das organizações do Terceiro Setor uma vez que possibilita aperfeiçoar as atividades e programas já desenvolvidos, mediante a incorporação de novas formas de comunicação, interação e disseminação das informações. Com a utilização da Internet, as organizações podem diminuir custos de comunicação, aumentar a agilidade dos processos decisórios e melhorar a gestão dos projetos em curso. Os membros da organização podem compartilhar informações e bancos de dados e trabalhar em equipe na elaboração de propostas e redação de relatórios, sem necessitar de reuniões presenciais. O acesso a bases de dados e estudos possibilita a obtenção de informações que podem contribuir para a elaboração e execução dos projetos da entidade, além de informações específicas sobre organizações que apoiam e financiam programas e projetos sociais, como governos, fundações e agências de desenvolvimento. *E-mails* e *websites* podem ser utilizados para a obtenção de informações sobre a comunidade, para a alimentação de bancos de dados e a realização de pesquisas. A Internet pode contribuir para a gestão dos recursos humanos, propiciando o acesso a programas de treinamento e capacitação a distância, suporte e assessoria técnica e mesmo recrutamento de voluntários.

Mudança organizacional e novas tecnologias

Não há dúvida de que a Internet pode trazer muitos benefícios para as organizações do Terceiro Setor, porém é importante lembrar que, como qualquer outra tecnologia, a Internet não deve ser vista como um fim em si mesmo, mas como um meio para facilitar que a organização alcance sua missão e objetivos. Mesmo assim, as organizações do Terceiro Setor ainda utilizam muito pouco a Internet, sobretudo quando comparadas ao setor privado. Além disso, a maior parte das organizações que dispõem de acesso à rede tende a empregar a Internet quase exclusivamente para comunicação (envio e recebimento de *e-mails*) e busca de informações na WWW, deixando de utilizá-la como um meio para colaboração e produção de conhecimento. O pouco uso dessa tecnologia não está associado apenas às dificuldades de acesso e às carências de recursos financeiros, humanos e equipamentos. Além desses fatores, que deverão ser enfrentados para que as organizações da sociedade civil possam participar da sociedade da informação, há um problema de outra ordem, relacionado à visão que parte dessas organizações tem das tecnologias de informação, pois ela ainda não se deu conta de como a Internet poderia ser útil em suas atividades. Diante da carência de recursos humanos e financeiros, muitas organizações deixam de lado as questões tecnológicas, como a Internet, e correm o risco de desperdiçar uma excelente oportunidade. Já outras adotam uma nova tecnologia por acreditar que ela contribuirá para as atividades da organização, mas sem efetuar uma reflexão quanto aos demais aspectos da organização. Um caso típico que ilustra essa situação é o das organizações que adquirem microcomputadores, mas deixam de pensar nas necessidades de treinamento ou nas resistências da equipe em utilizá-los. A consequência mais provável nesse caso é o abandono dos computadores ou seu uso limitado. A adoção de mudanças, que é algo difícil na maioria das organizações, tende a ser mais difícil ainda em organizações do Terceiro Setor, em função de algumas características específicas, entre as quais Tassie (1996) destaca:

Compromisso com valores organizacionais

O apego dos membros das organizações a valores e causas sociais, que é uma das principais características que distingue as organizações do Terceiro Setor, poderia facilitar as mudanças em vez de inibi-las. Em muitos casos, porém, o compromisso com valores leva a um efeito contrário, uma vez que, além de representar um compromisso com a missão da organização, pode estar profundamente vinculado ao modo como as pessoas sempre trabalharam. Nesse caso, torna-se difícil pensar e discutir sobre novas formas de atuação.

Objetivos múltiplos, vagos e difíceis de mensurar

A maior parte das organizações tem objetivos múltiplos e vagos, o que dificulta a avaliação de resultados e a mensuração do impacto das ações. Diante da imprecisão decorrente da ausência de critérios objetivos para avaliar as ações da organização, cada gestor tende a formular sua própria avaliação subjetiva sobre o que poderia ser feito para melhorar o desempenho da organização. Nessa situação, é difícil para os gestores chegar a um consenso sobre o que precisa ser feito e as mudanças são adiadas.

Escassez de recursos

A crônica escassez de recursos financeiros e humanos, que afeta as organizações da sociedade civil, poderia ser um fator de estímulo para os gestores conduzirem um processo de mudança organizacional, revendo estratégias e formas de atuação. Na realidade, porém, os gestores acabam sobrecarregados no trabalho, vivenciam situações de estresse e concentram a atenção apenas no curto prazo, o que é desfavorável para a condução de processos de mudanças.

CARACTERÍSTICAS DAS ATIVIDADES DESENVOLVIDAS

Como a maior parte dos recursos das organizações da sociedade civil é originária de financiadores, a receita dessas organizações não está diretamente vinculada à qualidade dos serviços prestados a seus usuários. Portanto, geralmente as organizações não dispõem de mecanismos formais para avaliar a satisfação da população beneficiada, que seriam úteis para indicar a necessidade de promover mudanças organizacionais.

Diante das dificuldades em promover mudanças, como introduzir a Internet em uma organização do Terceiro Setor? A introdução de uma nova tecnologia deve ser pensada no âmbito de um processo de mudança organizacional mais amplo, que envolva os demais aspectos da organização.

PLANO DIRETOR DE INFORMÁTICA

Uma forma interessante de abordar o uso estratégico da Internet pela organização é a condução de um processo de planejamento que considere como central a missão e as atividades já desenvolvidas pela organização. O planejamento deve-se constituir em um processo dinâmico que possibilite às organizações definir estratégias para utilizar as novas tecnologias de informação e comunicação, para melhorar o desempenho da organização. No processo de planejamento, devem ser definidos os objetivos e estabelecidas as prioridades de ação. O envolvimento dos membros da organização nesse processo assegura a coerência entre o uso da nova tecnologia e a missão da organização, minimiza os riscos de crises durante a fase de implementação e evita o desperdício de recursos. O processo de planejamento tecnológico estratégico pode envolver oito etapas interligadas.

Etapas do Processo de Planejamento

1. Sensibilização

Para sensibilizar os membros da organização, é importante esclarecer o que é a Internet e explicar como ela seria utilizada nas atividades que já são realizadas na organização. De que modo a Internet se incorporaria a essas atividades e como poderia melhorar os serviços prestados à comunidade? O uso de exemplos práticos em reuniões de sensibilização é bastante útil, em especial quando mostram como organizações similares têm utilizado a Internet. Nessas reuniões, pode ser possível identificar as pessoas mais favoráveis à introdução da Internet, que podem transformar-se em apoiadores, e as que demonstram resistências. É importante tentar compreender por que essas pessoas estão relutantes para lidar adequadamente com a situação. Quais são as barreiras organizacionais à inovação e como foram as experiências passadas de inovação?

2. Análise dos Fluxos de Informação

Tendo em vista a missão e os programas desenvolvidos pela organização, é necessário examinar que tipo de informação a organização presta e seus procedimentos para seu envio e recebimento. As principais questões que devem ser respondidas nessa etapa são: de que modo as informações são utilizadas para alcançar os propósitos da organização? Com quem e de que forma as informações são trocadas? Quais informações são enviadas e recebidas?

3. Avaliação dos Equipamentos

Para conectar-se à Internet, uma organização precisa dispor, no mínimo, de um computador com *modem*, *softwares*, linha telefônica e ser cliente de um provedor de acesso. A organização pode realizar uma avaliação dos computadores e das linhas telefônicas existentes na organização. Os equipamentos são adequados ou precisam de *upgrade*? Quais os custos para a aquisição de novos equipamentos? Para avaliar as opções de provedores de Internet disponíveis, é importante considerar o custo mensal, a velocidade de conexão e a existência de apoio/suporte técnico. Com base nessas informações, a organização pode estimar os custos envolvidos no uso da Internet (computador, telefone, provedor, manutenção) e compará-los com os custos atuais de comunicação (telefone local e interurbano, fax, correios e impressão).

4. Elaboração do Plano

O ponto inicial para a elaboração de um plano de ação é definir quais necessidades de comunicação e informação poderiam ser satisfeitas com o uso da Internet. Apenas então a organização pode vislumbrar como poderia utilizá-la. Muito mais importante do que pensar que uma organização deve ter cinco computadores do tipo X ou Y é afirmar, por exemplo, que todos os técnicos deveriam ter condições de acessar a Internet para poder usar *e-mail* e realizar pesquisas de forma eficiente. A realização de uma reunião de trabalho em que os participantes possam gerar ideias (*brainstorming*) sobre como seria possível utilizar a Internet na organização é importante para delinear as possibilidades de uso da nova tecnologia. Em seguida, é necessário priorizar as propostas considerando as limitações financeiras, de recursos humanos, culturais e técnicas. De acordo com as propostas priorizadas, é possível definir os objetivos a serem alcançados levando-se em conta os benefícios para a organização. Para cada um dos objetivos, pode-se elaborar um plano de ação que detalhe atividades, recursos necessários, responsáveis pela implementação das ações e procedimentos de avaliação. É importante que no processo de planejamento os participantes abordem questões importantes, como as limitações de recursos e as possíveis resistências por parte dos funcionários ou gestores. Ao final do processo, os participantes devem contar com um documento que sintetize as principais reflexões do grupo, apresente os caminhos para a implementação das mudanças e defina os responsáveis pelas diferentes atividades. O grupo deverá acompanhar a execução do plano de ação para realizar atualizações regulares.

5. Estabelecimento de Compromissos e Parcerias

Um dos principais resultados que deve ser obtido durante o processo de elaboração do plano é o comprometimento dos participantes com as mudanças propostas. Sem a adesão dos principais gestores da organização, dificilmente as mudanças serão bem-sucedidas. Os processos de transformação organizacional exigem empenho, ainda mais quando associados a mudanças culturais. A tecnologia deve ser vista como um investimento de médio prazo, principalmente se no início aparecerem alguns problemas. Em geral, a implementação do plano de ação exige o estabelecimento de relações com um conjunto novo de organizações, como fornecedores de equipamento, provedores de Internet, consultores e organizações que oferecem treinamento e capacitação. A organização pode ter o interesse em participar de redes de organizações que já estejam conectadas à Internet para comunicar-se com seus pares e compartilhar informações. Dispor de um plano de ação é um bom começo para as organizações que pretendem captar recursos para a aquisição de equipamentos ou obtenção de acesso à Internet.

6. Capacitação

Propiciar programas de treinamento e capacitação para os membros da organização é indispensável para que a Internet possa ser utilizada de forma adequada na organização. Os gestores podem oferecer um treinamento básico a todos os envolvidos, propiciando que eles se sintam mais à vontade com a nova tecnologia e, em seguida, criar oportunidades para participarem de treinamentos mais avançados. Para obter melhores resultados com os cursos e programas de capacitação, é importante incorporar os conteúdos e recursos da Internet no cotidiano de trabalho das pessoas, o que tende a favorecer mudanças de padrões culturais.

7. Implementação

Durante a fase de implementação do plano, é comum que os participantes fiquem ansiosos esperando alcançar os resultados no curto prazo. É necessário ser paciente e, ao mesmo tempo, persistente, fundamentalmente quando se trata de transformar práticas organizacionais arraigadas. Os participantes dos grupos responsáveis pela implementação dos projetos devem divulgar os resultados positivos para toda a organização e refletir sobre possíveis problemas ou fracassos, que podem ocorrer por razões tecnológicas, resistências ou mesmo inadequação dos objetivos definidos no plano de ação que, nesse caso, deve ser revisado. O sucesso na adoção de novas tecnologias como a Internet só será alcançado quando ocorrerem transformações na forma como cada membro lida com a tecnologia, nos processos de trabalho e na cultura organizacional.

8. Avaliação

Durante todo o processo de implantação do plano, os gestores devem avaliar em que medida as ações têm sido bem-sucedidas na consecução dos objetivos definidos no plano.

As questões-chave que fornecem as informações para a avaliação são: o que foi alcançado em relação ao que foi planejado? O que deu ou não deu certo? Quais as razões de eventuais fracassos? A equipe necessita de mais treinamento? Os equipamentos e *softwares* disponíveis são adequados? A Internet tem sido bem utilizada na organização? Existem formas de utilizar a Internet que contribuiriam para a missão da organização, mas não foram contempladas pelo plano?

Ao responder a essas questões, os gestores terão insumos para redirecionar os esforços da organização para que ela possa empregar a Internet estrategicamente em suas atividades.

CAPÍTULO 18 Indicadores de Gestão Aplicados às ONGs

Sugere-se que sejam definidos *indicadores de gestão* para monitoramento das atividades das ONGs, e que possam ser estruturados como uma relação entre duas variáveis, na forma de numerador e denominador, em que os atributos e valores sejam factíveis de medição.

Conceitualmente, pode-se dizer que um modelo de gestão de ONGs depende de medição, informação e análise de suas atividades organizacionais. As medições precisam ser decorrência das estratégias da organização, com informações necessárias para avaliação e melhoria de seu desempenho, e incluem, entre outras, as relacionadas com o *benchmarking*, ou referenciais de excelência.

O *estado-da-arte* da gestão de ONGs pode ser entendido como um modelo em que um de seus elementos estruturais é a chamada inferência científica. Esse elemento responde pelo modo como as decisões acontecem e impactam o meio ambiente, as quais são baseadas em fatos, dados e informações quantitativas. A premissa adotada é de que o que não pode ser medido não pode ser avaliado e, consequentemente, não há como decidir sobre ações a tomar.

Análise significa extrair das informações conclusões mais relevantes para apoiar a avaliação e a tomada de decisões exigidas para o equacionamento das questões gerenciais das ONGs. Essa análise serve para revelar tendências, projeções e relações de causa e efeito que poderiam não ficar evidentes. Esse conjunto de medições, informações e análise é a base para o planejamento, análise crítica do desempenho, melhoria das operações produtivas e comparações com a concorrência ou com referenciais de excelência.

A análise das informações permite que os próprios indicadores sejam reavaliados e modificados. Por exemplo, para julgar se os indicadores selecionados para monitorar a qualidade dos processos são adequados, pode-se correlacioná-los com os resultados das medições e comparação com os indicadores apurados pelos concorrentes e outras organizações do mesmo segmento econômico.

A seleção de objetivos e métricas relacionadas é o único determinante importante da eficácia de uma organização, uma vez que as decisões são tomadas com base em fatos, dados e informações quantitativas.

É com esse propósito que se sugere a utilização dos *indicadores de gestão* para monitoramento das atividades das ONGs, como uma relação matemática que mensura atributos de um processo ou dos resultados empresariais, com o objetivo de comparar essa métrica advinda de eventos reais, com metas e *padrões* preestabelecidos. Em sua determinação, podem ser visualizadas algumas características descritivas, tais como:

a) é uma relação matemática que resulta em uma medida quantitativa;
b) identifica-se um estado do processo ou resultado deste;
c) associa-se a metas numéricas preestabelecidas.

O conjunto de indicadores a ser utilizado no campo de ação da ONG pode levar em conta dois níveis de abrangência:

a) indicadores de gestão; e
b) indicadores de qualidade e desempenho.

18.1 TIPOS DE INDICADORES

Os *indicadores de gestão* destinam-se a avaliar a organização como entidade fornecedora de produtos e prestadora de serviços a seus clientes atuais e potenciais, conforme mensuração dos parâmetros estratégicos, sobretudo em seu processo de interação com o meio ambiente externo. Esses indicadores, que podem ser denominados também de *indicadores de desempenho global*, visam, portanto, avaliar o desempenho de toda a organização, embora também possam ser utilizados para a avaliação de clientes institucionais. Destinam-se, basicamente, à permanente análise por parte do corpo gerencial da *empresa.*

O segundo conjunto, os *indicadores de qualidade* e de *desempenho* (ou, indicadores setoriais), destina-se a avaliação da qualidade e de desempenho relativa a cada processo da organização e é onde se situam os indicadores de gestão ambiental e de responsabilidade social. Para tanto, recomenda-se que para os processos produtivos que compõem a cadeia de agregação de valores da organização sejam estabelecidos indicadores mediante:

a) identificação das saídas mais significativas do processo ou da tarefa;
b) identificação das dimensões críticas do desempenho para cada uma dessas saídas.

   As dimensões críticas da qualidade abrangem precisão, facilidade de uso, confiabilidade, facilidade de ajuste e aparência. As dimensões críticas da produtividade compreendem quantidade, índice e cumprimento de prazo. As dimensões críticas do custo incluem mão de obra, despesas gerais, capital e demais recursos materiais. As dimensões críticas devem originar-se das necessidades dos clientes internos e externos, que recebem as saídas, e das necessidades financeiras do negócio;

c) desenvolvimento das medidas para cada dimensão crítica;
d) estabelecimento de objetivos ou padrões para cada medida.

Por *indicadores de qualidade* de um processo entendem-se os índices numéricos estabelecidos sobre os efeitos de cada processo para medir sua qualidade total. São indicadores que normalmente medem a qualidade, custos e entrega de serviços, portanto, voltados e relacionados a clientes. A recomendação é não estabelecer indicador de qualidade sobre algo de que não se possa exercer controle, ou seja, atuar na causa do desvio.

Um efeito de um processo (medido pelos indicadores de qualidade) é afetado por várias causas, mas apenas algumas poucas causas afetam a grande parte de um indicador de qualidade (princípio de Pareto: poucas causas são vitais e muitas são triviais). Dessa forma, o gestor de determinado processo pode verificar essas causas como meio de assegurar um adequado nível de seus resultados.

Indicadores de qualidade (*ou de resultados*) são, portanto, indicadores que buscam relacionar a percepção do cliente quanto a um produto ou serviço recebido a seu grau de expectativa em relação a esse produto/serviço. São, em síntese, indicadores que medem o grau de satisfação do cliente com relação a um produto adquirido ou serviço experimentado.

Já por *indicadores de desempenho* de um processo subentendem-se os índices numéricos estabelecidos sobre as principais causas que afetam determinado indicador de qualidade. Portanto, os resultados de um indicador de qualidade são garantidos pelo acompanhamento dos indicadores de desempenho. Os indicadores de desempenho podem ser chamados de itens de controle das causas, bem como são estabelecidos sobre os pontos de verificação do processo.

Um indicador de desempenho de um processo pode ser um indicador de qualidade de um processo anterior. Isso ocorre tanto na linha hierárquica de uma *Organização*, na qual o indicador de desempenho do Gestor é o item de qualidade do subordinado, como no relacionamento entre processos, em que o indicador de desempenho de um processo pode ser item de qualidade de um processo anterior.

Portanto, *indicadores de desempenho* (*ou de produtividade*) são indicadores que refletem a relação de produtos (serviços)/insumos, ou seja, buscam medir a eficiência de determinado processo ou operação em relação à utilização de um recurso ou insumo específico (mão de obra, equipamento, energia, instalações etc.). Esses indicadores deverão existir à medida que forem necessários ao controle da qualidade e do desempenho no âmbito do processo/tarefa. Podem ser ampliados, reduzidos ou ajustados.

Uma regra prática para identificar necessidades de indicadores em determinado processo/tarefa é conduzir uma discussão do assunto em grupo, percorrendo a mesma sequência de análise da cadeia produtiva/cadeia de agregação de valores, ou seja:

a) identificar quais são os produtos gerados para atender às necessidades dos clientes;
b) correlacionar os clientes, identificando os internos e os externos, para cada produto;
c) definir a forma de mensuração dos principais atributos de cada produto: *qualidade* – de cada um dos produtos como atendimento das necessidades dos clientes (grau de satisfação dos clientes, reclamações e afins); *entrega de produto* – procurando identificar o cumprimento de entrega para cada produto (porcentagem de entrega fora do prazo, porcentagem de entrega com dados incorretos e afins);
d) definir, para cada indicador, a fórmula de cálculo, frequência de apuração, origem dos dados e forma de interpretação do indicador.

A adoção de indicadores que mensurem o desempenho em termos de clientes, de processos, e em nível global constitui um fator fundamental para a *organização* viabilizar a adoção da configuração organizacional por processos conjugada à estrutura vertical (estrutura funcional ou tradicional).

Em um ambiente voltado para o processo, cada gerente funcional é responsável por atingir resultados, alocar recursos e executar as políticas e procedimentos estabelecidos. A única diferença para uma organização tradicional é que cada função é medida com relação a objetivos que reflitam sua contribuição para os processos. Os gerentes de linha têm tanta autoridade como em qualquer organização tradicional, não havendo, portanto, atrito entre chefias, como acontece em muitas organizações estruturadas por matriz.

Uma unidade organizacional contribui para o bem geral. Em uma estrutura de gerenciamento por processo institucionalizado, o bem geral são os processos que apóiam a estratégia da *organização*, podendo coexistir com a estrutura tradicional, eis que:

a) o direcionamento estratégico não é mudado;
b) não necessariamente muda a estrutura da organização;
c) assegura que os objetivos funcionais alinhem-se aos objetivos do processo;
d) muda o modo como a instituição é conduzida somente porque assegura a racionalidade dos processos existentes.

A seleção de objetivos e métricas relacionadas é um determinante importante da eficácia de uma instituição, uma vez que as *decisões* são tomadas com base em fatos, dados e informações quantitativas. É com esse propósito que surgem os *indicadores de desempenho.*

Na determinação de métricas consistentes para a *Organização*, deve-se:

a) identificar as saídas mais importantes da *organização* e de cada processo-chave;
b) identificar as dimensões críticas de desempenho para cada uma dessas saídas;
c) determinar as métricas para cada dimensão crítica;
d) desenvolver metas ou padrões para cada métrica.

A definição do que medir na organização deve estar relacionada aos fatores críticos que influenciam o comportamento e sua própria sobrevivência. Esses fatores são função direta do setor ao qual pertence a *organização*, que influem estrategicamente nos resultados, na sobrevivência e, portanto, no posicionamento competitivo da organização no contexto de seu ramo de atividades.

O referencial a ser estabelecido na forma de indicador de desempenho deve ser, em primeira instância, externo à *organização*, quando então é necessário que se considere a compatibilização, equivalência e ajuste para efeito de comparação das métricas apuradas internamente, com os indicadores-padrão divulgados pelas associações, entidades de classe, sindicatos, órgãos governamentais e publicações especializadas do setor econômico ao qual pertença a organização.

Os indicadores de desempenho como instrumento de suporte ao processo decisório devem ser de fácil compreensão, como por exemplo o indicador de produtividade e qualidade que, sem definições detalhadas, pode ter significado diferente para diferentes funções da *organização*.

Produtividade pode significar para a área de produção *produtos/horas*, ao passo que para a área de finanças pode significar *faturamento/horas trabalhadas*. Métricas demasiadamente complexas, apesar de amplas, perdem o vínculo com a realidade, como, por exemplo, o rendimento global, definido pela difícil fórmula que inclui, por exemplo, em uma escola, aulas, porcentagem de reprovações, horas de docência, horas paradas e coeficientes de rendimento, que dificulta e torna inviável a efetiva análise da situação real.

A mensuração do desempenho deve contemplar a *organização* de *fora-para-dentro orientação para o mercado* e de *cima-para-baixo hierarquia organizacional*. Com base no ambiente externo, podem-se definir indicadores voltados a: satisfação do cliente, atividades de fornecedores, desempenho financeiro em instituições financeiras, desempenho da concorrência.

Já associadas à hierarquia, as métricas podem ser determinadas na forma de macroindicadores, que correspondem ao nível estratégico, e que efetivamente mensuram os resultados globais da *organização*. Com a mensuração do desempenho, pode-se obter como resultados: o monitoramento da *organização* em todos os seus níveis; todos os executores ao longo da cadeia visualizam o impacto de seu trabalho sobre as saídas críticas da *empresa*; e fica evidenciada a vinculação entre as saídas da organização e as saídas dos processos e de seus executores.

Ou seja, com as métricas estabelecidas na forma de indicadores de desempenho, pode-se:

a) assegurar que o desempenho na organização esteja sendo gerenciado;
b) identificar adequadamente os problemas e o ordenamento de prioridades;
c) estabelecer uma compreensão clara para os funcionários do que a *organização* espera deles;
d) assegurar uma base objetiva e equitativa para recompensas e programas de incentivos.

Conforme já salientado, os indicadores de desempenho subordinam-se às peculiaridades do ramo de atividades da organização, e são estabelecidos de uma forma macro, na linguagem do mercado, para efeito de comparação com instituições do mercado, como: concorrentes; organizações do exterior; entidades de classe; órgãos governamentais (dados agregados); e entidades afins.

Genericamente, e apenas para efeito de ilustração, uma vez que cada organização deve ter seu próprio conjunto de indicadores, podem ser considerados alguns fatores básicos, ou áreas de abrangência das métricas, tais como: gestão global; satisfação do cliente; qualidade dos produtos, bens ou serviços; e recursos humanos.

Como *gestão global*, podem ser aferidos indicadores voltados à seguinte mensuração: grau de liderança da alta direção; valores da *organização* quanto à qualidade; responsabilidade comunitária; resultados econômicos.

No que tange à *satisfação do cliente*, podem ser mensurados: a determinação dos requisitos e das expectativas do cliente; a gestão do relacionamento com os clientes; os padrões de serviços aos clientes; o compromisso com os clientes; as reclamações e resultados inerentes ao grau de satisfação dos clientes.

Quanto à *qualidade dos produtos*, podem ser considerados: projeto e lançamento de produtos/serviços no mercado; controle da qualidade no processo; qualidade dos fornecedores; qualidade do processo do negócio e dos serviços de apoio; e melhoria contínua.

Já na utilização de *talentos e pessoas*, podem ser mensurados itens como: envolvimento dos colaboradores; educação e treinamento em qualidade; reconhecimento e desempenho dos colaboradores; e bem-estar e motivação do pessoal da *organização*.

Sugere-se que, para cada indicador, preencha-se: uma meta (valor a ser atingido e prazo para sua obtenção); uma visualização gráfica com base em dados em uma série histórica; o valor do *benchmark* (referenciais para efeito de comparação por meio do *benchmarking*), para fins de comparação com o mercado.

É nesse contexto de indicadores de desempenho e de qualidade que se inserem os indicadores de gestão ambiental e de responsabilidade social que podem ser utilizados de forma compatível com outros indicadores apurados com metodologias próprias, como os do *Instituto Ethos*, que concentram as avaliações em três áreas de atuação da organização, conforme explicitado a seguir.

Processos produtivos:

- relações trabalhistas;
- respeito aos direitos humanos;
- contratação de mão de obra, inclusive de fornecedores;
- gestão ambiental;
- natureza do produto ou serviço.

Relações com a comunidade:

- natureza das ações desenvolvidas;
- problemas sociais solucionados;
- beneficiários;
- parceiros;
- foco das ações.

Relações com os empregados:

- benefícios concedidos, inclusive às famílias;
- clima organizacional;

- qualidade de vida no trabalho;
- ações para aumento da empregabilidade.

A partir do início dos anos 1980, a onda da "*Qualidade Total*" começou a penetrar no meio empresarial brasileiro. Com inspiração no sucesso da economia e, em particular, da indústria japonesa, algumas empresas (a maioria delas pertencentes a segmentos dinâmicos da indústria brasileira) passaram a incorporar, ainda que parcialmente, alguns dos princípios do chamado "modelo japonês de gerenciamento". O modelo inclui, entre outros, alguns princípios e técnicas voltados para a racionalização do processo produtivo, tais como o *just in time*, que envolve a estratégia de produção "sem estoques" e, sobretudo, os princípios e técnicas de "*qualidade total*".

Os conceitos referentes à qualidade industrial evoluíram sobremaneira ao longo das últimas décadas, até atingir, mais recentemente, as formas sintetizadas nas Normas para Certificação da Qualidade-série ISO 9000 que, em poucas palavras, procuram sistematizar os requisitos e os pressupostos originais da estratégia de "*qualidade total por toda a empresa*", segundo os princípios de seus próprios idealizadores, destacando-se, principalmente, Deming (1986) e Juran (1988).

Mais recentemente, com a expansão e o peso significativo do *setor de serviços*, os conceitos de "qualidade total", originalmente desenvolvidos e aplicados ao setor industrial, passaram a ser incorporados/adaptados ao setor terciário da economia, e seu maior desenvolvimento deu-se nos países altamente industrializados e, logicamente, com um setor de serviços em rápido crescimento.

No Brasil, esses conceitos começam a ser difundidos de maneira mais intensa a cada dia. A ONG deve buscar a incorporação dessa dimensão da qualidade em seu novo modelo gerencial, assumindo, assim, uma posição muito bem alinhada com as novas demandas ambientais.

18.2 COMPARAÇÃO COM O MERCADO

Conceitualmente, pode-se dividir o *benchmark* (referencial de excelência para fins comparativos), como abrangência, em três tipos: (a) interno: quando se comparam atividades semelhantes dentro de uma mesma organização; (b) quando se compara com atividades semelhantes às dos concorrentes; (c) quando se comparam atividades semelhantes conduzidas dentro de organizações de setores econômicos diferentes.

Neste livro, utilizou-se a seguinte conceituação:

> "Benchmarking *refere-se a um padrão ou ponto de referência relativo a resultados e processos, que representam as melhores práticas e desempenhos para atividades similares, dentro e fora da organização; informações competitivas referem-se a desempenhos relativos a concorrentes diretos, nos mercados de atuação da organização.*"

Tipos de *benchmarking*

Benchmarking *competitivo*

Como o próprio nome induz, pode ser utilizado como uma informação estratégica para a empresa agir contra seus principais concorrentes (rivais). Exemplo: Impressoras de baixo volume da Xerox contra seus principais concorrentes: Canon, Minolta e Sharp.

Benchmarking *funcional*

Este tipo de *benchmarking* compara uma função específica da empresa (por exemplo: distribuição, logística, serviços, suprimentos, produção etc.) com a equivalente de uma empresa considerada *best-in-class* nesta função.

Benchmarking *interno*

Útil para a comparação entre vários processos similares realizados em diferentes unidades de negócios (UNEGS, Plantas etc.) de uma mesma companhia. Por exemplo, a Rank Xerox pode comparar o desempenho de suas diferentes plantas em Mitcheldean (UK), Vnray (Holanda) e Lille (França).

Benchmarking *genérico*

Este tipo de indicador é semelhante ao *benchmarking* interno. São, entretanto, indicadores relativos a processos-chave (*the heart of business*) de grandes empresas multinacionais. Consiste, fundamentalmente, no estabelecimento do *best practice* existente em dado mercado e que passa a ser perseguido pelos demais concorrentes. Traduz, indubitavelmente, o estágio mais evoluído da arte do *benchmarking* e pode ser utilizado em toda e qualquer área de atividade da empresa.

18.3 CRITÉRIOS UTILIZADOS PELO *BENCHMARKING*

O *benchmarking*, quando de sua realização, pode adotar um dos sete enfoques descritos a seguir:

- foco estratégico;
- foco operacional;
- foco no cliente;
- foco no processo;
- relação com Total Quality Management (TQM);
- melhoria contínua (ciclo PDCA da gestão da qualidade);
- aprendizado contínuo.

Por outro lado, algumas questões devem preocupar todos os envolvidos com a problemática de indicadores e *benchmarking*. Além da definição de "*o que medir*", também é necessária uma clara definição de "*como*", "*onde*", "*quem*" e "*por que*" medir tais processos.

O *benchmarking* possibilita a obtenção de *feedback* regular do cliente, para análise do desempenho real ao longo das dimensões das métricas estabelecidas nos indicadores, alimentando os processos relevantes com informações do desempenho. Permite, com isso, a adoção de ações corretivas caso o desempenho não esteja atingindo a meta e restabelecendo objetivos para que *a organização* continuamente se adapte à realidade externa e interna.

É a fase de gestão do processo mediante indicadores que medem, sobretudo, a qualidade, custo e entrega dos produtos/serviços comercializados pela organização. Se todos os padrões estabelecidos nos passos anteriores forem cumpridos, obter-se-á uma qualidade padrão, um custo padrão ou uma entrega padrão.

Nesta fase, podem ser constatados desvios em relação ao planejado quando então se deve: atuar no resultado para repor imediatamente o processo em funcionamento; ou atuar na causa para prevenir o reaparecimento do desvio.

Nesse monitoramento, também, em relação ao meio externo à organização, podem-se utilizar as possibilidades legalmente instituídas por lei.

Por exemplo, no caso das instituições de ensino superior, existe legislação que estabelece procedimentos para o processo de avaliação dos cursos e instituições de ensino superior, por meio de indicadores de desempenho global do sistema nacional de ensino superior, por região e unidade da federação, segundo as áreas de conhecimento e o tipo ou a natureza das instituições de ensino, quais sejam:

- taxas de disponibilidade e de utilização de vagas para ingresso;
- taxas de evasão e de produtividade;
- tempo médio para conclusão dos cursos;
- índices de qualificação do corpo docente;
- relação média alunos por docente;
- tamanho médio das turmas.

Atualmente, diversas empresas do setor privado contratam consultorias especializadas na condução de processos de *benchmarking* que se tornam responsáveis pela coleta, armazenagem e análise de informações sobre as organizações participantes. Exemplos de entidades que oferecem esse tipo de suporte são a *Benchmarking Network*, nos EUA, o *Benchmarking Centre*, na Inglaterra, e a *Not For Profit Benchmarking Association*, voltadas a organizações do Terceiro Setor. No Brasil, há o *Instituto Nacional de Desenvolvimento e Excelência* (Inde) que apóia um Fórum de Grupos de *Benchmarking* voltado à troca de informações sobre práticas administrativas.

Ao realizar um processo de *benchmarking*, uma organização direciona sua atenção à forma de atuação de outras organizações, visando identificar práticas e formas de atuação que possam ser úteis para o aperfeiçoamento de suas próprias atividades. As informações geradas nos processos de *benchmarking* favorecem a transferência de conhecimento previamente acumulado por outras organizações, e constituem-se em insumos importantes para as organizações melhorarem sua gestão. O objetivo final de um processo de *benchmarking* é a promoção de mudanças que levem ao aperfeiçoamento organizacional, o que pode ocorrer por intermédio da introdução de melhorias pontuais ou da adoção de novas práticas, com base nas descobertas ocorridas durante a etapa de coleta de dados.

O *benchmarking* no Terceiro Setor

Os benefícios dos processos de *benchmarking* são maiores quando as organizações participantes têm interesse em colaborar com as demais, o que tende a ser mais fácil de conseguir entre organizações do Terceiro Setor do que na iniciativa privada, em que geralmente a concorrência é muito acirrada.

Na prática, algumas organizações do Terceiro Setor realizam uma espécie de "*benchmarking* intuitivo" quando têm a oportunidade de entrar em contato com entidades que atuam de forma semelhante, atendem ao mesmo tipo de população-alvo ou ainda desenvolvem atividades complementares. Esse "*benchmarking* intuitivo" acontece, por exemplo, em encontros, seminários ou eventos presenciais que reúnem gestores de diferentes entidades. Durante eventos dessa natureza, é fácil constatar o entusiasmo dos participantes diante da oportunidade de discutirem problemas comuns, trocarem experiências e informações voltadas à solução de determinados problemas ou ainda estabelecerem parcerias que resultem em uma atuação integrada. No entanto, o mais comum é que os participantes percebam o potencial benefício dessa interação e saiam desses encontros com a sensação de que precisam encontrar-se novamente para trocar mais informações e experiências.

A adoção de uma metodologia estruturada de *benchmarking* pode ser bastante útil exatamente na facilitação desse processo de troca e interação, possibilitando a mensuração, análise e comparação das práticas adotadas pelas diferentes organizações. Ao empregar o *benchmarking* como ferramenta para conhecer de que modo organizações respondem a diferentes desafios, as entidades adquirem conhecimentos importantes para aperfeiçoar seus próprios processos de trabalho, sem ter que "reinventar a roda".

As organizações da sociedade civil podem empregar o *benchmarking* ao menos em duas situações distintas, conforme descritas a seguir.

- Para aperfeiçoar a gestão organizacional, o que inclui a melhoria de atividades como captação de recursos, comunicação e recursos humanos. Nesse caso, a organização pode "aprender" como entidades que tenham reconhecido sucesso nessas atividades realizam seu trabalho e adotar mudanças em seus próprios processos de trabalho.
- Para aprimorar seus projetos e serviços prestados à população, baseando-se em experiências bem-sucedidas desenvolvidas por outras organizações. Conhecer em maior detalhe projetos desenvolvidos por outras organizações pode ser útil tanto para o aperfeiçoamento das atividades que já são desenvolvidas pela própria entidade como para o desenvolvimento de novas linhas de ação. Esse tipo de *benchmarking* pode ser facilitado, por exemplo, por meio da realização de consultas a catálogos e bancos de dados de projetos considerados bem-sucedidos ou exemplares, conhecidos em inglês como *best practices*. Fontes de informação dessa natureza representam um

"estoque de conhecimento" que pode inspirar outras organizações a aperfeiçoarem seus próprios projetos.

Etapas para a realização do *benchmarking*

O *benchmarking* não deve ser confundido com a simples interação entre organizações que demonstram interesse em trocar ideias e experiências. Em vez de ser mera atividade pontual, o *benchmarking* deve ser processo cuidadosamente planejado e executado, visando ao aperfeiçoamento da gestão da organização. O processo de *benchmarking* pode ser dividido em quatro etapas, detalhadas a seguir:

1. Planejamento

Identificação de áreas, processos ou atividades a serem melhoradas

A organização precisa definir quais atividades pretende aperfeiçoar pelo processo de *benchmarking*. Essa seleção de atividades deve considerar o impacto potencial que as melhorias decorrentes do *benchmarking* possam trazer à organização. Podem-se selecionar tanto atividades de gestão, como captação de recursos e gestão de voluntários, como ações e projetos destinados à população-alvo.

Definição de critérios e indicadores para mensuração de atividades

Durante a etapa de coleta de dados, será necessário "estudar" como as organizações realizam suas atividades e dispor de critérios que possibilitem alguma comparação entre essas atividades. Essa comparação só será possível se forem definidos parâmetros e indicadores para a mensuração de custos, qualidade e prazos utilizados na execução das atividades. Esses indicadores serão utilizados para mensurar as atividades desenvolvidas pelas diferentes organizações que participarem do *benchmarking*. Uma organização que deseje comparar os processos de produção de um jornal ou boletim informativo, por exemplo, pode definir critérios para avaliar o conteúdo, a diagramação, o *lay out*, a periodicidade e o custo dos jornais de cada uma das organizações participantes do *benchmarking*.

Identificação de organizações participantes/parceiras

A entidade deve selecionar as organizações que gostaria de incluir no processo de *benchmarking*, o que depende diretamente do tipo de processo a ser estudado. Em princípio, podem participar do *benchmarking* quaisquer organizações que tenham reputação de excelência na área a ser estudada, não devendo ser, necessariamente, da mesma área de atuação. Mesmo assim, é claro que a seleção de organizações pode seguir alguns critérios de conveniência, como organizações que desenvolvam atividades similares, atuem em uma mesma região, trabalhem com a mesma população ou desenvolvam atividades complementares.

Independentemente dos critérios adotados, algumas vezes é conveniente selecionar organizações com as quais a entidade já tenha relações de afinidade ou ainda aquelas com as quais gostaria de estabelecer contatos.

Após a seleção das potenciais participantes, a entidade precisa contatá-las explicando o propósito do *benchmarking* e tentar conseguir sua adesão ao processo. Os processos de *benchmarking* colaborativos podem ser um bom canal para a consolidação de parcerias estratégicas entre as organizações participantes.

2. Coleta de dados

Após a etapa de planejamento, inicia-se a etapa da coleta de dados nas organizações. O ideal é que a organização promotora do *benchmarking* obtenha inicialmente o máximo de informações sobre as entidades por meio de fontes secundárias, como jornais, revistas, pesquisas, bancos de dados, publicações das próprias organizações e Internet.

Com base nesse levantamento inicial de informações, a organização pode partir para o processo de coleta de dados primários, com cada uma das entidades selecionadas, empregando diferentes métodos:

- entrevistas com roteiros previamente elaborados;
- realização de pesquisas que empregam questionários estruturados;
- oficinas ou reuniões de trabalho com gestores das organizações;
- visitas de campo à organização e seus projetos.

3. Análises e comparações

O conjunto das informações coletadas deve ser sistematizado e analisado, podendo constituir um relatório sobre as atividades desenvolvidas pelas diferentes organizações. Em seguida, é necessário comparar as diferentes atividades empregando os parâmetros definidos na etapa de planejamento. Essa comparação resultará em uma classificação e na produção de um *ranking* das atividades segundo os diferentes fatores analisados (como qualidade, custo etc).

De posse desse *ranking*, a organização pode comparar o desempenho de suas próprias atividades com o das demais e identificar quais poderiam ser aperfeiçoadas empregando-se o conhecimento adquirido durante o processo de *benchmarking*. O resultado das análises pode ser consolidado em um "relatório de *benchmarking*", a ser disseminado por toda a organização.

4. Elaboração e implementação do plano de mudanças

O último passo do processo de *benchmarking* inicia-se com a elaboração de um plano para a implementação das mudanças nos processos que foram considerados prioritários. O ideal nessa fase é contar com a participação do máximo possível de funcionários envolvidos nos processos que serão aperfeiçoados quando da implementação do plano.

Durante a fase de implementação do plano de mudança, os gestores da organização talvez precisem recorrer novamente às entidades pesquisadas, para obter mais informações sobre como elas desenvolvem suas atividades. Além disso, é importante que o grupo envolvido no processo de implementação das mudanças esteja atento à necessidade de rever objetivos e metas estabelecidos.

ESTUDO DE CASO

Rede de Organizações Não Governamentais

O objetivo foi conceber e implementar um portal eletrônico com dados socioambientais gerados por organizações não governamentais, configuradas em rede, na região da Mata Atlântica, delimitada por municípios situados na Serra do Japi, no sudoeste do estado de São Paulo. Segundo a Associação Brasileira de Organizações Não Governamentais (Abong, 2019), as ONGs, cuja missão é desenvolver a consciência crítica e a cidadania por meio de um trabalho voltado para a organização coletiva, em escala de grandeza representam um montante equivalente a uma oitava economia do mundo, movimentando cerca de 8% do PIB do planeta. No Brasil, o setor pode representar mais de 500 mil ONGs, empregando mais de 1,5 milhão de pessoas, além das dezenas de milhões de voluntários. Entraves operacionais induzem a formação de rede de organizações sociais, com compartilhamento de *site* na forma de portal eletrônico. Entre elas, se destacam: aumento da demanda e volume de trabalho; limitações de ordem financeira; falta de pessoal; falta de infraestrutura; incapacidade de obter novos recursos; baixa qualificação da equipe; e uso de *site* essencialmente informativo e sem interação com a comunidade. Como resultados foi implementada uma rede de organizações não governamentais, com atuação na preservação ambiental e responsabilidade social. E, para atender as necessidades dessas organizações, foi concebido um portal eletrônico na internet, congregando os *sites* individuais, além do uso de *e-mail*, no sentido de permitir o uso de fóruns, *chats*, videoconferências, *links* com vídeos e televisão, listas de discussão e outros meios de interatividade nos dois sentidos. Obtiveram-se, ainda, a formulação de indicadores socioambientais para as ONGs configuradas em rede virtual e um portal eletrônico compartilhado, substituindo os *sites* individuais antes mantidos por cada ONG.

Modelo

O modelo utilizado considerou o ambiente externo, como as variáveis legais representadas pelos governos em suas diferentes esferas federal, estadual e municipal.

Seus princípios podem ser resumidos em: (a) organização com fronteiras ampliadas; (b) hierarquização de decisões; (c) parcerias e alianças estratégicas; (d) terceirização e organização em rede; (e) uso estratégico das tecnologias da informação; (f) indicadores de gestão e de desempenho. A organização com fronteiras expandidas se consubstancia na expansão da cadeia produtiva junto a fornecedores e clientes, bem como na interação direta com os demais públicos de interesse. Com esse enfoque, a organização tende a ampliar, virtualmente, suas fronteiras, na medida em que sistemicamente sua atuação se faz presente, internamente, junto às organizações que com ela interagem.

A ampliação virtual das fronteiras da ONG Caminho Verde (OCV), objeto deste caso, propiciou um cenário em que: (a) o acesso às informações da organização ficou, virtualmente, disponibilizado aos seus fornecedores, parceiros e agentes externos; (b) a interligação direta com a comunidade beneficiada com suas ações fortaleceu a fidelidade e relacionamento de longo prazo; (c) sua interação com colaboradores, voluntários e instituições parceiras tornou-se mais abrangente em função direta da adoção de tecnologias da informação, como *software* de comunicação (internet, intranet e afins), *software* de intercâmbio eletrônico de documentos e atividades operacionais; (d) a criação de parcerias e alianças entre organizações, propiciadas pela interligação virtual, permitiu a geração de novos serviços, sem a instalação física de novas unidades organizacionais e sem necessidade de integração vertical.

Coalizão de ONGs para preservação ambiental

Para desenvolvimento das atividades operacionais da OCV, adotou-se o princípio de manter um mínimo indispensável de pessoal fixo, com vínculo empregatício. Este pequeno contingente seria formado pelo pessoal considerado estratégico para o desenvolvimento das atividades necessárias ao cumprimento da missão da organização. Os demais elementos, que podiam variar de acordo com o volume de atividades inerentes aos projetos sociais a serem desenvolvidos, foram contratados e desmobilizados em função da flutuação da demanda. Ou seja, de acordo com a quantidade de projetos sociais em andamento, pode-se contar com mais ou menos pessoal externo, contratado como voluntários, estagiários, pessoal temporário e outras formas de terceirização de mão de obra. Também para reduzir os custos operacionais da OCV foram firmadas parcerias com organizações não governamentais congêneres para fins de execução dos serviços e atividades demandadas pelos seus projetos sociais. Essa parceria constituiria uma espécie de consórcio de ONGs, de modo a propiciar a captação conjunta de recursos financeiros necessários à execução de seus projetos sociais. Esta captação poderia ocorrer junto às fontes governamentais e organismos financiadores internacionais, e como doação e parcerias com pessoas físicas e jurídicas. A estratégia adotada foi de aliança com prefeituras municipais envolvendo um consórcio de governos municipais das cidades limítrofes e circunvizinhas.

Formou-se, então, um conjunto de prefeituras da região sudoeste do estado de São Paulo, liderado pelo governo municipal de Campo Limpo Paulista e que compreende os municípios de Jarinu, Várzea Paulista, Franco da Rocha e Atibaia. Limitações operacionais dessas prefeituras induzem a parceria com a rede de organizações sociais, destacando-se, entre elas: (a) aumento da demanda e volume de trabalho; (b) problemas de ordem financeira; (c) falta de pessoal; (d) incapacidade de obter novos recursos (problema comum às prefeituras), cujo somatório de seus municípios constituiriam um conglomerado de governos municipais, suprapartidário, da microrregião estudada. O modelo partiu da premissa de que a transformação das prioridades de desenvolvimento regional com a união de governos municipais provocaria uma sinergia de ações visando aos objetivos maiores da região, em uma abordagem de consórcio de municípios. Este desenvolvimento levaria em conta os aspectos locais, relativos a um território específico. No contexto atual, entende-se que o desenvolvimento regional não está relacionado unicamente com o crescimento econômico, mas também com a melhoria da qualidade de vida das pessoas e com a conservação do meio ambiente. Estes três fatores estão inter-relacionados e são interdependentes. O aspecto econômico implica aumento da renda e riqueza, além de condições dignas de trabalho. A partir do momento em que existe um trabalho digno e este trabalho gera riqueza, ele tende a contribuir para a melhoria das oportunidades sociais.

A rede de ONGs induziu o desenvolvimento econômico e social da região, gerando como benefícios específicos de sua implementação: (a) experimentação não lucrativa de novos modos sociais e de sistemas alternativos de produção, comércio e emprego; indução à criação e desenvolvimento de empreendimentos de pequeno porte; (b) suporte tecnológico aos empresários de micro e pequenas empresas para que ampliem seus negócios e linha de produtos visando torná-los fornecedores ecológicos das grandes empresas que mantêm cadeias produtivas sustentáveis; (c) desenvolvimento de programas de treinamento e capacitação das empresas, para avaliação socioambiental dos seus fornecedores visto que, legalmente, não se pode repassar a responsabilidade social e ambiental para terceiros; (d) fornecimento de uma base racional para o processo de tomada de decisões institucionais de prefeituras e instituições privadas em relação ao desenvolvimento local sustentável; (e) articulação de trabalhos voluntários em projetos comunitários, com colaboradores de instituições públicas e privadas, a serem realizados pelas organizações sociais e empresas da região; (f) articulação de parcerias com cooperativas de trabalho existentes, por meio do fornecimento de cursos que visem qualificar trabalhadores e aprimoramento de técnicas de trabalho, para a obtenção de uma mão de obra mais qualificada para atividades turísticas; (g) fornecimento de suporte técnico para orientar as estratégias de conservação, preservação e restauração da biodiversidade nativa do município e região; (h) eliminação da ocupação desordenada do solo por meio do monitoramento de indicadores socioambientais.

Este desenvolvimento sustentável abrangeu, ainda, a exploração econômica do turismo ecológico e histórico-cultural, levando-se em conta certas restrições ambientais, sociais e culturais. Sem esse balizamento, a atividade turística, cultural e histórica poderia expandir de maneira desordenada, o que provocaria impactos socioambientais negativos. O turismo sustentável, como opção econômica, é coerente com o processo de urbanização, metropolização e ampliação de tempo livre em relação às horas trabalhadas que contribui para o desenvolvimento das atividades turísticas.

Entraves operacionais surgiram na formação da rede de organizações sociais, quais sejam: (a) existência de crescente demanda e volume de trabalho; (b) limitação de ordem financeira; (c) falta de pessoal; (d) falta de infraestrutura; (e) incapacidade de obter novos recursos; (f) baixa qualificação da equipe; (g) *sites* limitados ao básico.

Essas dificuldades levaram as organizações sociais para configuração em rede, que as agruparam em consórcio, delineado de acordo com a afinidade de propósitos: (a) finalidade social (preservação ambiental e cidadania); (b) setor de atuação das empresas privadas associadas às ONGs; (c) parceria com órgãos da administração estatal; (d) região geográfica de atuação.

Arquitetura do portal

O portal eletrônico das ONGs consorciadas observa o princípio de que os objetos do mundo real e os dispositivos intrínsecos à internet podem convergir em um único espaço virtual. Nele, estratificou-se atividades estratégicas diferenciadas daquelas operacionais. Por estratégico entendem-se as decisões que afetam diretamente os objetivos traçados pela alta administração da ONG (parcerias com o governo, empresas e outras instituições) e a interação com a comunidade visando estimular a captação de recursos financeiros, pois é mediante o aporte de recursos que os projetos sociais são desenvolvidos e mantidos. Tais atividades foram as inseridas no portal eletrônico compartilhado (ver Figura 18.1). Por sua vez, as decisões operacionais referem-se a: (a) definição de projetos, (b) controle financeiro, relacionados com a aplicação dos recursos dos doadores; (c) manutenção dos *sites* individuais da ONG. Essa atividade operacional de manutenção dos *sites* individuais da ONG enfatiza a disponibilização na internet de dados e informações para a promoção da interação entre a ONG e os cidadãos, com comunicação nos dois sentidos. Disponibiliza, ainda, salas de discussão e *chats* para os usuários inserirem vídeos e matérias de interesse comum. E, de forma coletiva com as ONGs configuradas em rede e com recursos das tecnologias da informação, ampliar as fronteiras físicas, com a utilização de banco de dados de projetos sociais das ONGs parceiras e de base de dados de colaboradores e voluntários. Tal possibilidade ampliou, virtualmente, as fronteiras da organização na medida em que a comunicação e o relacionamento se efetivam por meio eletrônico, com fornecedores, colaboradores, parceiros e demais entidades, viabilizando a conectividade entre organizações.

Apesar do uso intenso do correio eletrônico, as ONGs consorciadas, atualmente, se limitam a veicular em seus *sites* meios tradicionais de conteúdo de massa para a comunicação com a sociedade em geral (rádio, seguido por informes e boletins, jornais comerciais, vídeos e dados informativos). A proposta de portal, congregando os *sites* individuais, além do uso de *e-mail*, permitiu o uso de fóruns, videoconferências, *links* com vídeos e televisão, procedimentos para o desenvolvimento sustentável, listas de discussão e outros meios de interatividade nos dois sentidos. Os demais sistemas que dariam suporte às decisões operacionais - tais como engajamento de voluntário e colaborador, operacionalização de projetos sociais, disseminação das atividades da ONG junto à comunidade -, seriam informatizados como segundo nível de prioridade.

Foi implementado um portal eletrônico para armazenar dados ambientais em base de dados mantida em nuvem (*cloud computing*), para posterior acesso pelas ONGs ambientalistas (SOS Mata Atlântica, ONG Mata Ciliar, EcoMursa, Pedra Grande, e organizações regionais correlatas). Esse portal, administrado pela ONG Caminho Verde, em parceria com a Agência de Desenvolvimento Sustentável de Jundiaí (ADEJ), possibilitaria a expedição de certificados socioambientais para organizações privadas, atestando a sustentabilidade de suas operações locais.

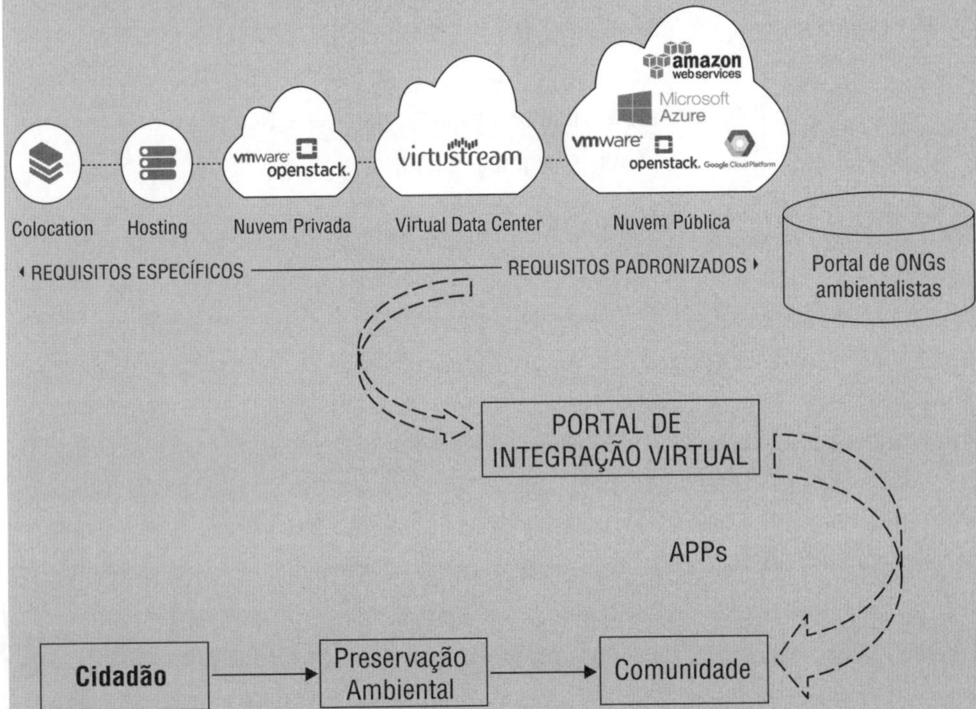

Figura 18.1 Atuação compartilhada das ONGs.

Indicadores socioambientais

O modelo considerou indicadores como métricas para monitoramento estratégico da ocupação ordenada de acordo com a legislação. Os projetos sociais monitorados pelos gestores a partir de indicadores socioambientais estariam armazenados no portal compartilhado, com informações dos cidadãos por meio de aplicativos (APPs) sobre a ocupação do solo florestal.

Tais indicadores foram desenvolvidos dentro dos contornos das diretrizes de planejamento socioambiental, para evidenciar os aspectos-chave da interação sociedade-natureza, e para a geração de informações necessárias de modo a documentar a condição atual e histórica dessa relação. Os indicadores procuraram refletir as áreas ocupadas pelo contingente humano local, bem como os meios aquáticos e terrestres impactados pelo povoamento desordenado da região. Portanto, para identificação do padrão do cenário socioambiental decorrente da influência dos processos indevidos do uso da terra, na região, implementou-se: (a) indicador de qualidade ambiental; (b) indicador de qualidade dos recursos hídricos; (c) indicador de vulnerabilidade ambiental.

a) Indicador de qualidade ambiental

O *indicador de qualidade ambiental* mensura a perda da vegetação natural, expressando a extensão que vem sendo ocupada pela intervenção humana, calculado por:

$$\frac{\textbf{Ocupação de área urbana + Ocupação de área agrícola}}{\textbf{Área de vegetação natural}}$$

Foi obtido com base na análise dos valores da área, forma e distância entre os fragmentos de vegetação nativa da paisagem do município e região. Reflete a suscetibilidade da paisagem em relação à perda de biodiversidade e de *habitats*, decorrente da condição da fragmentação da classe de vegetação nativa, incluindo os diferentes níveis de mutação. Os resultados evidenciados pelo *indicador de qualidade ambiental* permitiram identificar as áreas a serem recuperadas, como alguns fragmentos florestais, sendo estas prioritárias à conservação da biodiversidade. Evidenciaram, também, a influência das atividades agrícolas presentes nas áreas dos assentamentos. Além disso, ressaltaram a perda em extensão e em qualidade ambiental dos ecossistemas naturais remanescentes, priorizando, com isso, a importância estratégica do planejamento do uso e ocupação dessas áreas.

Este cenário pode subsidiar os planejadores e tomadores de decisão na deliberação de possíveis arranjos espaciais para a região, na perspectiva da preservação dos sistemas de suporte de vida necessária ao desenvolvimento regional sustentado. Auxiliou os órgãos de administração ambiental a planejar e coordenar modelos de gestão de sustentabilidade, sobretudo, quando se considera as interferências de um mapeamento socioambiental estadual em relação ao padrão espacial dos municípios da região.

Para a conservação da biodiversidade no contexto local, torna-se essencial o desenvolvimento de um programa efetivo de manejo e conservação, em conjunto com a conscientização por parte da sociedade em relação à complexidade dos processos envolvidos na perda dos serviços ambientais. Este desafio de reverter a degradação dos ecossistemas pode ser conseguido diante de métricas que evidenciem a necessidade de mudanças institucionais e políticas.

Outro indicador possível de se calcular, derivado do *indicador de qualidade ambiental*, seria relacionar a área desmatada com a área total do município e região, o que evidenciaria a evolução da degradação ecológica. Permitiria, também, sinalizar a existência de loteamentos irregulares em áreas de fragilidade ambiental, cultivos agrícolas intensivos em áreas inapropriadas, desmatamentos e queima de áreas para agricultura e pecuária, deposição de resíduos, mineração, invasão, entre outros aspectos indesejáveis. E, com a consequente ocupação desordenada de áreas de preservação, invasões de áreas verdes e falta de proteção aos mananciais de abastecimento público.

As métricas evidenciadas neste tópico podem sinalizar a implantação de vários empreendimentos nessas áreas, sem a observação das normas de uso e ocupação, ou de princípios básicos de conservação do solo. Com isso, evitar-se-ia comprometer, ainda mais, a qualidade ambiental, reforçando a necessidade de novos e eficientes mecanismos de proteção, regulamentação e controle.

b) Indicador de qualidade dos recursos hídricos

O *indicador de qualidade dos recursos hídricos* configurou a suscetibilidade dos recursos hídricos em relação à distância das fontes impactantes, na forma de despejos de poluentes, efeitos dos agrotóxicos, e fluxo indevido de resíduos sólidos, decorrentes do uso da terra, em termos de volume:

$$\frac{\textbf{Despejos de poluentes + Agrotóxicos utilizados + Resíduos sólidos}}{\textbf{Extensão total da área analisada}}$$

Refletiu os efeitos da intensidade do uso da terra no padrão espacial de degradação dos recursos hídricos, na medida em que sinalizariam a correlação efetiva entre padrões e processos nos ecossistemas da região. Foram considerados os fatores físicos (topologia, hidrologia/águas, geofísicos/terras e climáticos/atmosfera) e as condições biológicas (flora e fauna). Métricas inerentes aos aspectos antrópicos (fatores sociais, econômicos, culturais, saúde e saneamento) também podem ser aferidas, observando a filosofia desse *indicador de qualidade dos recursos hídricos*, qual seja:

$$\frac{\textbf{Área total da bacia hidrográfica}}{\textbf{Número de habitantes da região}}$$

Por exemplo, a bacia dos rios da região analisada tem uma área de 1.250 km × 400 km, o que representa uma extensão em km^2, que, dividida pelo número de habitantes, resultaria em uma métrica de habitantes *per capita* em relação à referida área total. Ou, de outra maneira, a mesma área, em outra unidade de medida (hectare), obtém uma área total de 1.452.356,70 ha (no exemplo numérico, foi considerado um valor arredondado de 1.500.000), que relacionada com a população da região de aproximadamente 500.000 pessoas (vivem aproximadamente 1.477 famílias. Isso daria uma métrica, relação aproximada de 3 ha, de área hidrográfica, para cada habitante (1.500.000 ha : 500.000 habitantes). Ou seja, métricas que relacionem as áreas de bacias hidrográficas, de acordo com suas características, pela área total da região também poderiam ser utilizadas, resultando em um indicador que confrontaria as bacias hidrográficas relacionadas com sua área. Permitiria identificar as pressões geradas pelos empreendimentos locais sobre o meio ambiente, bem como a eficácia do processo para transformar recursos naturais no objetivo almejado pelo planejamento. É outra face de avaliação que representa a evolução do uso e ocupação da terra na área de estudo que, como decorrência natural, limitou a vegetação nativa original a apenas alguns maciços remanescentes. Há uma abundância de recursos hídricos superficiais, porém, em sua maior parte, a qualidade está comprometida por carga poluidora de origem industrial e urbana. Longos trechos dos principais rios encontram-se bastante degradados. A métrica, portanto, pode estar sinalizando que a restauração de zonas degradadas deve ser encarada como uma determinação legal, e não como uma atividade facultativa.

c) Indicador de vulnerabilidade ambiental

As terras da região apresentam um significativo papel em potencial para evitar o desmatamento, tornando suas florestas, em média, mais bem conservadas, equivalentes às áreas legalmente protegidas. As informações para os municípios, entretanto, indicam que as áreas protegidas não representam uma garantia de que os desmatamentos sejam evitados. Mesmo porque os habitantes da região não são inerentemente conservacionistas, podendo responder aos mesmos estímulos econômicos que induzem outros tipos de pessoas, físicas e jurídicas, a explorar e degradar os ecossistemas. O indicador que pode evidenciar tal potencial poderia ser apurado relacionando a:

$$\frac{\textbf{Área ocupada por cidadãos}}{\textbf{Extensão total da área analisada}}$$

A aplicação desse indicador identifica os efeitos da intensidade do uso da terra, bem como a influência das relações estabelecidas pelas sociocomunidades locais (projetos de assentamentos) no padrão espacial e temporal da paisagem, na perda de *habitat* e na condição da naturalidade e qualidade ambiental da vegetação e dos recursos hídricos do município e região. Sinalizaria a diminuição gradual dos ecossistemas naturais e, consequentemente, a redução de sua capacidade de resposta e adaptação a situações ecológicas estressantes.

A manutenção da integridade dos ecossistemas naturais é o cerne do desenvolvimento do *indicador de vulnerabilidade ambiental*, uma vez que a integridade do ecossistema está ameaçada por riscos de toda ordem. É a propensão a danos em face da falta de proteção ou de precariedade ou o risco de ser afetada por um impacto negativo. Determina o grau de suscetibilidade à deterioração mediante a incidência de impactos ambientais, exprimindo o potencial da paisagem em absorver ou ser perturbada pela atividade humana. Áreas com fragilidade ambiental podem ser identificadas, também, mediante métricas que relacionem (em hectares):

$$\frac{\textbf{Área por tipo de terras}}{\textbf{Área total da região analisada}}$$

Dessa maneira, poder-se-ia apurar métricas relacionadas com as classes de aptidão agrícola, calculada pela divisão da área pelo total do território (**1.772.678,12 ha**), tais como: (a) terras com aptidão regular para lavoura no nível de manejo recomendado; (b) terras com aptidão excepcional para lavouras; (c) área alagada.

ANEXO 1

Resenha de Filmes Ilustrativos

A firma; A história de uma fraude (o caso Enron); Ameaça virtual; Amazônia em chamas; Apolo 13 - do desastre ao triunfo; A queda do Império Romano; Com o dinheiro dos outros; Erin Brockovich; Henry Ford: a história da indústria automobilística; Hoffa: um homem, uma lenda; Mauá - o Imperador e o Rei; O amor é contagioso; O dia depois de amanhã; O informante; O nome da rosa; Os doze trabalhos de Asterix; O último samurai; Tucker - um homem e seu sonho; Wall Street: poder e cobiça.

Os filmes, como estratégia didática, devem ser trabalhados como um processo ao invés de utilizá-los como simples resposta a um determinado assunto-aula.

A firma (com Gene Hackmann e Tom Cruise).
É a história de um brilhante e ambicioso *Advogado* (Tom Cruise), recém-formado, na mais conceituada Faculdade de Direito do país. Enfatiza os processos de recrutamento e seleção de colaboradores das empresas, principalmente aqueles de alto nível. O *Advogado*, personagem central do filme, emprega-se, dessa forma, em uma pequena, mas próspera, firma de advocacia. A liderança exercida pelo diretor presidente, principal gestor deste escritório de advocacia, é do tipo paternalista, que objetiva transformar a firma em uma grande família para seus empregados. A empresa, dessa maneira, é controlada, informalmente, pelos seus principais gestores que objetivam transformá-la em uma irmandade, composta pelos seus empregados, satisfeitos e submissos. Os problemas domésticos relacionados à residência, carro, saúde da esposa, bem-estar de todos da família era objeto de aparente preocupação do diretor presidente e demais sócios-diretores do escritório de advocacia. De forma natural, mesmo sem estar consciente, o presidente da firma, na realidade, adotava na prática a abordagem das relações humanas, desenvolvida no início do século XX, na indústria Western Eletric, em Hawthorne, por Elton Mayo. É um enfoque conservador,

ainda, presente na administração de recursos humanos das organizações empresariais. Da noite para o dia, o *Advogado* e sua esposa passam a ter um altíssimo estilo de vida com que jamais sonharam. É quando vêm à tona os negócios ilícitos que encobrem as atividades, legalmente, desenvolvidas pela empresa. De acordo com o plano estratégico da Firma, mais de 30% do volume total de seu faturamento eram atividades ilícitas desenvolvidas pelo escritório de advocacia. O *Advogado* enfrenta forças que não se detêm diante de nada, para proteger os interesses da Firma. Daí surge a crise de identidade e a decisão do agora experiente *Advogado* de atentar para as questões éticas e de responsabilidade social corporativa, que são convergentes com sua escala de valores. A questão dos impostos pagos pelas empresas-cliente e que o escritório de advocacia defende enfrenta a questão ética e a legislação vigente, que permeia o planejamento tributário corporativo no mundo dos negócios. Passagens do filme que mostra o controle paternalista exercido pela diretoria da Firma sobre a família do personagem evidenciavam o poder manipulador desta prática. Este controle acabou se transformando em uma verdadeira invasão de privacidade, chegando ao extremo de um sutil monitoramento através de câmeras e grampos telefônicos na própria residência do casal. Era uma preocupação em passar um conceito de trabalho em uma grande família tanto internamente junto aos seus colaboradores como em relação ao plano externo para promover institucionalmente uma imagem, aparente, de organização socialmente responsável. A preocupação dos dirigentes da Firma era demonstrar aos seus colaboradores e clientes algo que não existia. Ou seja, que imperava no escritório de advocacia um saudável ambiente organizacional de uma equipe que trabalhava com ética e responsabilidade social corporativa. É uma lição de que as empresas melhor reconhecidas pela comunidade são aquelas que refletem o bom relacionamento com seus diferentes públicos e, principalmente, com seus colaboradores. Isso inclui a qualidade na divulgação de informações, a política de remuneração de dividendos e o retorno satisfatório para os acionistas, além da transparência dos relatórios de atividades empresariais e dos balanços financeiros. Evidencia o relacionamento de uma empresa privada (*Segundo Setor*) com os órgãos governamentais (*Primeiro Setor*) e a limitação de controle por parte dos mesmos sobre as atividades empresariais. É exatamente esta limitação que pode estar destacando espaços de atuação (*justiça e promoção de direitos*) para *organizações não* governamentais, ou mesmo para parceria entre empresas privadas e o Governo para atenuar ou mesmo eliminar atividades empresariais ilícitas.

A história de uma fraude (o caso Enron)

Conta a história de uma empresa de energia (serviços de geração, transmissão e distribuição, compra e venda de energia e outras *commodities*), uma das organizações líderes dos EUA, e que se mantinha no topo graças aos lucros inflados artificialmente. Com isso, o valor das ações e, consequentemente, o patrimônio da empresa estavam sempre acima da média do mercado, permitindo que seus acionistas, diretores e empregados tivessem sua riqueza pessoal aumentada constantemente. Esse fato fez com que o personagem do filme, *Kennet Lay*, se entusiasmasse com a organização desde o primeiro dia de sua vida de "enronita". A Enron utilizava como técnica de recrutamento a seleção dos melhores formandos em Economia e Administração da melhor escola de negócios dos Estados Unidos (*Harvard*) e da Inglaterra (*London School*). Esse procedimento permitia que prevalecesse a indicação (QI) de pessoas influentes ligadas aos principais gestores da organização como fator decisivo na escolha de seus futuros colaboradores. A admissão de Kennet foi um exemplo. Ele passou por um treinamento de integração que tornava o recém-admitido empolgado com a Enron e vestisse a camisa da empresa, um processo que levava a pessoa a "enronizar-se". A remuneração dos colaboradores era baseada em um salário fixo mais bônus (as ações da empresa eram concedidas ao final de cada fechamento de balanço) calculado em função da produtividade e que levava em conta, primordialmente, os negócios fechados por cada um de seus colaboradores. Isto provocava competição entre as pessoas, fazendo com que elas valorizassem seus ganhos financeiros em detrimento de um bom ambiente de trabalho. Sua avaliação de desempenho e carreira de cada colaborador girava em torno do "Formulário de Revisão", uma maneira de verificar a *performance* individual para fins de promoção e ascensão profissional. Para que os negócios virtuais da Enron continuassem em sua permanente escalada de valorização no mercado acionário, era necessário que seu presidente e executivo financeiro "negociasse" com políticos influentes do país, com a mídia formadora de opiniões e, principalmente, com a firma de auditoria Artur Andersen, uma das maiores do mundo, para que avalizasse e desse credibilidade a seus balanços e manipulação contábil em direção a projeção de lucros futuros, inflados artificialmente. Com a descoberta da fraude empresarial, tornada a público pela Comissão Nacional de Fiscalização da Bolsa de Valores, a Enron fecha suas portas, colocando na rua milhares de pessoas que confiaram na organização e nela depositaram suas economias e futuro profissional. Esse filme mostra (na forma de antimodelo) que não deve ser dramático o ciclo de gestão, desde o recrutamento, seleção, contratação, treinamento, estratégias de remuneração salarial, crenças e valores, clima organizacional até o desligamento de pessoas da organização. Evidencia, com fortes cores, um contexto empresarial no qual o que menos importa são os aspectos éticos e de responsabilidade social corporativa. E que, normalmente, deveria ser um dos valores fundamentais de qualquer organização bem-sucedida e reconhecida pelo mercado com uma imagem de lisura profissional em sua conduta empresarial. A influência da responsabilidade social se faz presente nos tempos atuais na forma de reestruturação organizacional das grandes empresas. Este impacto produziu, como efeito imediato no atual contexto empresarial, a criação de novas diretorias, como a de Relações com Investidores (RI) ou de Governança Corporativa, que passaram a exercer nas organizações as funções de comunicação e marketing direcionadas a ações e títulos mobiliários para disseminar uma imagem de credibilidade e informações confiáveis, de maneira transparente para o mercado investidor e demais públicos (*stakeholders*). Torna clara a interação entre uma empresa de capital aberto com ações em bolsa de valores e os órgãos de controle governamental (Comissão de Valores Mobiliários - CVM) e a limitação de controle por parte dos mesmos sobre as atividades empresariais. Esta limitação de atuação governamental sinaliza áreas de atuação (*proteção dos direitos do consumidor; justiça e promoção de direitos*) para organizações não governamentais para combater a corrupção e o uso de informações privilegiadas em detrimento dos diferentes públicos que compõem a sociedade.

Amazônia em chamas (com Raul Julia e Sonia Braga)

É a história de empresários que olharam a Amazônia enxergando, simplesmente, dinheiro e oportunidades de ganhos financeiros às custas da degradação ambiental. O filme retrata uma mensagem positiva sobre as questões relacionadas à proteção ambiental e responsabilidade social corporativa. Os fazendeiros tinham que fazer seus investimentos darem lucros; daí a intenção de construírem uma rodovia cortando a floresta amazônica em direção ao Oceano Pacífico. Nada poderia impedi-los de realizar seus objetivos, a não ser Chico Mendes em sua trajetória em defesa do desenvolvimento sustentável. É abordada neste contexto a questão dos empréstimos e investimentos internacionais em empreendimentos causadores de impactos ambientais. De defensor da justiça para o povo de sua região, passa à liderança de seu sindicato em uma campanha internacional contra a devastação da floresta amazônica. É a história da defesa da floresta amazônica liderada por um homem: a história de Chico Mendes. O combate ao desmatamento da floresta, para abertura daquela rodovia, no Estado do Acre, que vivia da exploração das seringueiras. Os seringueiros se organizam em torno de um sindicato de trabalhadores rurais. Os jornais do mundo todo noticiam o conflito em torno do desmatamento que ocorria na Amazônia. As "autoridades", políticos e empresários, o procuram para negociar face às pressões da mídia internacional. Com sua morte e intensa repercussão internacional é criada a reserva federal e suspenso o desmatamento no oeste da Amazônia. O filme, além do tema responsabilidade social, é uma verdadeira lição sobre gestão ambiental e desenvolvimento sustentável. Do seu enredo podem-se extrair subsídios para delimitar a atuação do *Primeiro Setor* e do *Terceiro Setor*. Podem-se visualizar, ainda, as possibilidades para parcerias entre as empresas privadas (Segundo Setor) e as organizações não governamentais (e até de criação de ONGs voltadas à *proteção ao meio ambiente, agroecologia; questões agrárias; desenvolvimento local; controle social de políticas públicas; desenvolvimento da economia regional* e de *educação ambiental*).

Apolo 13 – do desastre ao triunfo (com Tom Hanks)

Mostra que um empreendimento, qualquer que seja a sua área de atividade econômica, necessita de um cuidadoso planejamento para ser bem-sucedido. A despadronização de certos componentes que faziam parte dos equipamentos de bordo da espaçonave Apolo 13 quase leva ao insucesso da empreitada. É quando Gene Kranz (Ed Harris), encarregado das operações da missão na base em Houston, ordena: "Cavalheiros, sugiro que vocês inventem uma maneira de enfiar um poste quadrado num buraco redondo, e rápido." Esta deficiência do planejamento central, formulado pela Administração Espacial (Nasa), é compensada pela engenhosidade e administração contingencial levada a cabo pelos tripulantes da espaçonave e equipe em terra. Tal decisão, adotada em função dos problemas inesperados ocorridos, levou a missão ao risco e à incerteza. Desnecessário, se houvesse um melhor planejamento, por parte dos membros da Administração Espacial em Terra, antes da partida da Apolo. A frase, que virou símbolo do filme, *O fracasso não é uma opção*, passou a ser parte da explicitação de missão de grandes organizações empresariais. Os astronautas e a equipe da missão em terra deram um exemplo de liderança, sensata e profissional, durante a crise vivida pela missão espacial. Kranz (Ed Harris) e Jim Lovell

(Tom Hanks), comandante da missão lunar da Apolo em 1970, portanto, não podem ser consideradas pessoas fora do comum. São indivíduos, confrontados com um problema crítico, que só poderia ser resolvido com trabalho em equipe, perseverança e gestão equilibrada. Lovell, no decorrer da missão, coordena uma equipe submetida ao estresse mais catastrófico possível. É quando fica evidente o papel da comunicação na liderança, Kranz e Lovell suprimem as discussões inúteis. Nunca passam adiante informações incompletas ou alarmistas. E mantêm uma comunicação verbal constante entre os homens em terra e os homens no espaço. Com isso, eles conservaram o máximo de controle numa situação caótica e inspiram confiança nas duas equipes. É a lição que se pode extrair do episódio: para os executivos obterem a lealdade e o comprometimento por parte de seus subordinados, precisam antes de mais nada conquistar a confiança deles. O filme, enfim, enfatiza o fator humano como centro das organizações (Escola das Relações Humanas). Evidencia, ainda, o conflito entre o homem e a tecnologia. E a tecnologia e seus efeitos sociais entendida não como fato recente, mas sua inserção ao longo da história. A sucessão, no tempo, de artefatos mais e mais elaborados forma uma trama única com centenas de milhares de anos, desde a infância da humanidade. Os diferentes estágios de fabricação de instrumentos, a partir de pedras lascadas, constituem, em si mesmos, práticas de natureza tecnológica, tanto quanto os marcos a partir dos quais surgiu uma história propriamente dita, com o desenvolvimento das tecnologias de cultivo da terra e de construção de edificações urbanas. Daí em diante, cada sociedade ao longo da história não apenas dominou e aplicou seu próprio conjunto de conhecimentos tecnológicos como também foi, em grande medida, caracterizada por eles. Historicamente recentes são os usos e as aplicações sistemáticas e intencionais da tecnologia em si. As principais linhas de desenvolvimento tecnológico contribuem decisivamente para a configuração da atual realidade social e econômica. A microeletrônica, como uma dessas linhas, desenvolveu os *chips* que possibilitaram o surgimento de uma infinidade de novos produtos, entre eles os computadores pessoais, que provocaram a mais significativa transformação nos métodos de trabalho. O potencial transformador da microeletrônica, por meio da união com outras linhas de desenvolvimento tecnológico, a convergência tecnológica, resultou na criação de ramos inteiramente novos e extremamente poderosos. Aliada à mecânica, por exemplo, gerou a mecatrônica, impulsionando a automação como elemento de aumento da produtividade industrial como sucedâneo das soluções de eficiência taylorista. A telemática, fruto da convergência das telecomunicações com a informática e outras mídias digitais, possibilitou o surgimento da Internet como revolucionário instrumento de trabalho. Dessa maneira, novos sistemas de produção industrial, que dispensam a participação direta da mão de obra operária e outros avanços tecnológicos aplicados nas organizações, caracterizam a atual era do conhecimento que exige o indivíduo como personagem central. Nesse cenário não mais futurístico, de viagens espaciais, quando avançados recursos tecnológicos falham, o ser humano, devidamente capacitado em termos de competências e habilidades adquiridas em longos períodos de treinamento, consegue superar tais deficiências tecnológicas. A análise do enredo do filme mostra a intensa parceria das empresas fornecedoras e os órgãos oficiais (Nasa), chegando a atuar dentro das próprias dependências governamentais. Evidencia, ainda, a ausência de atividades de controle (típicas das organizações sociais com atuação em *orçamento público, justiça e promoção de direitos*) por parte da sociedade sobre atividades governamentais que colocam em risco a integridade física de seus cidadãos.

A queda do Império Romano (com Omar Sharif, Christopher Plummer, Stephen Boyd e Sofia Loren)

História da queda do império romano que, em 180 d.C., se estendia de sol a sol e era o "planeta Terra" da época. E estendia-se dos desertos do Egito, das areias do Oriente Médio, África, do leste ao oeste da Europa (atual Grã-Bretanha). Ao norte, região dos bárbaros e godos e a leste, a Pérsia, eram suas outras fronteiras geográficas. Roma, o mundo ocidental da época, queria agora conquistar "as fronteiras humanas" com base na cidadania e tolerância religiosa das regiões conquistadas. As famílias das diferentes nações conquistadas podiam tornar-se cidadãos romanos e mesmo legionários mediante pagamento de soldos (daí o surgimento do termo *soldado*). Às vésperas de completar o décimo século romano, o próprio imperador decide o processo sucessório imperial, em que Cômodo (Cristopher Plummer), como filho, é relegado a favor de Lívio (Stephen Boyd), que é convidado a suceder a César. Embora sejam eventos ocorridos há 2.000 anos, constitui-se em tema atual, face à ocorrência de eventos semelhantes nos dias de hoje. A batalha contra os bárbaros do Norte é conduzida dentro das estratégias traçadas por Lívio. De um lado, os bárbaros atacam como um bando aglomerado de guerreiros e, de outro, os soldados romanos formam um exército organizado, que atuava coordenadamente, de acordo com estratégias premeditadas. O exército romano, neste contexto, atuando, profissionalmente, com divisões especializadas (suas legiões distribuíam diferentes cargos, organizados em carreiras para fins de promoção, para cada grupo de soldados), frequentemente derrotava seus adversários bárbaros e desorganizados. As divisões romanas eram constituídas da cavalaria, da infantaria, das bigas, dos lanceiros e todos eles se agrupavam em formações específicas de acordo com a evolução da batalha. O exército romano tinha seus legionários remunerados como profissionais. Como uma organização moderna, tinha objetivos, estratégias, logística como apoio militar, infraestrutura, equipamentos, tecnologia e treinamento permanente. Os centuriões eram profissionais treinados, de geração a geração, com sua disciplina espartana, preservada ao longo do tempo. A divisão de tarefas e os princípios do taylorismo eram nitidamente visíveis na organização militar do exército romano. Com doença terminal, César prepara seu processo sucessório, mas é assassinado pela oposição política do Palácio. Cômodo assume como o novo César. Destruído por dentro, pela desorganização provocada pelos seus dirigentes, o Império Romano se desmorona em um processo lento, mas inexorável que levou, ainda, dezenas de anos para sua consumação. A intervenção com decisões não planejadas por parte de Cômodo acelera tal destruição. Contrariara um princípio apregoado por Sun Tzu, há 2.500 anos, de que a arte da guerra é uma questão de vida ou morte, um caminho tanto para a segurança como para a ruína e, portanto, em nenhuma circunstância deve ser negligenciada. Este filósofo, cujos ensinamentos são intensamente utilizados pelos empresários e executivos nos dias de hoje, prescrevia, ainda, que o verdadeiro objetivo da guerra é a paz. Como em *O príncipe* (Maquiavel) e o *Livro dos cinco círculos* (Miyamoto Musashi), as verdades de Sun Tzu podem, da mesma forma, mostrar o caminho da vitória em todas as espécies de conflitos comerciais, batalhas em salas de diretoria e na luta diária pela sobrevivência, que todos seres humanos enfrentam. Esta decadência imperial ocorreu, ainda, segundo aplicação dos princípios de Sun Tzu, devido à falta de harmonia no Estado em que nenhuma expedição militar poderia ser garantida; pois sem harmonia no exército, não poderia haver formação de batalha vitoriosa. A queda de Roma, no entanto, deixou um legado de princípios organizacionais, culturais, de engenharia e arquitetura, sistemas de leis (direito romano), para exércitos e impérios de outras épocas, como o persa, macedônico, e, mais recentemente, para os modernos impérios ocidentais (britânico e americano). Em termos de teoria das organizações, sua abordagem foi o que, recentemente, se convencionou chamar como Escola Clássica. Tal Escola prescreve como criar uma organização que, de forma eficiente, atinja os seus objetivos. São os princípios posteriormente explicitados por Taylor, que se concentrou na análise do trabalho, por Fayol, que estabeleceu reflexões sobre a administração e controle e por Weber, que analisou o contexto social e os princípios que fundamentam as organizações. Uma lição deixada pelo filme também é o delineamento dos espaços de atuação do Governo/Roma (*Primeiro Setor*, composto pelo Poder Legislativo, exercido pelos senadores, e o Poder Executivo, de domínio do Imperador/César) e das demais entidades integrantes da comunidade em geral. As típicas atividades das *organizações não governamentais* dos dias de hoje eram, parcialmente, exercidas pelos membros do senado com a aplicação das leis do direito romano.

Ameaça virtual (com Tim Robbins e Ryan Philiphe)

História de Gary Winston (Tim Robbins), executivo e *chairman* (acumula as funções de *Chief Executive Office – CEO* –, e *Chief Information* Executive – *CIO*) da NURV, que é uma *software house* do Vale do Silício, Califórnia. Pela interpretação do enredo do filme, percebe-se que a NURV na realidade é a caricatura da própria Microsoft, que é camuflada na história juntamente com a LINUX, sua concorrente direta. A NURV monopoliza o mercado de *software*, particularmente de sistemas operacionais que acompanham os microcomputadores comercializados ao redor do mundo. A NURV, preocupada com sua imagem de responsabilidade social corporativa, já que atua em um mercado francamente monopolístico e oligopolístico, procura canalizar parte de seu faturamento multimilionário em doações sociais e comunitárias voltadas a projetos culturais, musicais e artísticos. Desenvolve em caráter prioritário um novo sistema operacional, o Sinapse, e para tanto necessita dos melhores programadores-analistas do mercado mundial. De sua base de dados seleciona digitalmente os 20 mais competentes profissionais do mercado. Nesta triagem eletrônica feita pelo *software* gerenciador de seu banco de dados de talentos, convida Milo Hoffmann e Ted que estão nesta conceituada lista dos profissionais competentes, capazes de fazer decolar e cumprir seu cronograma de desenvolvimento do Sinapse. A contratação de Milo Hoffmann (Ryan Philiphe) é feita ao vivo, em plena sessão de videoconferência internacional, enquanto Ted, seu colega de profissão, resolve seguir outros caminhos. O Sinapse demonstra, na prática, que é um *software* que enfrenta problemas quase intransponíveis de compatibilização com a infraestrutura de *hardware* presentemente disponível no mercado. É um *software* que resolve a complicadíssima questão da convergência tecnológica de todas as mídias do mercado e que utiliza um sistema de comunicação baseada em 240 satélites. Gary é, constantemente, acusado de clonar *softwares* desenvolvidos pelos seus concorrentes diretos, e de se apossar deles, quando não os consegue comprar por vias legais. A contratação de Milo é efetivada para cumprir os apertadíssimos prazos de desenvolvimento do Sinapse. No primeiro dia de NURV, Milo Hoffmann é apresentado aos demais colegas de trabalho e passa por rigoroso treinamento de integração de funcionários recém-admitidos. Na sede da empresa, com 21 edifícios e escritórios panorâmicos do tipo *landscape*, recebe seu *kit* de treinamento introdutório e ganha um espaço na forma de *workstation* e aguarda seu tutor-conselheiro (cada funcionário recém-admitido tem seu tutor). Para surpresa geral, o tutor de *Milo* é o próprio *Gary Winston* (que nunca havia sido conselheiro de ninguém), o que demonstra a importância atribuída a este novo funcionário. Gary ministra palestra de integração com grande eloquência e entusiasmo, transmitindo os valores e crenças da NURV, o que motiva todos os recém-admitidos a "vestirem a camisa" da empresa. No discurso de Gary, que lembra o estilo de Steve Jobs à frente da Apple e Macintosh, é dito que não há limites para a realização pessoal e profissional dos recém-admitidos e que qualquer garoto em uma garagem poderia tirá-lo do negócio. Pede a todos criatividade e genialidade em suas novas funções na NURV, pedindo a todos que o surpreendam. O trabalho de Milo, basicamente, é trabalhar na interface do novo *software* sinapse e no seu dia a dia encontra bastantes dificuldades técnicas a superar. No entanto, Gary o municia, sempre, de soluções tecnológicas nos momentos mais críticos em que as datas-limite dos prazos de desenvolvimento do *software* se acentuam como insuperáveis. Dessa maneira, Milo sempre recebe "sugestões tecnológicas" provenientes de programas e *software* "prontos" que recebe de Gary para agilizar suas etapas mais críticas de desenvolvimento do Sinapse. Milo Hoffmann consegue cumprir seus prazos, mas percebe que sua vida, como de todos na NURV, é permanentemente monitorada. Acaba sua privacidade, mesmo na vida pessoal, e percebe que sua vida profissional se resume em um mero número e instrumento para que a NURV atinja seus propósitos de monopolizar o mercado. Pela análise do filme em termos de hierarquização em estratégico e operacional, observa-se que se pode enquadrar como estratégico na NURV o desenvolvimento do sistema operacional Sinapse (sistema Windows no caso do Piratas da Informática) a ser instalado nos computadores. E, como operacional, a preservação do clima organizacional com alto nível de qualidade de vida, o que não é observado na organização objeto da história do filme (os funcionários da empresa são relegados a segundo plano e considerados como mero números de prontuário). Embora operacionais, tais decisões afetam diretamente o nível das decisões estratégicas, afetando, consequentemente, a obtenção dos resultados corporativos almejados. Evidenciam o relacionamento de uma empresa privada (*Segundo Setor*) com os órgãos governamentais (*Primeiro Setor*) e a limitação de controle por parte dos mesmos sobre as atividades empresariais. É exatamente esta limitação que pode estar sugerindo espaços de atuação (*segurança pública; justiça e promoção de direitos*) para *organizações não governamentais*, ou, ainda, de parceria de empresas privadas com o Governo para atenuar, ou mesmo eliminar, atividades empresariais ilícitas.

Com o dinheiro dos outros (com Danny de Vito e Gregory Peck)

Conta a história da empresa industrial Fios e Cabos Nova Inglaterra (FCN), situada em Rhode Island (EEUU), liderada por Andrews George, seu presidente (Gregory Peck). A empresa vive certa crise econômica, apesar da momentânea subida das ações na bolsa de valores. Isto atrai a atenção do megainvestidor Garfield (Danny de Vito) da Empreendimentos e Investimentos Garfield de New York. A Garfield é uma empresa de serviços financeiros que vive em busca de oportunidades de negócios (investimentos, aquisições, fusões, cisões, incorporações e venda de empresas). Seu escritório, em Wall Street, que é o centro financeiro de New York (Manhattan), é um modelo de *landscape* (panorâmico), um escritório horizontal aberto. A FCN é uma fábrica obsoleta que produz fios elétricos (os novos produtos à base de fibra ótica lhe fazem concorrência direta), com equipamentos de chão de fábrica já ultrapassados (fica visível uma linha de produção em operação). A FCN detém o controle de outras empresas locais, produtoras de fios, adesivos e outros produtos equivalentes. Apesar de defasada tecnologicamente, a FCN não tem dívidas e não sofre ações e processos do Conselho de Fiscalização do Meio Ambiente, tão comuns a outras empresas desse setor econômico. Garfield faz proposta de compra da empresa para assumir seu controle acionário. Diante da recusa de fazer negócio, por parte do presidente da FCN, decide comprar as ações no mercado chegando a deter 12% do total acionário. Os diretores da FCN resolvem se proteger contratando uma advogada que recomenda transferir a empresa, legalmente, para outro Estado (Delaware). Os diretores da FCN, com um total de 30% (inclusive empregados que têm participação acionária) ainda mantêm sob seu controle a companhia. A advogada procura Garfield para negociar, propondo um acordo para que o mesmo não compre ações, por um determinado período de carência, mantendo a situação acionária inalterada. Nesse período, a FCN procura adquirir ações para reverter a tendência de perda do controle acionário através de empréstimos bancários. Tal decisão é contrária à filosofia financeira de seu presidente, que sempre adotou a estratégia de trabalhar apenas com recursos financeiros próprios. O filme mostra os bastidores das organizações que sobrevivem em face das leis do mercado financeiro e das variáveis legais inerentes à regulamentação governamental estabelecida. E a filosofia empresarial de Garfield, por outro lado, é o *DDO – Dinheiro dos Outros,* que a visualiza como uma empresa fictícia para a compra de ações no mercado financeiro. A advogada efetua uma pesquisa na Internet para preparar uma ação na justiça (prova circunstancial) contra Garfield, que por sua vez possui uma equipe de 17 advogados. O juiz concede ganho de causa à FCN, o que provoca a interrupção nas transações das ações em bolsa. A partir daí, ocorre um desdobramento de providências, de ambos os lados, na tentativa de atingir seus respectivos objetivos (de compra ou de preservação do controle da empresa). Garfield investe 13 milhões de dólares na FCN com o objetivo de revendê-la, posteriormente, por 35 milhões. Sofre a resistência de George, presidente da FCN, que não quer prejudicar seus empregados, a comunidade local e tampouco beneficiar um atravessador/especulador capitalista. Garfield recebe a Sra. Sullivan, uma das acionistas da FCN, que vem falar de esperança, sonhos e que os atuais acionistas da empresa possuem um negócio sem dívidas. A reunião anual dos acionistas pode decidir sobre a transação de acordo com a proposta de George que confia em uma decisão favorável dos mesmos na sessão de votação. Garfield concorda com a proposta, pois pode conseguir fechar o negócio em meses, o que poderia levar anos. Andrews George, em seu longo discurso na Assembleia Geral de Acionistas, discorre sobre o risco da mudança do controle acionário para um especulador da era pós-industrial que não constrói nada: "Pois Garfield atua como um simples atravessador financeiro [...] investidor de negócios de hambúrgueres, com empresa estruturada apenas com advogados, sem construir nada, e que sacrifica os empregos, não valorizando os sócios e segundo o jornal *Wall Street* Garfield valoriza dinheiro e não as pessoas [...] uma companhia vale mais que o preço de suas ações. A nossa empresa, a FCN, importa-se com as pessoas e sobreviveu à recessão, à guerra e a várias vicissitudes." George continua seu discurso dizendo que o país vive um novo mundo dos negócios onde tudo está mudando com o fim daquele universo de solidariedade em que um ajuda aos outros... "Todos têm orgulho do que foi construído e hoje, porém, há o medo de não representar mais nada." Lawrence Garfield também efetua seu discurso, de impacto, e dirigindo-se aos acionistas enfatiza que "... a empresa FCN já está morta e fibras óticas e tecnologias inovadoras semelhantes provocam a obsolescência dos fios e cabos de cobre elétricos [...] e chicotes fabricados pela FCN não têm mais mercado, mesmo que fossem os melhores produtos do mundo. Estas tecnologias inovadoras que proporcionam a impressão errônea de que tais inovações irrompem subitamente como fenômeno novo na história empresarial, na verdade, derivam da velocidade com que microeletrônica, mecatrônica e telemática, por exemplo, se desenvolveram nos últimos tempos. Uma velocidade que gerou profundas perspectivas, mas que, também, trouxe consigo problemas graves a serem enfrentados em relação à produção, ao trabalho, à economia e à qualidade de vida das pessoas. FCN não é mais produtiva porque se preocupa com os empregados apenas paternalisticamente não os considerando como talentos que podem produzir mais com menores custos [...] as ações valem hoje menos do que valiam há dez anos [...] e o objetivo dos acionistas da empresa é ganhar dinheiro! Não importa o que o empreendimento faça e produza [...] e mesmo que eu, Garfield, seja chamado de o 'liquidador' de empresas, pelo menos comigo o acionista terá dinheiro no bolso". Com este discurso, Garfield sensibiliza os acionistas a votarem nele e acaba assumindo o controle acionário. É uma verdadeira lição sobre ética e responsabilidade social corporativa. Aborda, de forma didática, ainda, a estratégia financeira de uma empresa em trabalhar apenas com capital próprio sem recorrer a endividamento externo para financiar seu capital de giro. Torna clara a interação entre uma empresa de capital aberto com ações em bolsa de valores e os órgãos de controle governamental (no Brasil é a Comissão de Valores Mobiliários – CVM) e a limitação de controle por parte dos mesmos sobre as atividades empresariais. Esta limitação de atuação governamental sinaliza áreas de atuação (*proteção dos direitos do consumidor; justiça e promoção de direitos*) para organizações não governamentais para combater a corrupção e uso de informações privilegiadas em detrimento dos diferentes públicos que compõem a sociedade.

Erin Brockovich (com Julia Roberts e Albert Finney)

Uma história real centrada em Erin Brockovich (Julia Roberts) que, trabalhando em um escritório de advocacia, descobre, espontaneamente, um caso legal contra uma corporação gigante. Expõe a persistência de uma mulher desempregada e com três filhos, que consegue emprego com o advogado (Albert Finney) que a defendeu em uma causa de acidente de trânsito. Erin, ao buscar informações acerca de um caso imobiliário de uma família contra a PGE, uma multinacional do ramo petroquímico, descobre que a mesma contaminou ambientalmente toda comunidade local. Determinada a encarar uma luta contra um poderoso adversário, que nenhuma firma de advocacia havia ousado antes, ela obtém êxito. A grande empresa, causadora do impacto ambiental, realiza seminários para sensibilização da comunidade local a respeito da instalação de uma unidade fabril na região. E acaba convencendo todos os moradores de que a operação industrial da nova planta produtiva da empresa é segura. Porém, anos mais tarde a população apresenta problemas de saúde causados pela poluição ambiental. A água contaminada com cromo acaba causando sérios problemas de saúde aos moradores da comunidade, tais como câncer, abortos, doenças respiratórias e outras anomalias. O escritório de advocacia (empresa de prestação de serviços especializados, conforme conceitos explicitados nesta obra) consegue uma importante vitória contra uma grande corporação causadora de significativo impacto ambiental provocado pela contaminação química do solo (poluição do lençol freático da região) de uma pequena cidade interiorana dos EUA. As famílias da região são convencidas por Erin a entrar com processo contra a PGE, consubstanciado em um conjunto de provas que consegue reunir. O porte assustador do processo multimilionário faz com que a pequena firma do advogado (Albert Finney) se alie a um grande escritório de advocacia em uma verdadeira parceria de duas empresas de serviços equivalentes. É uma verdadeira lição de gestão ambiental, ética e responsabilidade social. Evidencia, ainda, características e estratégias genéricas, normalmente, presentes em uma empresa prestadora de serviços especializados. O filme, além do tema responsabilidade social, é uma verdadeira lição sobre gestão ambiental e desenvolvimento sustentável. Do seu enredo podem-se extrair subsídios para delimitar a atuação do *Primeiro Setor* e do *Terceiro Setor*. Podem-se visualizar, ainda, os espaços para parcerias entre as empresas privadas (*Segundo Setor*) e as *organizações não governamentais*.

Henry Ford: a história da indústria automobilística

Este filme exemplifica bem como funcionavam as empresas industriais de antigamente. As pessoas eram tratadas como meros recursos a serem alocados ao processo produtivo. Os funcionários não podiam pensar e, tampouco, expressar sua opinião ou alguma ideia. Eles tinham apenas que serem eficientes nas tarefas que eram incumbidos de realizar pelo órgão de planejamento central. Produzir sempre a mesma coisa, programada pelo Plano de Produção, sem se preocuparem se poderiam fazer melhor, ou então, sem precupação com a qualidade do produto que produziam. Espelha e reflete a época do taylorismo (Taylor) e fordismo (Henry Ford), em que não se valorizava o principal patrimônio de uma empresa, ou seja, o capital humano, exatamente como exemplifica o filme. Mostra uma linha de montagem típica do taylorismo, como método de produção adotado por Henry Ford quando da criação do seu império automobilístico, e que perdura até os dias de hoje. Evidencia com clareza o lado negativo dos conceitos da escola clássica criada por Taylor, centrado no conceito de que o empregado a serviço de uma organização, para ser eficiente, não precisa pensar. Ilustra, em fortíssimas cores, a correria do mundo moderno, em que o tempo controla e serve de referência maior para as pessoas. Essa escalada de robotização, no entanto, tem um lado de mudança que depende de cada um, na forma de opção ou inevitável, como é o caso do personagem central do filme, que procura desesperadamente se livrar do mundo-máquina. O filme evidencia a desumanização do cotidiano de uma fábrica que se tornou o embrião de programas de qualidade de vida no trabalho atualmente praticados por muitas organizações. A busca por melhores condições de trabalho entre empregados e empregadores ampliou-se em decorrência das mudanças ocorridas na sociedade pós-industrial. As novas tecnologias que geram o desemprego estrutural (eliminação de postos de trabalho) e os efeitos da internacionalização dos mercados intensificaram a concorrência e a pressão por maior produtividade da mão de obra. Em 1905, os financiadores de Henry Ford, em sua nova companhia, a Ford Motor Co., insistiam que a melhor maneira de se obter o máximo de lucratividade era construir um automóvel para os ricos. Mas Ford era de origem modesta, vindo de região rural do país, e acreditava que os trabalhadores que construíam os carros deveriam também poder possuir um. Em vez de dar ouvidos aos investidores, Ford acabou comprando sua parte do negócio. Esse foi o primeiro grande passo de uma cruzada que o tornaria o pai da indústria americana do século XX. Quando o Modelo T, na cor preta (o seu marketing era o *de produzir carros de qualquer cor... desde que fosse preto !!!*), foi lançado em 1908, ele se transformou no carro do homem comum, elegante em sua simplicidade e uma verdadeira máquina de sonho, não só para os engenheiros, mas também para os homens de marketing. Ford criou a produção industrial em série, mas o que realmente lhe interessava era o consumo em massa. Sua invenção ajudou a criar uma classe média nos Estados Unidos, urbanizada e com salários em ascensão. Quando Ford deixou a fazenda da família, aos 16 anos, e caminhou 13 km para conseguir seu primeiro emprego, em uma loja de máquinas em Detroit, apenas dois em cada oito americanos viviam nas cidades. Durante a Segunda Guerra Mundial, esse número dobrou, e o "T" foi, em parte, responsável pela mudança. Havia um grande fluxo de trabalhadores dirigindo-se a Detroit em busca de empregos e, se iam trabalhar em uma das fábricas de Ford, acabavam comprando seus carros. O empresário lançaria as bases sobre as quais floresceria a classe média americana ao abrir condições de crédito para que todos pudessem comprar seus carros. Primeiro Ford financiou seus próprios empregados, depois, estendeu esse crédito aos consumidores. Assim, todos poderiam comprar um carro, e a empresa, consequentemente, aumentaria suas vendas e sua participação no mercado. O modelo de crédito desenhado por Ford chegou à construção civil e, depois, ao comércio. Tanto que, hoje, não só apenas nos Estados Unidos, um cartão de crédito é a identidade número 1 de um consumidor. Formou-se assim um círculo virtuoso, do qual Ford era o dono. Quando, em 1927, a produção do Modelo T foi interrompida, mais de 15 milhões de automóveis já tinham sido vendidos, ou metade da produção mundial de carros da época. Só a linha de montagem da companhia levava a revolução industrial americana aos céus. Em vez de utilizar operários para montarem juntos o carro inteiro, Ford organizou equipes que adicionavam partes separadas a cada unidade do veículo em fabricação, que passava pela esteira. Sua maior inovação foi a adoção da linha de produção. Ford, ao observar que os açougueiros ficavam em postos fixos, cortando as carnes, que se moviam em esteiras, concluiu que *se cada montador permanecesse fixo em uma função, o automóvel ganharia forma mais rapidamente, economizando incontáveis horas de trabalho.* Mandou construir trilhos, por onde os carros em montagem pudessem ser movidos, em vez de os operários ficarem indo e vindo pela fábrica. Depois percebeu que os carros teriam de ficar no alto, para facilitar o trabalho e, como nos açougues, a linha de produção ganhou guinchos e os trilhos no final para testar a suspensão, com carros rapidamente saindo dos galpões para as ruas e em grande quantidade (com postos fixos no trabalho, o salário incrementado foi instituído, e também a especialização da mão de obra. Cada um passou a ter um papel definido e podia-se verificar, no término do carro, onde ocorriam os problemas. Ou seja, as responsabilidades podiam ser fixadas a cada posto de trabalho/cargo/operário). Quando a enorme fábrica de Ford, em Highland Park, começou a funcionar em pleno vapor, sua esteira transportadora, a mais rápida do mundo, conseguia produzir um carro a cada 93 minutos (quanto maior a velocidade, maior a exigência e pressão por rapidez e eficiência dos operários dispostos ao longo da linha de montagem). No mesmo ano, Henry Ford chocou o mundo com o que provavelmente foi seu maior legado para a posteridade: o sistema de salário-mínimo de US$ 5 por dia. Na época, o salário mínimo na indústria automobilística era de US$ 2,34 por uma jornada de trabalho de nove horas. Ford não apenas dobrou esse valor, como também diminuiu uma hora da jornada (a jornada de oito horas e a semana de 40 horas virariam as condições de trabalho da época transformando-se em bandeiras de sindicatos da América do Norte e da América do Sul). O *Wall Street Journal* chamou o plano de "crime econômico" e seus críticos se referiam ao fordismo com o mesmo tom de escárnio (os empresários da época mais críticos eram da área de mineração e da siderurgia, exatamente os fornecedores da montadora de automóveis. Ou seja, a queda de braço entre as atuais empresas e seus fornecedores – basta ver os supermercados – sempre existiu ao longo da cadeia produtiva de qualquer setor econômico). O que eles não viam é que, pelo fato de Henry Ford ter diminuído o custo de cada carro, os salários não eram mais um ônus e tornavam o produto acessível a maior número de consumidores (sua resposta à mídia era a de que ... "*se você corta os salários, simplesmente está cortando o número de seus consumidores*"!!!). No fim dos anos 1920, a companhia controlava seringais no Brasil, uma frota de navios, uma estrada de ferro, 16 minas de carvão e milhares de quilômetros quadrados de florestas (é o conceito de integração vertical em que uma empresa controla suas próprias fontes de suprimento de matérias-primas). Tudo isso combinado na gigantesca fábrica de River Rouge, uma verdadeira metrópole onde trabalhavam 100 mil homens. De certa forma, Ford se tornou um prisioneiro do seu próprio sucesso. Ele se voltou contra alguns de seus melhores engenheiros, quando eles adotaram mudanças no *design* ou promoveram planos que Ford não aprovava. Ele também se opunha violentamente aos sindicatos. Apenas em 1941, quando teve de enfrentar uma greve geral, ele permitiu que o sindicato do setor automotivo, o United Auto Workers, se organizasse em uma de suas montadoras. O filme evidencia, didaticamente, os conceitos da Escola Clássica e Administração Científica. Mostra, ainda, conceitos de linha de produção, cadeia produtiva, qualidade de vida no trabalho e clima organizacional. Mostra, ainda, o delineamento das atividades econômicas inerentes ao Primeiro (atividades governamentais) e ao Segundo Setor (atividades empresariais). Podem-se projetar, a partir deste cenário, eventuais espaços de atuação de organizações não governamentais que não eram regulamentadas, na época, nos diferentes segmentos da sociedade.

Hoffa: um homem, uma lenda (com Danny de Vito, Jack Nicholson e Armand Assante)

História de um sindicalista que de metalúrgico de uma fábrica de rodas de Detroit torna-se o presidente de uma associação sindical internacional (*teamster*). Relata a biografia do líder sindicalista chamado Jimmy Hoffa. Hoffa lutou durante quatro décadas por condições mais humanas de trabalho para os caminhoneiros, desde o início da depressão americana. No início, ele não contava com muitos caminhoneiros a seu favor, mas através de seu espírito de liderança, seus ideais por justiça social e seu grande poder de persuasão, o movimento sindicalista ganha muitos adeptos. Mas Hoffa teve um envolvimento com a máfia americana e sua sede pelo poder o transformou num líder "controvertido". Ele teve, desde o início de sua luta, um parceiro italiano que se chamava Ciaro. Este permaneceu ao seu lado até Hoffa atingir a governança do Estado, mas acabou traindo-o, e um complô acabou com sua reputação, já que seu envolvimento com a máfia veio à tona. Jimmy Hoffa luta pelos direitos e condições humanas para os trabalhadores sindicalizados (classe dos caminhoneiros). De idealista, estabelece parceria com a máfia e acaba sendo acusado de assassinato. Depõe junto à Comissão do Senado em ação movida pelo então promotor Robert Kennedy que na época processava sindicalistas acusados de comunistas (governo de Richard Nixon). Nos seus últimos dias antes de morrer assassinado enfrenta a acusação de enriquecimento ilícito. Durante toda a sua trajetória profissional, Hoffa ressalta que a vida é uma negociação, e é através dela que ele consegue tantos adeptos a seu ideal, e todos os seus objetivos são alcançados através dessa ferramenta gerencial. Outro ponto interessante é o espírito de liderança do ator principal. Ele consegue reunir, organizar e delegar funções muito bem. Isso mantém o movimento forte e unido. Quando atinge seu poder, Hoffa decide demitir grande quantidade de funcionários. Isso geraria uma atmosfera ruim para os seus funcionários, e para "suavizar" esse fato, ele utiliza uma mudança de estratégia. Essa mudança, no caso, consistiu em uma demissão em massa, muitos funcionários de uma só vez. Isso para evitar um trauma muito grande. Como presidente do sindicato, logo que assume adota os princípios de Maquiavel que preceituava mudança radical de imediato: *se for demitir aos poucos o pessoal vai voltar contra você, portanto demita todos no primeiro dia...* É uma verdadeira lição de liderança, responsabilidade social corporativa e de estratégia de implementação de mudanças organizacionais. A história do filme é extremamente importante no cenário das ONGs, uma vez que os trabalhadores e movimentos sociais são os seus principais beneficiários. No contexto econômico brasileiro, a legislação não permite que sindicatos, associações de classe ou de representação de categoria profissional sejam organizações da sociedade civil de interesse público.

Mauá – o Imperador e o Rei (com Paulo Betti e Malu Mader)

Conceitos-chave: finanças; estratégias; macroeconomia; globalização e internacionalização dos mercados; ética e responsabilidade social.

Este filme traz a saga de Irineu Evangelista de Souza, desde seu nascimento até a sua morte, como Barão e Visconde de Mauá, um dos homens mais ricos do Brasil. Sua riqueza chega a ser maior do que o orçamento do Império, tanto em termos monetários como em terras que incluem até latifúndios em plena floresta amazônica. Daí a expressão popular da época para designar a influência econômica poderosa do personagem, de que no Brasil havia o Imperador (Dom Pedro) e o Rei (Barão de Mauá). Enfatiza o comércio do negro, que é considerado como uma mercadoria valiosa. Em contraposição ocorre a decadência da economia do açúcar. Aos nove anos prestava pequenos serviços no armazém do Sr. Pereira de Almeida, e aos 15 já ocupava o cargo mais importante da empresa. Um banqueiro e investidor escocês com casa bancária no país, impressionado com sua sagacidade, contrata-o para trabalhar em sua firma, para deixá-lo, aos 22 anos, à frente dos negócios. Aos 30 anos, casou-se com sua sobrinha e logo após construiu a primeira indústria brasileira. O primeiro de uma série de empreendimentos, que lhe valeram os títulos de nobreza, ao mesmo tempo em que seu poder despertou a oposição, tanto da corte como de capitalistas ingleses. Estes confrontos, que culminaram com uma falência humilhante, não foram suficientes para abater a ousadia e tenacidade deste empreendedor, que aos 60 anos ainda se recuperou, saldando todas as suas dívidas. Este empreendedor foi o responsável por colocar o país no rumo do progresso industrial, e iniciar uma fase industrial que provocava, já na época, agressões ao meio ambiente. A economia do Brasil imperial era movimentada às custas da escravidão e da nobreza do Governo reinante, nação eminentemente agrícola. Esta cultura colonial baseada em uma economia eminentemente agrícola baseada no trabalho escravo tinha uma incipiente atividade industrial. Mauá combate a escravidão e seus empreendimentos conseguem prosperar sem a utilização da mão de obra escrava, servindo de referência para a época. Ressalta a influência do Governo taxando os produtos ingleses, importados, e criando uma lei incentivando a instalação industrial no Brasil. É da época a abertura de banco brasileiro no Uruguai, a influência da Guerra do Paraguai no contexto interno, as transações cambiais, financeiras e industriais com a Inglaterra, dentre outros fatores de influência já presentes na internacionalização da economia brasileira. O filme mostra em cores carregadas de dramaticidade a fase em que o homem vivencia uma época onde os recursos financeiros são mais importantes do que a própria vida humana. Um devedor se suicida dada sua impossibilidade de pagar suas dívidas junto à Casa Comercial Pereira de Almeida, em função da desonra trazida pela situação e da ética de saldar dívidas como valor da época. A negociação profissional e a questão ética são enfatizadas como valores humanos a serem preservados. É a época em que é decretada a eliminação da escravidão. Da mesma época é a elaboração de um inovador código comercial. É desse tempo, ainda, a construção da primeira ferrovia, iluminação pública a gás, indústria têxtil, dentre outros empreendimentos que influenciaram o país. Tais iniciativas, além do progresso econômico, trouxeram os primeiros impactos ambientais da época. Até a Amazônia sofre tal influência (Companhia de Navegação da Amazônia), que é a primeira de impacto ambiental. Coloca em evidência manobras especulativas, já existente naquele tempo, no mercado financeiro que a confrontam com as questões éticas, de parceria e de responsabilidade social corporativa que devem prevalecer nas atividades empresariais. As atividades tipicamente inerentes ao Primeiro, Segundo e Terceiro Setores (exercidas, indevidamente, pela classe política dominante) podem ser visualizadas no enredo do filme.

O amor é contagioso (com Robin Williams)

História verídica de Patch Adams (personagem vivido por Robin Williams), um médico que não parece, não age e não pensa como qualquer médico que você já conheceu. Este filme retrata a vida de um profissional da saúde e reflete, principalmente, a organização de um hospital típico. Para Patch, o humor é o melhor remédio e ele está disposto a quase tudo para que seus pacientes riam, até mesmo colocar em risco sua própria carreira. Enfrenta uma instituição médica que tem suas leis e regulamentos autocráticos e que não permite desvios de conduta como a "felicidade excessiva" vivida por Patch Adams. Ele trata seus pacientes como gente e os chama pelo nome enquanto os demais médicos os chamam de paciente associado a uma determinada doença. Cria um empreendimento, na forma de clínica médica, que ajuda as pessoas carentes e tem em seu corpo técnico médicos e enfermeiras voluntários. Tal empreendimento se transformou num consagrado hospital de grande porte (denominado de Hospital Universitário). Ele sabe lidar com gente. Pratica a medicina tradicional e procura, também, atender e cuidar de pessoas em seu sentido afetivo. Ou seja, procura eliminar a distância profissional entre o médico e o paciente que é recomendada pela medicina tradicional. Procura melhorar a qualidade de vida ao seu redor e compartilhar seus encargos profissionais com seus colaboradores e com as pessoas (pacientes) do hospital. É uma história da vida real em que o médico, há décadas, transforma os quartos dos hospitais que visita em um verdadeiro picadeiro. Sua especialidade é animar pacientes com brincadeiras para reduzir o sofrimento deles. Serviu de inspiração para o surgimento de vários grupos doutores da alegria, espalhados pelo mundo. No Brasil, destaca-se o Doutores da Alegria como seguidores desta abordagem de tratamento médico. Seu enfoque filosófico é evitar que o paciente seja tratado como cliente de loja, como um mero número de prontuário e que o médico somente tenha retorno financeiro se receitar remédios ou alguma intervenção cirúrgica. O filme retrata a ausência de preocupação, por parte da direção dos hospitais tradicionais, com o aspecto da qualidade no processo de atendimento médico-hospitalar. Este fator é tão importante que no Brasil, atualmente, muitos hospitais adotam instrumentos de avaliação equivalentes ao sistema *ISO* denominados de acreditação hospitalar segundo padrões de qualidade especificados pela Organização Nacional de Acreditação. A implementação das atividades da clínica fundada por Patch Adams é uma verdadeira lição de empreendedorismo baseada no voluntariado. De fato, para as ONGs dos dias de hoje a conscientização política em relação ao voluntariado é sua maior fonte de atenção. Ou seja, a maioria das atividades exercidas no âmbito das organizações sociais devem ser creditadas ao trabalho voluntário. As ONGs, dada sua fundamental importância, possuem políticas e programas específicos para a capacitação, conscientização e politização dessa força de trabalho.

O dia depois de amanhã (de Roland Emmerich, com Dennis Quaid)

Conta a história da atávica atração do ser humano pelo imaginário de pensar a própria aniquilação da espécie humana. Jack Hall (Dennis Quaid), personagem central do filme, é o cientista cuja voz se ergue solitária contra o poder constituído. Se o aquecimento global prosseguir no presente ritmo, a massa de água despejada nos mares pelo derretimento das calotas polares irá alterar o fluxo das correntes oceânicas, trazendo uma nova era glacial em questão de décadas. Segundo o quadro pintado em cores fortíssimas pelo filme, pedras de gelo matam transeuntes em Tóquio, uma nevasca instaura o caos em Nova Delhi, uma onda de frio siberiano varre a Inglaterra e tornados devastam Los Angeles. De uma estação meteorológica na Escócia vem o aviso de que as previsões de Hall se confirmaram: a temperatura nas águas do Atlântico Norte está caindo vários graus a cada dia. Parece uma hecatombe que, no filme, é só o início dela. O filme combina os dramas humanos de praxe com a escalada do cataclismo e suspense. Como na sequência cheia de presságio em que o céu de New York se cobre de pássaros em migração para o sul, em pleno verão. É na mesma cidade em que ocorre um maremoto que primeiro inunda a capital e depois a deixa sob o gelo. Presos na biblioteca municipal, o filho do cientista (Jake Gyllenhaal) e seus amigos chegam à conclusão de que nada queima tão bem quanto livros sobre lei fiscal. Enquanto isso, milhares de americanos tentam cruzar ilegalmente a fronteira para o ainda tépido México, mas só passam depois que os Estados Unidos concordam em perdoar a dívida externa da América Latina. A história, embora ficção, toca num assunto atual para todos países do mundo, que é o aquecimento global. Quando o cientista Jak Hall apresenta seu relatório contendo sua tese de mudança drástica no clima para o vice-presidente, a reação deste é de escárnio e má-fé. A economia é ainda mais frágil que o clima, diz o vice-presidente, e não há chance de que sua administração venha a assinar o Protocolo de Kyoto, que controla a emissão de gases associados ao efeito estufa. Esses dados são reais: o aquecimento global e a renitência americana em preveni-lo. É uma verdadeira lição de gestão ambiental, ética e responsabilidade social corporativa. O filme, além do tema responsabilidade social, é uma verdadeira lição sobre gestão ambiental e desenvolvimento sustentável. Do seu enredo, podem-se extrair subsídios para delimitar a atuação do Primeiro Setor e Terceiro Setor. Podem-se visualizar, ainda, os espaços para parcerias entre as empresas privadas, governo e para a criação e funcionamento das *organizações não governamentais.*

O informante (com Al Pacino, Russel Crowe e Cristopher Plummer)

História, com foco na responsabilidade social corporativa, de Jeffrey Wigand (Russel Crowe) que exercia a função de Vice-presidente de Pesquisa da Brown & Williamson, empresa do setor de tabaco. Esta empresa, terceira maior produtora de cigarros do país (EEUU), como outras do setor, caracteriza-se pela cultura da produção e venda de cigarros em grande escala, o que decorre em altas margens de lucros pela venda deste produto antiético. Como cientista que acreditava ser, exerceu esta alta função gerencial por mais de três anos e foi demitido, sem justa causa (o motivo alegado foi a falta de habilidade em comunicação), sendo obrigado a assinar um contrato de confidencialidade para preservar os segredos de pesquisa e desenvolvimento (*P&D*) da companhia. Anteriormente, havia sido executivo da Johnson & Johnson, Pfizer e Union Carbide nessa mesma área de *P&D*. É quando conhece Lowell Bergmann da CBS News (uma das maiores rede de televisão do país), produtor do Programa 60 minutos, o estimula a revelar segredos desse cartel de empresas extremamente unidas na defesa de um produto danoso à saúde pública. O contato entre ambos surge quando Lowell começa a investigar um relatório de prevenção de incêndios que lhe "cai nas mãos" da Philip Morris (maior fabricante do setor que recolhe como alíquota de imposto em torno de 75% do total de seu faturamento). Apesar desta característica de produto aético contendo nicotina, cientificamente comprovado como prejudicial ao ser humano, os sete presidentes das organizações deste setor econômico depõem no Congresso afirmando o contrário. Fica evidente o poder econômico e o *lobby* político deste setor econômico cuja atuação sempre evita processos indenizatórios contra suas empresas, diferentemente daquelas de outros setores (enfatizado o caso das automobilísticas, como a GM e Ford, que não têm o mesmo poder e, portanto, não evitam processos e ações indenizatórias por conta de acidentes automobilísticos provocados pelos seus carros). Com um *curriculum* e alto preparo técnico, no entanto, não consegue colocação no mercado (termina por trabalhar como professor em colégio de nível médio), pois sua empregabilidade fica comprometida por conta de ser ex-executivo da Indústria de Tabaco. Decide falar sobre a "manipulação da nicotina" em entrevista na CBS e depor como testemunha em tribunal de júri no maior caso de saúde pública do país. A partir daí, sofre pressões financeiras e psicológicas que torna pública os bastidores dos processos de fusão (aquisição da CBS pela Westhinghouse Co.) e da indústria de comunicação do país (redes de televisão e os jornais de maior circulação como *Wall Street* e *New York Times*). Fica evidente o conflito entre o papel de homem de negócios (executivo e empresário) e a função técnica do homem de notícias exercido por *Jeff Wigand* e que está presente em qualquer tipo de organização. É destacada, ainda, a importância da evidenciação externa das atividades empresariais que devem ser éticas e com responsabilidade social. A informação como um ativo de importância estratégica é destacada e evidenciada em seu processo de transformação de dados decorrentes de observações do ambiente, com a aplicação do raciocínio da mente humana através da reflexão, síntese e contexto sociopolítico, que a transforma em informação e conhecimento. Torna evidente a interação entre uma empresa de capital aberto com ações em bolsa de valores e os órgãos de controle governamental e a limitação de controle por parte dos mesmos sobre as atividades empresariais. Esta limitação de atuação governamental sinaliza áreas de atuação (*proteção dos direitos do consumidor; segurança pública; saúde; justiça e promoção de direitos*) para *organizações não governamentais* para combater a corrupção e uso de informações privilegiadas em detrimento dos diferentes públicos que compõem a sociedade.

O nome da rosa (com Sean Connery e Christian Slater)

O filme ilustra a história das estranhas mortes que ocorrem num mosteiro durante a Idade Média. Um monge franciscano, irmão William (Sean Connery), é chamado para solucionar o mistério e cai nas malhas de uma trama diabólica. As mortes, segundo a investigação conduzida pelo monge, relacionam-se à frequência à biblioteca do mosteiro. O acesso aos livros, raros na época, dada a inexistência da imprensa, é controlado e restrito a poucos mortais. Os poucos livros nas estantes chamam a atenção, pois o mosteiro era famoso no mundo da época pela riqueza de seu acervo bibliográfico. Descobre que os livros são envenenados para que seus desavisados leitores sejam contaminados e faleçam sem deixar rastros evidentes do crime. Baseado no romance de Umberto Eco, é um filme que faz uma reconstituição fidedigna daquela época. Evidencia o poder da Inquisição como autoridade hierarquicamente superior da Igreja (... *em que tempo que vivemos*..., diz o monge). Demonstra a hierarquia rígida da organização da Igreja tanto em seu aspecto de estrutura organizacional (rígida pirâmide hierárquica), como o uso de funções em forma equivalente a controladoria, conselho de administração e auditoria, bastante utilizadas, ainda, pelas empresas dos dias de hoje. É uma organização que observa a Escola Clássica. Há uma analogia com o fordismo, escola burocrática e os princípios de Taylor e Fayol. Há uma analogia da organização da Igreja com as organizações militares. As igrejas cristãs (na realidade, daí a importância de estudar suas antigas atividades), se constituem em uma das origens das atuais *organizações não governamentais*, daquelas com uma vertente popular, que se ligam fundamentalmente aos movimentos comunitários, de bairros, de periferia e sindicais.

O último samurai (com Tom Cruise)

Conta a história de um oficial traumatizado pela experiência na guerra civil americana, que se vê isolado entre um inimigo supostamente bárbaro e deixa-se absorver por ele a ponto de voltar-se contra suas próprias fileiras. Personagem do filme, Tom Cruise, é o capitão Nathan Algren, um sobrevivente da sangrenta batalha de Little Big Horn que afoga a culpa por ter massacrado os índios em doses amplas de dissolução, cinismo e uísque, o qual financia participando de feiras como garoto-propaganda dos rifles Winchester. Oficial capaz e talentoso, Algren é contratado, junto com outros americanos, para treinar o primeiro Exército regular do Japão no uso de armas táticas convencionais. O Japão encontra-se no período do imperador Meiji, que modernizou o país com ferrovias e indústrias, promulgando uma Constituição e desmantelando o sistema feudal que vigorara até então. Muitos dos samurais, a elite feudal, se juntaram ao regime Meiji, enquanto outros se organizaram num sem-número de rebeliões. Sufocar a revolta liderada pelo samurai Katsumoto é justamente a primeira missão do regimento comandado por Algren. O resultado em batalha é desastroso, e Algren é feito prisioneiro por Katsumoto, que vê nele uma ferocidade e um abandono intrigante. Esta batalha vencida pelos samurais equipados com espadas contra um exército mais numeroso e mais bem equipado evidencia a importância do fator tempo no contexto das estratégias de guerra (que geraram as estratégias empresariais dos dias de hoje). O valor do tempo (por exemplo, estar adiante do adversário) para Sun Tzu vale mais que a superioridade numérica ou os cálculos mais perfeitos com relação à logística envolvida. Confinado numa aldeia nas montanhas durante o inverno, o americano passa por uma desintoxicação literal, no caso do álcool, e também espiritual. Os princípios do *bushido*, o código samurai (coragem, honestidade, cortesia, honra, compaixão, lealdade e sinceridade) e a atenção das pessoas da aldeia são a cura para os seus males de alma. À medida que adere a eles e aprende a manejar a espada samurai, Algren deixa de ser um pária aos olhos dos guerreiros e aos seus próprios. Em retribuição a esse reencontro com a sua honradez, o soldado toma o partido dos revoltosos numa batalha contra o exército do imperador. O filme, dirigido por Edward Zwick, homenageia, em especial na grande batalha final, em que a morte dos cavalos reproduz as cenas finais de *Kagemusha* e ganha um sentido semelhante, um lamento por uma era que se foi e pela guerra como a morte do belo e a negação da vida. Quando projeta as imagens de uma metralhadora ceifando um batalhão de samurais, o filme cria condições para interpretar uma realidade de nossos tempos: a tecnologia supera a massa de indivíduos mal equipados. Oculta uma mensagem surpreendente para os tempos atuais. No enredo, os americanos são pouco mais do que mercenários, que se aproveitam da onda de ocidentalização que tomou o Japão a partir de 1868 para inundar o país de armamentos e consultores militares. A analogia com a ação dos EUA no Iraque nos anos 1980 e 2004 é de grande semelhança. Como lição deixada pelo filme, também, é o delineamento dos espaços de atuação do Governo (Primeiro Setor composto pelo Poder Executivo de domínio do Imperador e seus conselheiros), dos samurais que constituíam a elite guerreira e das demais entidades integrantes da comunidade em geral. As típicas atividades das *organizações não governamentais* dos dias de hoje eram exercidas pelos conselheiros do Imperador com a aplicação das leis imperiais.

Os doze trabalhos de Asterix (desenho inspirado no filme baseado em Asterix e Obelix, com Gerard Depardieu)

É feita uma sátira sobre as disfunções e os graus da burocracia existentes numa organização pública (prefeitura). Constituindo-se assim, num dos 12 desafios propostos por um conselho nomeado por César, imperador de Roma, a serem enfrentados pelos gauleses; caso sejam os vencedores, ganharão a imunidade perante o imperador de Roma. Representa, metaforicamente, o setor governamental, provedor de serviços públicos, que em face de seu extraordinário crescimento, influenciou a estagnação da capacidade do Estado em fazer frente às suas tradicionais atividades, como saúde, segurança, saneamento básico, educação, transportes, dentre outras. O crescimento de muitas estatais, no Brasil, por exemplo, se deu de forma pouco articulada e planejada, o que limitou as possibilidades de realizações de estratégias conjuntas, não só entre as diferentes esferas, federal, estadual e municipal, como também entre órgãos da administração direta e indireta, reduzindo, com isso, a eficácia das políticas macroeconômicas. As organizações governamentais, na forma de órgãos da administração direta (órgãos do poder executivo) e indireta (empresas públicas, sociedades de economia mista, autarquias, fundações e estatais afins), constituem o Primeiro Setor da economia. O conceito weberiano de burocracia é deixado de lado e a burocracia assume características de uma máquina emperrada de administração pública. É em função de situações como esta que foi cunhado a ferro e fogo o termo *máquina* para designar órgãos e estruturas administrativas públicas/governamentais. O filme, bastante atual se considerados os eventos que ocorrem no universo público brasileiro, que satirizam as disfunções e os graus da burocracia existentes numa organização pública, simboliza bem o universo governamental e seus braços da administração direta e indireta. Na história, esta situação, enfim, é metaforicamente representada como um dos 12 desafios propostos por um conselho nomeado por César a serem enfrentados pelos gauleses; caso sejam os vencedores, ganharão a imunidade perante o imperador de Roma (líder político da maior potência econômica da época). É uma lição sobre o conceito weberiano de burocracia e evidencia de forma lúdica a falência do Governo (Primeiro Setor) para suprir as necessidades de serviços públicos demandadas pela sociedade.

Tucker - um homem e seu sonho (com Jeff Bridge)

História de um empreendedor (Jeff Bridge) que cria uma empresa do setor automotivo. Em sua jornada empresarial encontra-se face a face com decisões relacionadas à gestão com pessoas, à cadeia produtiva e às demais ações empresariais de nível estratégico (logística, desenvolvimento de novos fornecedores, pesquisa e desenvolvimento e ações de marketing) e operacional (atividades de chão de fábrica, por exemplo). As principais decisões estratégicas enfrentadas pelo gestor da empresa: conseguir capital; anunciar o carro na revista; buscar financiamento; construir o protótipo em 60 dias; vender ações; enfrentar a concorrência. Ficam evidentes as influências ambientais como as *econômicas* (poder econômico cartelizado em três empresas de porte que dominavam o setor), *legais* (o governo exercia forte controle nas empresas do setor automobilístico) e *sociais* (comportamento do consumidor e do mercado, que levavam em conta não só o carro, mas, principalmente, a imagem da empresa). Outras estratégias relacionadas à gestão com pessoas são exemplificadas no filme: produto delineado com base na qualidade e segurança; mapeamento da origem das cartas; controle contábil; investimento em publicidade; produção em série. As principais decisões nesta empresa, portanto, poderiam ser classificadas em: *estratégicas* (aquelas diretamente relacionadas à missão e à obtenção de melhores resultados econômicos); e *operacionais* (decisões relacionadas ao dia a dia da empresa). Ou seja, as decisões estratégicas estão relacionadas às questões como pesquisa e desenvolvimento do produto, tecnologia de produção e obtenção de capital de giro. Como decisões operacionais, por outro lado, aquelas inerentes ao recrutamento e seleção de pessoal, alocação dos espaços físicos no chão de fábrica e compras de insumos produtivos. No recrutamento, seleção e contratação de um ex-executivo de uma grande empresa automobilística fica evidente a preocupação de Tucker em disseminar em alto conceito seu empreendimento e, portanto, "vender" uma imagem de maior credibilidade da organização junto aos seus acionistas. Outras atitudes relacionadas à gestão com pessoas estão presentes nesta história, como saber ouvir os colaboradores e dar chance a novas ideias, como no caso do rapaz que mostrou um desenho de sua autoria com melhorias no carro exposto na revista pelo empreendedor Tucker e conquistou um emprego. Todos os colaboradores eram tratados com igualdade, criando uma consciência de que cada um seria fundamental para que o grupo atingisse o objetivo final (por exemplo, a ausência de preconceito por parte de Tucker em relação ao seu colaborador oriental). Líder motivador/entusiasta, Tucker era positivo e contagiava seus parceiros com muito bom humor e perseverança. Estes fatores eram praticados no cotidiano da organização juntamente com aqueles relacionados a: relacionamento interpessoal; proatividade; e flexibilidade (aspectos de liderança que fazem a diferença para motivação e incremento da produtividade em uma organização). Deixa evidente a interação entre uma empresa recém-criada e os órgãos de controle governamental e a limitação de controle por parte dos mesmos sobre as atividades empresariais. Torna pública, ainda, a existência de *lobby* exercido por grandes empresas que impedem a criação de novas organizações concorrentes no mesmo setor econômico (conceito econômico de cartel e oligopólio). Essa limitação de atuação governamental sinaliza áreas de atuação para *organizações não governamentais* para combater a corrupção e o uso de informações privilegiadas em detrimento dos diferentes públicos que compõem a sociedade.

Wall Street: poder e cobiça (com Michael Douglas, Martin Scheen e Charlie Scheen)

O enredo desse filme está focalizado em uma corretora de valores em que Bud Fox (Charlie Scheen), um de seus executivos de contas, resolve tornar-se um profissional bem-sucedido. A empresa adotava um planejamento de carreira hierarquizado em: Corretor de Ações (ou responsável por contatos com clientes, que é o cargo mais simples); Executivo de Contas; Gerente de Fundos; Supervisor; Sócio Sênior; e Diretor (último cargo na escala da pirâmide organizacional). Bud, como todo recém-admitido, assumiu o primeiro cargo na hierarquia, ou seja, a função de Executivo de Contas. A escalada dele ao longo das diferentes carreiras estipuladas pelo Plano de Carreira da empresa irá depender do processo de avaliação de desempenho conduzida pelo seu superior hierárquico. Esse processo de avaliação, pelo enredo do filme, prevê uma ficha de avaliação que é preenchida pelo chefe de Bud e que, como todo procedimento de avaliação, possui um componente subjetivo, pois depende significativamente da vontade e do estado psicológico do avaliador. Nessa empresa, a avaliação de desempenho é conduzida de forma desumana em que prevalece apenas o cumprimento ou não das metas (quotas de vendas) estipuladas para o período. No caso de não cumprimento desses objetivos, o funcionário é simplesmente desligado com a correspondente reposição por outro candidato selecionado para ocupar esse mesmo cargo. Esse candidato é de fora (recrutamento externo) da empresa, quando for o primeiro cargo da hierarquia, ou seja, o de Corretor de Ações, e, nos demais casos, o candidato é interno (recrutamento interno), caracterizado na forma de promoção interna. Foi o que aconteceu na história com o Supervisor do setor em que Bud trabalhava. Em uma empresa com uma sadia política de recursos humanos, o resultado da avaliação de desempenho pode ser de três tipos. No primeiro caso, em que a avaliação é favorável, o funcionário pode ser promovido ou ter um adicional financeiro acrescido ao seu salário. No caso de ser desfavorável, o funcionário pode ser designado para passar por um programa de treinamento para adquirir a capacitação necessária para ocupar satisfatoriamente a função. E na terceira situação, o funcionário pode ser transferido para outro cargo mais compatível com suas atuais habilidades e competências. Essa empresa corretora pertence ao setor de instituições financeiras (ou empresas de serviços financeiros) e evidencia os efeitos da globalização dos mercados de capitais do mundo inteiro. Bud tem certa admiração profissional por um megainvestidor, Gordon Gekko (Michael Douglas). Esse investidor se impressiona com o desempenho de Bud e aos poucos o transforma em um dos membros do seu *staff* de confiança. Acaba por ensinar-lhe todas as nuances do mercado de capitais. Bud deixa-se levar pela ambição e esquece as normas de conduta ética e de responsabilidade social, preocupando-se apenas em fazer fortuna. Bud, agindo aeticamente, obtém informações privilegiadas, levando-o a captar o megainvestidor como nova conta de sua corretora de valores e, com isso, consegue uma promoção. Bud convence Gekko a investir e assumir o controle acionário de uma empresa aérea, a Blue Star. Após incorporar a companhia aérea, Gekko resolve desfazer-se dos seus ativos, vendendo os equipamentos/aviões para vendê-la em partes e com isso demitindo todos os funcionários da empresa. É o início de uma escalada sem fim de aquisição de controle acionário de empresas deficitárias através da compra de ações no mercado de capitais. Tais transações financeiras, visando tão apenas ao lucro, provocam demissões de pessoas e liquidações de empresas. Gekko, o financista, é seguidor da filosofia de negócios e estratégia empresarial prescrita na *Arte da guerra de Sun Tzu* e a ensina ao seu *staff* (Bud Fox). O filme é uma lição de recursos humanos em termos do que "não deve ser" o planejamento de carreiras, avaliação de desempenho e as estratégias de cargos e salários. Ilustra a força da informação financeira como recurso estratégico para a tomada de decisões empresariais. Ou seja, a real alavancagem dos negócios do megafinancista Gekko é o seu controle de informações que o capacita a conhecer profundamente o mercado. Mostra, ainda, os bastidores do poder e o aspecto predatório do processo de aquisição, fusão, cisão e incorporação de empresas vivido pelo megainvestidor Gordon Gekko. Torna visível a interação entre uma empresa de capital aberto com ações em bolsa de valores e os órgãos de controle governamental (no Brasil, é a Comissão de Valores Mobiliários – CVM) e a limitação de controle por parte dos mesmos sobre as atividades empresariais. Essa limitação de atuação governamental sinaliza áreas de atuação (proteção dos direitos do consumidor; justiça e promoção de direitos) para organizações não governamentais para combater a corrupção e o uso de informações privilegiadas em detrimento dos diferentes públicos que compõem a sociedade.

POSFÁCIO

Este livro procurou analisar os efeitos do crescimento das organizações públicas não governamentais na economia nacional. Analisou, ainda, a absorção de novas atividades relacionadas à prestação de serviços públicos pelas empresas privadas ao mesmo tempo em que decresce, progressivamente, a participação do Estado.

Profundas mudanças na natureza das atribuições do Estado estão ocorrendo. Após várias décadas de convivência com um Estado que absorvia grande parte das responsabilidades pela provisão de bens e serviços públicos, ocorrem, atualmente, movimentos visando à minimização de tais encargos e à ênfase na função reguladora do Estado.

Analisando o peso das estatais no conjunto total da economia brasileira, pode-se constatar uma redução da participação governamental no setor produtivo nacional. Malgrado o intenso programa de privatização da última década, grandes empresas ainda estão sob controle acionário estatal. É um cenário econômico onde as 50 maiores estatais lucraram 5,9 bilhões de dólares, um valor relativo significativamente maior do que o agregado das 500 maiores empresas privadas, que somaram um lucro total de 3,6 bilhões de dólares.

O setor governamental, provedor de serviços públicos, face a seu extraordinário crescimento, influenciou a estagnação da capacidade do Estado em fazer frente às suas tradicionais atividades-fins, como saúde, segurança, saneamento básico, educação, transportes, dentre outras. O crescimento das estatais deu-se de forma pouco articulada e planejada, o que limitou as possibilidades de realizações de estratégias conjuntas, não só entre as diferentes esferas, federal, estadual e municipal, como também entre órgãos da administração direta e indireta, reduzindo com isso a eficácia das políticas macroeconômicas.

As organizações privadas como Segundo Setor, por outro lado, face às mutantes e crescentes exigências de clientes, de fornecedores, do pessoal interno e dos gestores, são pressionadas a agir de forma responsável em seus relacionamentos internos e externos. Os novos tempos caracterizam-se por uma rígida postura dos clientes, inclinados a interagir com organizações que sejam éticas, com boa imagem institucional no mercado, e que atuem de forma socialmente responsável.

Nesse contexto, e ocupando espaços criados entre o Primeiro e o Segundo Setor, surgiram as ONGs e demais tipos de organizações sociais para a prestação de serviços públicos à sociedade, na forma de Terceiro Setor.

Parcerias e alianças entre diversos grupos sociais acontecem com a captação de recursos junto ao mercado, viabilizando a realização de atividades que não estariam sendo desenvolvidas pelo Estado. Nesse cenário, as organizações públicas não governamentais (Terceiro Setor), subvencionadas por capital estrangeiro ou nacional, vêm demonstrando, em diversos setores da área social, competência para elaborar e implementar projetos que possibilitam ações sociais transformadoras. Da mesma forma, ocorrem parcerias sociais entre ONGs e iniciativa privada para fins de implementar a inclusão social.

Emerge, atualmente, em escala crescente, a participação das organizações públicas não governamentais na prestação de serviços públicos, em contrapartida a um decréscimo gradativo da participação do Estado no setor produtivo da economia. As empresas privadas, por outro lado, respondem às pressões do mercado, constituído por clientes cada vez mais exigentes, com uma postura ética e responsável para criar e preservar sua imagem institucional.

Constatou-se que não é a falta de verbas que mais preocupa tais organizações, e sim o fato de que, com sua maior visibilidade, as organizações públicas não governamentais foram obrigadas a montar uma infraestrutura própria para fazer frente às novas demandas de trabalho. Como alternativa para compor suas equipes, as ONGs têm recorrido a parcerias, alianças estratégicas, contratações temporárias, voluntariado e negociações de projetos e captação de recursos, além de promoverem reorganizações institucionais com o correspondente planejamento de atividades. Tal cenário tenderá a demandar a colaboração de Administradores que certamente tornarão mais profissional a gestão destas organizações públicas não governamentais.

Essa exigência de maior profissionalização na gestão das organizações sociais provoca a necessidade de analisar a aplicabilidade das teorias de Administração nas organizações em geral e que também, por analogia, poderiam ser aplicadas às ONGs. Para este fim, teorias foram analisadas à luz de filmes e de eventos corporativos conceitualmente relacionados ao ambiente empresarial e às organizações sociais. As histórias e os casos apresentados nos vídeos (Anexo 1) fazem uma analogia com a capacidade das pessoas de se agruparem como organização e como força de trabalho coesa, para tomar decisões e solucionar problemas. São enredos que podem explicar o porquê dos contrastes tão visíveis, entre diferentes organizações públicas e privadas.

No contexto de certos filmes apresentados, que guardam relação com os conceitos da teoria da Administração, projeta-se a ideia de que a qualidade de vida é fundamental e que a concorrência e a competição por si só não são mais sustentáveis no âmbito das organizações. As pessoas são colocadas, indevidamente, para trabalhar febrilmente nas organizações, sob pressão da eficiência, na forma de redução do tempo despendido nas atividades desenvolvidas.

A produtividade e a preocupação com a compressão do tempo no âmbito das organizações são enfatizadas em alguns filmes, em detrimento da qualidade de vida, da degradação ambiental e das questões de ética e de responsabilidade social (que, de tão importantes, deveriam ser internalizadas em seu planejamento estratégico). Integração entre os segmentos organizacionais e partes de um todo maior, com enfoque holístico, é possível de ser visualizada no enredo dos filmes como uma analogia sistêmica aplicável ao universo das organizações públicas e privadas. Tais questões instigam reflexões sobre as necessárias mudanças de prioridades nas organizações, com a eliminação ou afastamento daquelas atividades causadoras de pressão sobre as pessoas, por outros valores como ética, qualidade de vida, desenvolvimento sustentável, projetos comunitários e interação maior entre os seres humanos.

Fica evidente pela leitura e interpretação dos filmes que, metaforicamente, o comportamento do ser humano é função direta do meio ambiente que o cerca. Daí a necessidade de uma coexistência entre o indivíduo e o contexto interno e externo às organizações, no qual ele está inserido para obtenção dos resultados econômicos almejados. Filmes como *A história de uma fraude - caso Enron*, *A firma*, *Wall Street*, *Homens de honra*, *O informante*, entre outros, enfatizam a importância crucial do fator humano no ambiente empresarial. São filmes, positiva ou negativamente, relacionados a um novo contexto econômico, e caracterizados por uma rígida postura dos clientes com organizações que sejam éticas, com boa imagem institucional no mercado, e que atuem de forma socialmente responsável.

Um filme, normalmente, tem um personagem forte e conta uma história robusta. O roteiro (a história do filme) determina com clareza o que move o personagem principal e os demais coadjuvantes que o acompanham. O leitor, adotando-os como referência, pode visualizar aspectos de gestão com responsabilidade social no âmbito das organizações do Primeiro, Segundo e Terceiro Setor. A tecnologia pela tecnologia é destacada como reflexão: naqueles filmes pertinentes a esse tema, que tornam evidente que a *tecnologia é a resposta, mas... qual seria a pergunta que a motivou?* O trabalho em equipe é destacado na forma de metáfora como uma característica fundamental para melhoria do clima organizacional nos ambientes empresariais de alto desempenho.

São abordados, ainda, conceitos relacionados a voluntariado, teletrabalho, técnicas de gerenciamento em diversos ambientes organizacionais, vivenciados em diferentes tipos de organizações. As histórias e os casos apresentados nos vídeos fazem uma analogia com a capacidade das pessoas de se unirem, como uma força de trabalho coesa, para tomar decisões e solucionar problemas. No contexto desses filmes, projeta-se a ideia de que a qualidade de vida é fundamental e que a concorrência e a competição por si só não são mais sustentáveis no âmbito das organizações. As pessoas são colocadas para trabalhar febrilmente nas organizações ou nos empreendimentos que são desenvolvidos, sob pressão da eficiência, na forma de redução do tempo despendido das atividades desenvolvidas. A produtividade e a preocupação com a compressão do tempo são enfatizadas em alguns filmes, em detrimento da qualidade de vida, da degradação ambiental e das questões de ética e de responsabilidade social (que devem ser internalizadas no plano estratégico).

Integração entre os sistemas e partes de um todo maior, com enfoque holístico, é possível de ser visualizada no enredo dos filmes.

A questão do planejamento, tanto na preparação como na filmagem, é outro aspecto subjacente em todos os vídeos apresentados. Os mesmos instigam reflexões sobre as necessárias mudanças de prioridades nas organizações, com a eliminação ou o afastamento daquelas atividades causadoras de pressão sobre o ser humano, por outros valores como a ética, qualidade de vida, desenvolvimento sustentável, projetos comunitários e interação maior entre os seres humanos. Fica evidente, metaforicamente, que o comportamento do ser humano é função direta do meio ambiente que o cerca. Daí a necessidade de uma coexistência pacífica entre o indivíduo e o contexto interno e externo às organizações, no qual ele está inserido, para obtenção dos resultados exigidos pelo seu planejamento estratégico. São filmes positiva ou negativamente relacionados a um novo contexto econômico, e caracterizados por uma rígida postura dos clientes com organizações que sejam éticas, com boa imagem institucional no mercado, e que atuem de forma socialmente responsável. Um filme, normalmente, tem um personagem forte e conta uma história robusta. O roteiro (a história do filme) determina com clareza o que move o personagem principal e os demais coadjuvantes que o acompanham. O leitor, adotando-os como referência, pode descortinar um universo de filmes úteis à sua leitura, sobre os mais variados temas relacionados ao mundo corporativo. A tecnologia pela tecnologia é destacada com uma reflexão: "a tecnologia é a resposta, mas qual foi a pergunta?". O trabalho em equipe é destacado na forma de metáfora como uma característica fundamental para melhoria do clima organizacional nos ambientes empresariais de alto desempenho. As histórias e os casos apresentados nos vídeos fazem uma analogia com a capacidade das pessoas de se unirem, como uma força de trabalho coesa, para tomar decisões e solucionar problemas.

São filmes, positiva ou negativamente, relacionados a um novo contexto econômico, que é caracterizado por uma rígida postura dos clientes com organizações que sejam éticas, com boa imagem institucional no mercado, e que atuem de forma socialmente responsável. Os filmes apresentados não chegam a constituir-se em uma lista dos melhores êxitos de bilheteria, mas, certamente, constituem uma referência para empresários e executivos extraírem princípios aplicáveis ao seu dia a dia nas organizações. São conceitos de gestão empresarial, baseados em enredos de filmes, reais ou fictícios, que podem fazer parte de programas de treinamento de profissionais que militam em organizações sociais do Terceiro Setor e de currículos de disciplinas de escolas de Administração. O leitor, adotando-os como referência, pode descortinar um universo de filmes sobre os mais variados temas relacionados ao mundo corporativo e, principalmente, às organizações não governamentais.

Orientação sobre a concessão e renovação de certificados de entidade de fins filantrópicos, a que se refere a legislação vigente, pode ser consultada no Anexo 2 – Registro de entidade de fins filantrópicos. A possibilidade de celebração de convênios para transferência de recursos financeiros governamentais visando à realização de programas de trabalho, projeto, atividade, e de eventos com duração predeterminada, é explicitada no Anexo 3 – Convênios. Informações sobre a qualificação de pessoas jurídicas de direito privado, sem fins lucrativos, como Organizações da Sociedade Civil de Interesse Público, são enfocadas no Anexo 4. Essa qualificação como Oscip, com a respectiva regulamentação legal, é detalhada nos atos governamentais, do Poder Executivo, conforme Anexo 5. Os Anexos 2, 3, 4 e 5 estão disponíveis como Material Suplementar desta obra.

E, finalmente, é idealizada na forma de estudo de caso, dentro dos contornos conceituais estabelecidos neste livro, a criação de uma ONG constituída como entidade de natureza privada, sem fins lucrativos, juridicamente, caracterizada como associação civil, de direito privado. Essa ONG, de atuação no contexto socioambiental, tem três vertentes de atuação, que constituem sua filosofia de trabalho:

- implementação de práticas de responsabilidade social corporativa no âmbito interno da empresa editorial que a patrocina, engajando seus colaboradores internos em ações comunitárias e de promoção da ecoeficiência;
- atuação no meio externo objetivando influenciar a comunidade e seus agentes no sentido de criar um país mais sustentável, através de parcerias com a iniciativa privada, com governos em suas diferentes esferas, com entidades de classe, e com outras organizações sociais do Terceiro Setor;
- divulgação de informações socioambientais visando ampliar o movimento de responsabilidade social corporativa no país, produzindo publicações que disseminem as boas práticas vivenciadas por empresas, organizações sociais e governos. Essas boas práticas, além de objeto de obras editoriais, são complementadas por ações de educação ambiental e de divulgação da responsabilidade socioambiental em espaços públicos e eventos.

A Editora mantenedora do Instituto Ecoalpha, como outras empresas, provoca "efeitos e impactos", que devem ser atenuados por ações socioambientais. Esses efeitos, representados pelo consumo de papel e celulose que são os insumos da cadeia produtiva editorial, podem ser representados na forma de passivo socioambiental. E por essa razão, para fazer frente a esses efeitos, procura implementar ações correspondentes, como reciprocidade e contrapartida compensatória, na forma de deveres e obrigações (ativo socioambiental), conforme abordado no Apenso A (disponível como Material Suplementar desta obra).

GLOSSÁRIO

Assembleia Geral: órgão deliberativo máximo de uma associação, que congrega todos os seus associados e que tem poder de decisão sobre todos os assuntos a ela pertinentes. Elege a diretoria, os conselhos e deve aprovar as prestações de contas.

Assistência Social: conjunto de atividades patrocinadas pelo Poder Público e pela sociedade em geral que visam atender as pessoas necessitadas, ou hipossuficientes, em suas necessidades básicas, por meio da concessão de determinados benefícios sociais, independentemente de contribuição por parte dos beneficiários. Tais benefícios podem ser financeiros, ações na área da saúde, fornecimento de alimentos, entre outros.

A Assistência Social é definida e organizada por um conjunto de normas e instituições, as quais dão operacionalidade ao conceito e colocam em prática uma política social de assistência.

O art. 203 da Constituição Federal fornece as diretrizes básicas pelo que se deve entender como Assistência Social:

Art. 203. A assistência social será prestada a quem dela necessitar, independentemente de contribuição à seguridade social, e tem por objetivos:

I – a proteção à família, à maternidade, à infância, à adolescência e à velhice;

II – o amparo às crianças e adolescentes carentes;

III – a promoção da integração ao mercado de trabalho;

IV – a habilitação e a reabilitação das pessoas portadoras de deficiência e a promoção de sua integração à vida comunitária;

V – a garantia de um salário-mínimo de benefício mensal à pessoa portadora de deficiência e ao idoso que comprovem não possuir meios de prover à própria manutenção ou de tê-la provida por sua família, conforme dispuser a lei.

Associação: conjunto de pessoas, dotadas de personalidade jurídica própria, de direito privado, que se unem para atingir determinadas finalidades (culturais, sociais, pias, religiosas, recreativas etc.) sem intuito de distribuição de lucro. É constituída e regida por um estatuto social. Na associação, o elemento "pessoal" é predominante e de maior importância, uma vez que são elas que se organizam, definem os fins a serem alcançados pela entidade e agregam esforços para que tais objetivos sejam atingidos.

As entidades do Terceiro Setor, justamente por não possuírem finalidade lucrativa, constituem-se predominantemente sob a forma de associação ou fundação. Outras denominações como ONG, Instituto, Pacto, Movimento, Confraria etc. não são conceitos propriamente jurídicos, podendo ser considerados "nomes fantasia" das entidades. No entanto, as formas de sociedade civil e comercial não podem ser adotadas por entidades sem fins lucrativos, exatamente porque pressupõem a busca e repartição de lucro.

Atividade Estatal de Fomento: atuação do Estado incentivando entidades privadas a prestar serviços de relevância social em parceria com ele. A atividade de fomento pode-se dar de várias formas, como a concessão de títulos honoríficos (utilidade pública), concessão de vantagens tributárias (imunidades e isenções) e transferência de recursos, seja mediante autorização em lei (geralmente a lei do orçamento) ou convênios e termos de cooperação em geral. Aos poucos o fomento público começa a ocupar maior espaço e importância no Estado, mudando sua forma de atuação na sociedade. O Estado percebe, muitas vezes, a conveniência em incentivar entidades do Terceiro Setor para que exerçam suas atividades e produzam serviços que revertam em diversos benefícios à sociedade em geral, reconhecendo, ao mesmo tempo, sua incapacidade para suprir de forma satisfatória as demandas sociais e a inadequação na prestação isolada e monopolizada de serviços públicos.

O Estado estimula o particular a se associar e atingir o bem comum, fornecendo meios para tanto. Como ponto positivo, a atividade de fomento permite a busca e a realização do interesse público sem aumento do aparelho estatal, bem como o incentivo aos particulares na criação e desenvolvimento de uma cultura associativista, o que, sem dúvida, constitui fator importante no desenvolvimento de uma cidadania mais consciente e atuante.

Auxílio e Contribuição: constituem-se em transferências de recursos públicos que poderão ser utilizados pelas entidades sem fins lucrativos para custear despesas de capital, ou seja, as que geram uma riqueza ou aumento de patrimônio (ampliação, reforma, aquisição e instalação de equipamentos e aquisição de material permanente). Podem derivar diretamente de previsão na Lei Geral do Orçamento – nº 4.320/64 –, quando então serão classificados como auxílio, ou derivarem de lei especial, recebendo o nome de contribuição.

Capital Social: é a força e a legitimidade que uma organização pública ou privada soma ao longo de sua existência, em função da trajetória trilhada e da marca que construiu. O capital social é parte do patrimônio de uma organização e, quando colocado a serviço de uma causa, tem grande potencial de alavancar recursos técnicos, financeiros e humanos.

Fonte: página da Agência de Notícias dos Direitos da Infância (Andi) www.andi.org.br

Captação de Recursos: busca de recursos (não exclusivos, mas predominantemente financeiros) como forma de atingir a missão de uma entidade, implementando programas e projetos de organizações do Terceiro Setor. Conjunto de técnicas destinadas a organizar e a potencializar a busca de recursos.

No Brasil, existe a Associação Brasileira de Captadores de Recursos (ABCR) (www.abcr.com.br), a qual dispõe de um código ético para orientar a captação de recursos.

Cebas – Certificado de Entidade Beneficente de Assistência Social: antigo Certificado de Entidade de Fins Filantrópicos (Ceff), é concedido pelo Conselho Nacional de Assistência Social (Cnas), órgão federal responsável pela condução e regulamentação da Política Nacional de Assistência Social. O certificado é um dos requisitos exigidos pela Lei nº 8.212/91 para a concessão do benefício da imunidade às contribuições sociais, quais sejam cota patronal (20% sobre o total mensal das remunerações pagas aos segurados empregados, empresários, trabalhadores avulsos e autônomos que lhes prestem serviços), além das provenientes do faturamento (Cofins), lucro (CSLL), movimentação financeira (CPMF) e ao PIS.

Para obter o certificado, a entidade deverá, basicamente, promover ações na área de assistência social, estar previamente inscrita há pelo menos três anos no Cnas e no respectivo Conselho Estadual ou Municipal de Assistência Social, bem como ser declarada de utilidade pública federal, não distribuir lucros ou qualquer parcela do patrimônio a seus associados, não remunerar diretores e conselheiros em geral e aplicar anualmente, em gratuidade, pelo menos 20% de sua receita bruta, cujo montante não poderá ser inferior à isenção de contribuições sociais usufruídas. No caso de entidade atuante na área da saúde, essa deverá destinar ao atendimento ao Sistema Único de Saúde (SUS) pelo menos 60% de sua capacidade. O Certificado deverá ser renovado a cada três anos.

Art. 195. (...)

§ 7º São isentas da contribuição para a seguridade social as entidades beneficentes de assistência social que atendam às exigências estabelecidas em lei.

Obs.: Apesar do art. 195 mencionar o termo *isenção*, entende-se que na realidade trata-se de uma imunidade tributária, conforme já decidiu o próprio Supremo Tribunal Federal em alguns precedentes (ver também imunidade e isenção).

Ceff – Certificado de Entidade de Fins Filantrópicos – ver Certificado de Entidade Beneficente de Assistência Social (Cebas).

Comissão de Avaliação: comissão composta de dois representantes do órgão estatal que celebrar o Termo de Parceria na Oscip, um da própria Oscip e outro do Conselho de

Política Pública da área do projeto, com a missão de analisar os resultados alcançados, tendo como base os indicadores de desempenho previamente estabelecidos, conforme o programa de trabalho. Sua criação está prevista na Lei nº 9.790/99, que criou as Organizações da Sociedade Civil de Interesse Público (Oscip).

Cnas - Conselho Nacional de Assistência Social: órgão superior de deliberação, vinculado à estrutura da Administração Pública Federal - Ministério da Previdência e Assistência Social (MPAS), responsável pela regulamentação da Política Nacional de Assistência Social. Entre suas funções está a de normatizar as ações e regular a prestação de serviços de natureza pública e privada no campo da assistência social, fixar normas para a concessão de registro e do Certificado de Entidade Beneficente de Assistência Social (Cebas - antigo Ceff), conceder o atestado de registro e do Certificado de Entidade Beneficente de Assistência Social, aprovar critérios de transferência de recursos para Estados, Municípios e Distrito Federal, entre outras. Como órgão colegiado, é composto por 18 membros, divididos de forma paritária entre pessoas ligadas ao governo e representantes da sociedade civil, representantes dos usuários, entidades e organizações de assistência social e trabalhadores. Também possui previsão nas esferas estadual e municipal, os quais deverão ser instituídos por leis específicas de cada ente da federação.

Conselho: um dos órgãos deliberativos de uma organização, é responsável por traçar as metas e as diretrizes da entidade a fim de que sejam alcançadas as finalidades para as quais ela foi criada e que estão previstas no estatuto. Tem a função, também, de aprovar o orçamento e as contas da entidade. Pode receber a denominação de Conselho Curador, Superior ou Deliberativo.

Conselho Fiscal: tem a função de fiscalizar e acompanhar a gestão econômico-financeira da entidade, examinando suas contas e emitindo, após, um parecer aprovando ou rejeitando a prestação de contas. É de previsão obrigatória como um dos órgãos de uma fundação e de entidades que queiram qualificar-se como Oscip. Para as associações, não há a obrigatoriedade.

Conselhos de Políticas Públicas: são criados por lei e compostos por representantes da sociedade civil e governo, com o intuito de deliberar e realizar o controle sobre determinadas políticas públicas, como saúde, criança e adolescente, meio ambiente, assistência social, educação, desenvolvimento agrário etc. De acordo com a Lei nº 9.790/99 - que instituiu a título da Oscip -, tais Conselhos devem ser consultados antes da celebração dos Termos de Parceria e também devem participar da Comissão de Avaliação dos resultados.

Consórcio: associação de empresas que se unem para determinado empreendimento ou atividade. O Consórcio não possui personalidade jurídica própria, respondendo cada uma das empresas consorciadas pelas obrigações assumidas no contrato que cria e delimita o consórcio, não havendo presunção de solidariedade. Empresas ou entidades sem fins lucrativos podem unir-se sob a forma de consórcio para realizar determinado empreendimento social que demande maior soma de recursos ou maior esforço do que qualquer uma delas poderia despender isoladamente.

Trata-se de uma modalidade de concentração de empresas, com previsão no art. 278 da Lei nº 6.404/76 – Lei das Sociedades por Ações.

Consórcio Administrativo: acordo celebrado entre pessoas jurídicas de direito público da mesma espécie ou nível federativo (por exemplo, duas universidades estaduais, ou dois municípios), que visa à realização de objetivos de interesse comum. Difere-se do convênio administrativo pelo fato de ser celebrado entre entes estatais de espécies diferentes (por exemplo, União e determinado Estado da federação, ou União e determinado município).

Contrato de Gestão: instrumento contratual por meio do qual o Poder Público celebra parcerias com entidades privadas sem fins lucrativos para fomento de atividades nas áreas de ensino, pesquisa científica, desenvolvimento tecnológico, meio ambiente, cultura e saúde. Foi previsto pela Lei nº 9.637/99, a qual também previu a possibilidade de transferir atividades relacionadas às áreas de atuação mencionadas e que antes eram desempenhadas pelo próprio Poder Público. Somente poderão celebrar o contrato de gestão as entidades que previamente obtenham a qualificação de "organização social". Por meio do contrato de gestão, poderão ser destinados à entidade tanto recursos financeiros como bens e servidores públicos.

O contrato especificará as atribuições e o programa de trabalho a ser desenvolvido pela organização, bem como as obrigações e responsabilidades, tanto da organização quanto do Poder Público. No programa de trabalho, deverão ser definidas as metas a serem alcançadas, os respectivos prazos e critérios objetivos de avaliação de desempenho, que expressem níveis de qualidade e produtividade. Deverá dispor também sobre critérios de remuneração aos dirigentes e empregados da entidade. Após assinado, a entidade deverá publicar regulamento próprio que contenha os procedimentos que serão utilizados para contratação de obras, serviços e compras quando haja emprego de recursos públicos. O cumprimento do contrato será verificado pelo órgão ou entidade supervisora da área de atuação correspondente à atividade desenvolvida pela entidade, a qual deverá fornecer relatório ao órgão do Poder Público contratante contendo dados sobre a execução do contrato e o cumprimento das metas, com a devida prestação de contas. A assinatura do contrato de gestão e o consequente recebimento de bens ou recursos públicos podem ainda sujeitar a entidade ao controle do Tribunal de Contas, Ministério Público e Advocacia Geral da União (esta apenas na esfera federal), os quais poderão ser acionados sempre que houver suspeita da malversação desses bens ou recursos. Caso haja uma investigação, os bens dos dirigentes e da entidade poderão ser declarados indisponíveis. A entidade que descumprir disposições contidas no contrato de gestão poderá perder o título de organização social, mediante procedimento administrativo.

Contribuição: ver auxílio e contribuição.

Contribuições Sociais: espécie de tributo, destinadas ao financiamento da Seguridade Social (que engloba as áreas da saúde, previdência social e assistência social pública). São elas:

a) Contribuição paga pelos empregadores à Previdência Social calculada sobre a folha de salários dos funcionários (em um percentual de 20%), conhecida como quota patronal;

b) Contribuição Social Sobre o Lucro Líquido das empresas (CSLL);

c) Contribuição sobre o faturamento – Contribuição ao Fundo de Investimento Social (Cofins);

d) Contribuição sobre movimentação financeira – CPMF;

e) Contribuição ao Programa de Integração Social (PIS), calculada sobre a folha de salários (em alíquota de 1%).

Convênio: acordo firmado entre entes de direito público (União, Estados, Distrito Federal, Municípios, Autarquias e Fundações) ou entre estes e entidades privadas para a consecução de objetivos comuns. Nessa segunda modalidade, revela-se como uma forma de fomento estatal, visando incentivar as entidades privadas que realizam atividades com finalidade pública.

Na linguagem quotidiana, os termos "convênio", "contrato" e "parceria" costumam ser usados de forma equivalente ou até trocada. No entanto, apesar de ser um acordo de vontades, o convênio não é um contrato administrativo propriamente, tanto que a Lei nº 8.666/93, que versa sobre Licitações e Contratos Administrativos, faz menção a ambos, de forma distinta. O que diferencia ambos, basicamente, é que no convênio os interesses das partes envolvidas são comuns e convergentes. As partes envolvidas perseguem um mesmo objetivo, o qual é buscado e realizado conjuntamente. O objetivo institucional das partes é o mesmo. No contrato administrativo, os interesses são diversos e opostos, havendo prestação e contraprestação propriamente. Por não se poder falar em remuneração propriamente no convênio, qualquer valor recebido fica estritamente vinculado à exata previsão anteriormente estabelecida (diferentemente do contrato, no qual a destinação dada aos recursos não tem relevância, contanto que a obra ou o serviço seja entregue da forma avençada), estando a entidade obrigada a prestar contas não só ao ente público repassador, mas também ao Tribunal de Contas.

Cooperativa Social: constitui-se com a finalidade de inserir no mercado econômico as pessoas em desvantagens, por meio do trabalho, fundamentando-se no interesse geral da comunidade em promover a pessoa humana e a integração social dos cidadãos. Entre suas atividades está a organização e gestão de serviços sócio-sanitários e educativos e o desenvolvimento de atividades agrícolas, industriais, comerciais e de serviços, por meio de programas especiais de treinamento com o objetivo de aumentar a produtividade e a independência econômica e social desses. Criada e disciplinada pela Lei nº 9.867/99.

Consideram-se pessoas em desvantagens, para os efeitos da Lei, os deficientes físicos e sensoriais, os deficientes psíquicos e mentais, as pessoas dependentes de acompanhamento psiquiátrico permanente, os egressos de hospitais psiquiátricos, os dependentes químicos, os egressos de prisões, os condenados a penas alternativas à detenção e os adolescentes em idade adequada ao trabalho e situação familiar difícil do ponto de vista econômico, social ou afetivo.

Tais condições deverão ser atestadas mediante documentos expedidos por órgãos da Administração Pública. A lei ainda prevê a possibilidade de haver serviço voluntário prestado à Cooperativa por pessoas que não se enquadrem na definição de desvantagem.

Essas cooperativas poderão ser contratadas pelo Poder Público para ajudar na inserção de pessoas portadoras de deficiência no mercado de trabalho.

Cota Patronal: contribuição paga pelos empregadores à Previdência Social calculada sobre a folha de salários dos funcionários em um percentual de 20%.

Dedução Fiscal: abatimento autorizado pela lei sobre rendimentos sujeitos à cobrança de impostos ou contribuições. O abatimento se dá sobre a receita bruta, diminuindo o valor sobre o qual incidirá a cobrança do eventual tributo, ou seja, diminuindo o valor da base de cálculo.

Doações a entidades do terceiro setor ou recursos aplicados em projetos culturais amparados pelas leis de incentivo à cultura podem ser deduzidos da base de cálculo de diversos tributos, como o Imposto de Renda (IR) (competência federal), Contribuição Social sobre o Lucro Líquido (CSLL) (federal), Imposto Predial Territorial Urbano (IPTU) (municipal), Imposto Sobre Serviços de Qualquer Natureza (ISS) (municipal) e Imposto sobre a Circulação de Mercadorias e Serviços (ICMS) (estadual).

A forma de dedução mais usual é a disciplinada pela Lei nº 9.249/96, a qual permite às pessoas jurídicas deduzir da base de cálculo do imposto de renda e da contribuição social sobre o lucro líquido doações feitas a instituições de ensino e pesquisa até o limite de 1,5% do lucro operacional. Para que essa doação possa ser considerada dedutível, tais entidades deverão comprovar a aplicação de seus excedentes em educação, não possuir finalidade lucrativa e assegurar a destinação de seu patrimônio a outra escola comunitária, filantrópica ou confessional, ou ao poder público, em caso de encerramento de suas atividades.

A mesma lei também permite a dedução de doações feitas a entidades civis legalmente constituídas no Brasil, sem fins lucrativos, portadoras do Título de Utilidade Pública, que prestem serviços gratuitos em benefício de empregados da própria pessoa jurídica doadora e dependentes, ou ainda em benefício da comunidade na qual atuem, e a entidades civis legalmente constituídas no Brasil, sem fins lucrativos, qualificadas como Oscip. A dedução é permitida até o limite de 2% do lucro operacional. A entidade deve declarar à pessoa jurídica doadora que se compromete a empregar os valores recebidos integralmente na consecução de seus objetivos sociais. A possibilidade de tais deduções reduz a base de cálculo do Imposto de Renda (IR) e da Contribuição Social sobre o Lucro Líquido (CSLL).

Desenvolvimento Sustentável: desenvolvimento que permite a satisfação das necessidades da geração presente sem comprometer a satisfação das necessidades das gerações futuras. O conceito inicialmente possuía forte dimensão ambiental, enfatizando a necessidade de preservação ambiental, no contexto de um compromisso intergerações. Com o tempo, o conceito tende a ser ampliado, incluindo-se outras variáveis, além da ambiental: econômica, social, política e cultural. Assim, o conceito de desenvolvimento sustentável passa a enfocar não só a preocupação com a conservação ambiental e a exploração racional dos recursos naturais do planeta, de modo que permita que suas gerações futuras usufruam, mas também a satisfação das necessidades básicas humanas, respeito aos direitos humanos, resgate da cidadania e acesso ao consumo de bens e serviços, sempre considerando a óptica do compromisso entre gerações presentes e futuras.

Direitos Coletivos: direitos ou interesses cujo titular é um grupo, categoria ou classe de pessoas ligadas entre si ou com a parte contrária por uma relação jurídica base. Além disso, são transindividuais (ou seja, transcendem a esfera do direito de um indivíduo apenas) e de natureza indivisível.

Um exemplo prático de direito coletivo pode ser o direito a um ambiente de trabalho sadio. Todos os trabalhadores de uma empresa têm esse direito assegurado, e não apenas um ou outro, daí ser um direito transindividual. Além disso, esse direito não pode ser repartido ou dividido entre os empregados, só podendo ser usufruído à medida que for integral (por isso é indivisível). E todos os trabalhadores estão ligados entre si tanto pelo fato de serem trabalhadores de determinada empresa como também por terem um mesmo patrão em comum (parte contrária da relação jurídica base). Quando os sindicatos de trabalhadores atuam, em geral buscam a garantia de direitos coletivos de determinado grupo de trabalhadores (metalúrgicos, bancários, professores etc.).

A definição é dada pela Lei nº 8.078/90 – Código de Defesa do Consumidor.

Direitos Difusos: direitos ou interesses cujos titulares são pessoas indeterminadas e ligadas por circunstâncias de fato. Além disso, são transindividuais (ou seja, que transcendem a esfera do direito de um indivíduo apenas) e de natureza indivisível.

Um exemplo de direito difuso seria o direito ao meio ambiente saudável, o qual a Constituição Federal atribui a todos. Esse direito é transindividual, porque não pertence a apenas uma pessoa; é indivisível, pois não há como se atribuir a cada pessoa uma parte do direito, não se podendo também determinar, de forma exata e pontual, quem são os titulares desse direito, uma vez que o titular é todo um grupo heterogêneo de pessoas que não estão ligadas entre si por nenhuma relação jurídica em especial.

A definição é dada pela Lei nº 8.078/90 – Código de Defesa do Consumidor.

Diretoria: é o órgão responsável pela gestão da organização e pela execução da vontade social, além de representar a entidade ativa e passivamente nos atos jurídicos e extrajudiciais. Tem a função de colocar em prática as diretrizes e metas estabelecidas pelo Conselho, que executam a administração quotidiana da entidade.

Doação: ato de liberalidade por meio do qual uma pessoa física ou jurídica transfere a outra pessoa física ou jurídica bens ou vantagens de seu próprio patrimônio. Além da vontade do doador em transferir, deve haver a manifestação do beneficiário em recebê-los. Em geral, a doação é feita verbalmente ou mediante instrumento particular. Para bens imóveis de valor mais alto é exigida escritura pública.

Doação – Lei Rouanet: transferência gratuita, em caráter definitivo, à pessoa física ou jurídica de natureza cultural, sem fins lucrativos, de numerário, bens ou serviços, para a realização de projetos culturais, vedado o uso de publicidade paga para divulgação desse ato. Nessa modalidade de transferência, o doador não poderá ter qualquer vantagem publicitária ou divulgação de que efetivamente contribuiu para a realização do projeto, em qualquer hipótese. A legislação tributária permite a dedução do imposto de renda da pessoa jurídica, até o limite de 4% do valor do imposto devido, de até 40% do valor da doação. Para a pessoa física, esse valor eleva-se para 80%, até o limite de 6% do imposto devido.

A lei ainda considera como doação a distribuição gratuita de ingressos para eventos de caráter artístico-cultural por pessoas jurídicas a seus empregados e dependentes legais e também as despesas efetuadas por pessoas físicas ou jurídicas com o objetivo de conservar, preservar ou restaurar bens de sua propriedade ou sob sua posse legítima, tombados pelo governo federal, conforme disposições do Instituto do Patrimônio Histórico e Artístico Nacional (Iphan).

Entidade Beneficente: é a que atua em benefício de outros que não o da própria entidade ou de seus integrantes, podendo ou não estabelecer contrapartida.

Entidade Filantrópica: atua no interesse ou benefício de terceiros, mas sem qualquer contrapartida por parte desses, ou seja, os benefícios são gerados por meio do patrimônio da entidade, sem ônus direto dos beneficiados. Pode ser considerada uma "espécie" do gênero "entidade sem fins lucrativos". O conceito de entidade filantrópica está intimamente ligado ao de assistência social, a qual é prestada sem quaisquer cobranças de taxas, mensalidade ou contraprestação.

Entidade sem Fins Lucrativos: a que não distribui eventuais excedentes operacionais, brutos ou líquidos, dividendos, bonificações, participações ou parcelas de seu patrimônio auferidos mediante o exercício de suas atividades, entre seus sócios e associados, conselheiros, diretores, empregados ou doadores e que os aplica integralmente na consecução do respectivo objeto social.

Estatuto Social: conjunto de cláusulas contratuais por meio das quais a associação ou fundação é constituída e administrada. De forma geral, o estatuto deve estabelecer, entre outras disposições, qual a denominação, os objetivos e a sede da entidade, quais os requisitos necessários para a admissão, retirada e exclusão dos associados, direitos e deveres dos associados, os órgãos deliberativos, sua composição e funcionamento, quem representará a entidade em juízo e fora dele, hipóteses de alteração do estatuto e causas de dissolução e destinação do patrimônio. Qualquer pessoa jurídica somente passa a existir legalmente quando seu estatuto for registrado no Registro Civil de Pessoas Jurídicas.

Filantropia: amor ao homem, desejo de ajudar ao próximo e à sociedade.

Fundação: constitui-se em um conjunto de bens livres, destinados a determinado fim, por meio de escritura pública ou testamento. A lei atribui personalidade jurídica a esse conjunto de bens, que passa a tornar-se uma pessoa jurídica, com capacidade para adquirir direitos e obrigações, tudo visando à consecução do fim a que se destina e em obediência ao estatuto. O instituidor da fundação estabelecerá a maneira como os bens serão administrados e as pessoas que gerirão e representarão a fundação, sendo que, após a destinação desse, o instituidor passa a não ter mais disponibilidade sobre o patrimônio, o qual deverá ser aplicado em consonância estrita aos fins previamente estabelecidos (os quais, a princípio, não poderão ser modificados). O instituidor tanto pode ser uma pessoa física como uma pessoa jurídica, inclusive o próprio Estado ou partidos políticos. O elemento "patrimônio", disponibilizado pelo instituidor, é o traço marcante da fundação, o que permitirá sua instituição e realização dos fins a que se destina.

As fundações de direito privado têm fiscalização obrigatória por parte do Ministério Público (art. 26 do Código Civil), sendo que seu estatuto deverá ter aprovação prévia do órgão, assim como eventuais modificações no estatuto. Ainda, as fundações deverão prestar contas regularmente ao Ministério Público. Especificamente quanto às fundações de previdência privada ou complementar, sua fiscalização cabe ao Ministério da Previdência e Assistência Social (Lei nº 6.435/77, art. 86).

As entidades do Terceiro Setor, justamente por não possuírem finalidade lucrativa, constituem-se predominantemente sob a forma de associação ou fundação. Outras denominações, como ONG, Instituto etc., não são conceitos propriamente jurídicos, podendo ser considerados "nomes fantasia" das entidades. No entanto, as formas de sociedade civil e comercial não podem ser adotadas por entidades sem fins lucrativos, exatamente porque pressupõem a busca e repartição de lucro.

Fundações de apoio a Instituições Oficiais de Ensino Superior: entes de personalidade de direito privado, sem fins lucrativos, criados pelos servidores ou pessoas físicas ligadas ao ente público, com finalidade de colaboração. Em geral, mantêm convênios ou contratos celebrados com ente público. A Lei nº 8.958/94 disciplina na esfera federal os termos dos convênios ou contratos a serem celebrados.

Fundo de Defesa dos Direitos da Criança e do Adolescente: fundo administrado pelos Conselhos de Defesa da Criança e Adolescente com o objetivo de captar recursos destinados à viabilização do Estatuto da Criança e do Adolescente (Lei nº 8.096/90) e à realização de políticas públicas nessa área. Pode ser da esfera federal, estadual ou municipal, sendo necessária sua criação mediante lei. O fundo poderá receber dotações orçamentárias dos Entes da Federação que o criaram e também utilizar a arrecadação obtida com as multas aplicadas pela Justiça em face de violações dos direitos infanto-juvenis. Poderão também receber doações dedutíveis do imposto de renda: a pessoa jurídica tributada pelo lucro real, que poderá deduzir do imposto de renda a quantia destinada ao Fundo, até o limite de 1%; a pessoa física, até o limite de 6%. A ideia ainda se encontra pouco difundida, por falta de regulamentação e de informação.

Imunidade Tributária - Contribuições Sociais: limitação constitucional ao Poder de Tributar do Estado, em face de certas pessoas, atos e fatos, conforme especificados na Constituição Federal. Nesse caso, a imunidade se justifica por meio da renúncia do Estado a parte de sua arrecadação como meio de reconhecimento de sua impossibilidade em prestar determinados serviços que são, a princípio, de sua alçada.

A Constituição Federal confere imunidade às entidades beneficentes de assistência social em relação ao pagamento de contribuições destinadas à seguridade social, conforme o § 7º do art. 195 da Constituição Federal.

"Art. 195. (...)

§ 7º São isentas de contribuição para a seguridade social as entidades beneficentes de assistência social que atendam às exigências estabelecidas em lei."

Apesar de constar o termo *isenção*, entende-se que na realidade trata-se de uma "imunidade" tributária, conforme já decidiu o próprio Supremo Tribunal Federal em alguns precedentes, eis que estabelecida na própria Constituição, representando, portanto, autêntica exclusão ao poder de tributar, impossível de ser modificada.

Imunidade Tributária - Impostos: limitação constitucional ao Poder de Tributar do Estado, em face de certas pessoas, atos e fatos, conforme especificados na Constituição Federal. Nesse caso, a imunidade se justifica por meio da renúncia do Estado a parte de sua arrecadação como meio de reconhecimento de sua impossibilidade em prestar determinados serviços que são, a princípio, de sua alçada.

A Constituição Federal proíbe o Estado de instituir impostos sobre patrimônio, renda ou serviços das instituições de educação e de assistência social, sem fins lucrativos, conforme previsão do art. 150.

"Art. 150. Sem prejuízo de outras garantias asseguradas ao contribuinte, é vedado à União, aos Estados, ao Distrito Federal e aos Municípios:

(...)

VI – instituir impostos sobre:

(...)

c) patrimônio, renda ou serviços dos partidos políticos, inclusive suas fundações, das entidades sindicais dos trabalhadores, das instituições de educação e de assistência social, sem fins lucrativos, atendidos os requisitos da lei;

(...)

§ 4º As vedações expressas no inciso VI, alínea *b* e *c*, compreendem somente o patrimônio, a renda e os serviços, relacionados com as finalidades essenciais das entidades nelas mencionadas."

Para que a entidade esteja imune, ainda é necessário cumprir o estabelecido no art. 14 do Código Tributário Nacional (CTN).

"Art. 14. O disposto na alínea *c* do inciso IV do art. 9º é subordinado à observância dos seguintes requisitos pelas entidades nele referidas:

I – não distribuírem qualquer parcela de seu patrimônio ou de suas rendas, a qualquer título;

II – aplicarem integralmente, no País, os seus recursos na manutenção dos seus objetivos institucionais;

III – manterem escrituração de suas receitas e despesas em livros revestidos de formalidades capazes de assegurar sua exatidão.

§ 1º Na falta de cumprimento do disposto neste artigo, ou no § 1º do art. 9º, a autoridade competente pode suspender a aplicação do benefício.

§ 2º Os serviços a que se refere a alínea *c* do inciso IV do art. 9º são, exclusivamente, os diretamente relacionados com os objetivos institucionais das entidades de que trata este artigo, previsto nos respectivos estatutos ou atos constitutivos."

Investimento Social Privado: é o uso planejado, monitorado e voluntário de recursos privados – provenientes de pessoas físicas ou jurídicas – em projetos de interesse público. Incluem-se no universo do investimento social privado as ações sociais protagonizadas por indivíduos, famílias, empresas e segmentos sociais de empresas, como institutos e fundações empresariais. Diferentemente do conceito de caridade, que vem carregado da noção de assistencialismo, os investidores sociais privados estão preocupados com os resultados obtidos, as transformações geradas e a cumplicidade da comunidade para o desenvolvimento da ação. A preocupação com o planejamento, monitoramento e avaliação dos projetos e ações é intrínseca ao conceito de investimento social privado e um dos elementos fundamentais na diferenciação entre essa prática e a filantropia tradicional.
(**Fonte:** www.gife.org.br)

O conceito de Investimento Social Privado mostra-se como uma evolução em relação ao conceito tradicional de filantropia, sendo mais amplo, estruturado e se preocupando não apenas com as demandas sociais do presente e os problemas primários, mas também projetando o futuro e interferindo na realidade social, visando modificá-la.

Isenção Tributária: "favor legal" do Estado, o qual abre mão de receber determinado tributo em relação a algum fato ou ato específico, por questões de política tributária. Da mesma forma como é concedida, pode ser revogada pelo Estado caso assim o deseje, o que não ocorre nas imunidades, que por se encontrarem no texto constitucional, são imutáveis. Define-se como modalidade de exclusão do crédito tributário.

Em âmbito federal, por exemplo, o art. 15 da Lei nº 9.532/97 isenta do pagamento do Imposto de Renda e da Contribuição Social sobre o Lucro as instituições de caráter filantrópico, recreativo, cultural, científico e associações civis que prestem os serviços para os quais foram instituídas aos seus associados sem fins lucrativos. A isenção não é válida, porém, no caso de rendimentos e ganhos de capital provenientes de aplicações financeiras de renda fixa ou variável. Para beneficiar-se com a isenção, a entidade deverá, entre outros requisitos, aplicar os recursos integralmente no desenvolvimento de seus objetivos, manter escrituração completa e não remunerar dirigentes por serviços prestados.

Lei de Incentivo Fiscal à Cultura - nº 9.874/99: dispõe regras especiais de incentivo nos segmentos culturais de artes cênicas; livros de valor artístico, literário ou humanístico; música erudita ou instrumental; exposições de artes visuais; doações de acervos para bibliotecas públicas, museus, arquivos públicos e cinematecas, bem como treinamento de pessoal e aquisição de equipamentos para a manutenção desses acervos; produção de obras cinematográficas e videofonográficas de curta e média metragem e preservação e difusão do acervo audiovisual; e preservação do patrimônio cultural material e imaterial.

O valor das doações e patrocínios para projetos culturais dos ramos especificados, com prévia aprovação do Ministério da Cultura, pode ser deduzido integralmente do imposto de renda devido até o limite de 4% (sem adicional) para pessoa jurídica e 6% para pessoa física.

Alterou em parte a Lei nº 8.313/91 - Lei Rouanet.

Lei do Audiovisual - Lei nº 8.685/93: visa fomentar a atividade audiovisual, por meio de investimentos feitos na produção de "obras audiovisuais cinematográficas brasileiras de produção independente". Os investimentos são captados no Mercado de Capitais, mediante a compra de ativos - quotas de representação de direitos de comercialização da obra em questão - após prévia aprovação do Ministério da Cultura. Os investidores que desejarem aplicar recursos na produção de tais obras poderão deduzir tais valores de seu imposto de renda, até o limite de 3% no caso de pessoa jurídica e 6% quando pessoa física. Ainda, para pessoas jurídicas tributadas com base no lucro real, também poderão ser abatidos como despesa operacional.

Para fins desta lei, "obra audiovisual de produção independente" é definida como aquela cujo produtor majoritário não seja vinculado, direta ou indiretamente, a empresas concessionárias de serviços de radiodifusão ou cabodifusão de sons ou imagens em qualquer tipo de transmissão.

Lei Rouanet - Lei nº 8.313/91: criada para incentivar e fomentar o desenvolvimento de diversos segmentos artístico-culturais, por meio do Programa Nacional de Apoio à Cultura (Pronac), tais como teatro, dança, circo, ópera, mímica, produção cinematográfica, videográfica, fotográfica, discográfica, literatura, música, artes plásticas, gráficas, gravuras, cartazes, filatelia, folclore, artesanato, patrimônio cultural, histórico, arquitetônico, arqueológico, bibliotecas, museus, humanidades em geral, rádio e televisão, de caráter educativo, cultural e não comercial.

O investimento pode ser feito sob a forma de doação ou patrocínio (ver verbetes). Como forma de incentivo, a lei permite que a pessoa física e a pessoa jurídica deduzam do imposto de renda devido os valores porventura destinados aos projetos culturais aprovados pelo Ministério da Cultura.

Ressalte-se, entretanto, que é vedado o recebimento de doações ou patrocínio por pessoas físicas ou jurídicas que de alguma forma estejam vinculadas aos patrocinadores ou doadores, segundo critérios especificados pela lei, excetuadas as entidades culturais que não possuam finalidade lucrativa (criadas pelo patrocinador ou doador), que estejam em regular funcionamento e sejam registradas no Cnas ou possuam o título de utilidade pública (conforme a área de atuação).

Leis Estaduais de Incentivo à Cultura: diversos Estados possuem leis de incentivo a atividades culturais, estabelecendo a possibilidade de dedução de valores investidos do Imposto sobre a Circulação de Mercadorias e Serviços (ICMS), que é de competência estadual. Entre os Estados, cite-se Bahia - Lei nº 7.015/96; Ceará - Lei nº 12.464/95; Rio de Janeiro - Decreto nº 22.486/86; Pernambuco - Leis nºs 11.005/93 e 11.236/95 e São Paulo - Lei nº 8.819/94.

Leis Municipais de Incentivo à Cultura: alguns municípios possuem leis de incentivo a atividades culturais, estabelecendo a possibilidade de dedução dos valores investidos do Imposto Predial Territorial Urbano (IPTU) e Imposto Sobre Serviços (ISS), ambos de competência municipal. Entre os municípios, cite-se o Rio de Janeiro – Lei Municipal nº 1.940/92 regulamentada pelo Decreto nº 12.077/93 – deduzido do ISS; e São Paulo – Lei nº 10.923/90 regulamentada pelo Decreto nº 29.684/91 – deduzido do IPTU e ISS.

Logística Reversa: denominação decorrente da Lei nº 12.305, de 2 de agosto de 2010, que instituiu a Política Nacional dos Resíduos Sólidos.

Marketing Social: é a aplicação dos conceitos e métodos clássicos de marketing para disseminar ideias benéficas para o homem e a sociedade.

Pressupõe análise, planejamento, instrumentação e controle dos programas desenhados para criar, construir e manter o intercâmbio de relações benéficas com os públicos escolhidos para alcançar os objetivos da organização. O Marketing Social tem como função aumentar o potencial de arrecadação das entidades do Terceiro Setor, reforçar sua imagem institucional e conseguir respostas mais rápidas e eficientes a suas ações. Pode ser chamado, ainda, de marketing verde, marketing ecológico ou socioambiental.

Ministério Público: órgão público que tem como função a defesa da ordem jurídica, do regime democrático e dos interesses sociais e individuais indisponíveis. Deve zelar pelo respeito dos Poderes Públicos e aos serviços de relevância pública, aos direitos assegurados na Constituição e ainda velar pela proteção ao patrimônio público e social, do meio ambiente e de outros interesses difusos e coletivos, conforme expresso na Constituição da República, arts. 127 e 129. Há também diversas leis ordinárias prescrevendo áreas de atuação do Ministério Público, como, por exemplo, direito do consumidor, criança e adolescente, família e sucessões, idosos, pessoas incapazes e portadoras de deficiência. Todas essas atribuições definidas em lei dão ao Ministério Público legitimidade para propor ações judiciais visando à defesa de tais direitos, bem como amplos poderes investigatórios. No tocante às entidades do Terceiro Setor, tem o Ministério Público prerrogativas para investigar o uso de verbas públicas e tomar as medidas cabíveis em caso de malversação de tais verbas. O Código Civil determina que o Ministério Público vele pelas fundações, as quais deverão prestar contas de suas atividades, podendo ainda pleitear a dissolução compulsória de associações.

Da prerrogativa legal do Ministério Público em velar pelas fundações de direito privado decorre a obrigatoriedade de o instituidor da fundação a ser criada submeter o estatuto a sua prévia aprovação, quando então serão verificados quais os fins a que se destina, sua regularidade e se há bens suficientes para a instituição da fundação. Ainda, após essa verificação inicial, haverá uma fiscalização permanente para que seja verificado se a Fundação tem cumprido com seus objetivos originais e se tem usado de forma correta o patrimônio a ela destinado. Também no caso de modificação do estatuto deverá haver prévia aprovação do Ministério Público.

Missão: estabelece de forma sucinta os propósitos da entidade e sua filosofia. Deve especificar as razões fundamentais de existência da entidade, identificar suas características que a distinguem e, de certa forma, os objetivos mais amplos e gerais pretendidos a longo prazo.

ONG – Organização não Governamental: o termo *ONG* é oriundo do inglês (*Non Governmental*), tendo sido utilizado oficialmente pela primeira vez em 1950 pela Organização das Nações Unidas (ONU) no Conselho Econômico e Social (Ecosoc). ONG é uma terminologia adotada para as entidades sem fins lucrativos que se dedicam a realizar tarefas essenciais pertencentes ao Estado; entretanto, em razão de sua omissão em atuar nesse segmento, por incapacidade administrativa ou financeira, essas tarefas são encampadas por segmentos da sociedade civil que, sensibilizados, organizam-se para suprir tais deficiências. São, portanto, instituições privadas que têm finalidade pública, sem fins lucrativos. As ONGs, normalmente, são constituídas para atuar nas áreas de saúde, educação, assistência social, cultura, preservação e conservação do meio ambiente. Ainda não existe uma terminologia uniforme aceita unanimemente, sendo usados vários termos de forma indiscriminada para designar essas entidades, como, por exemplo, "organizações sem fins lucrativos", "organizações voluntárias", "Terceiro Setor", entre outros. Apesar de o termo ter-se popularizado bastante no Brasil, sua significação parece estar mais fortemente associada às entidades que têm em sua missão atividades relacionadas a direitos da cidadania em geral, proteção a minorias, aos direitos humanos, tendo forte atuação no Estado, na sociedade e na imprensa, organizando protestos e passeatas, fazendo campanhas educativas, fornecendo sugestões e reivindicações na formulação das políticas públicas estatais, denunciando a violação de direitos humanos, entre outras. Exemplos clássicos do que se costuma designar como ONG, em face de suas missões e por suas atuações, são o Greenpeace e a Anistia Internacional.

Da mesma forma, não se costuma associar o termo "organizações não governamentais" às tradicionais entidades filantrópicas e assistenciais, apesar das mudanças pelas quais muitas vêm passando, a fim de modernizar sua gestão e sua visão sobre o significado da filantropia.

Assim, quando pesquisadores e ativistas se referem a este termo, estão-se referindo, normalmente, a apenas parte do que se chama Terceiro Setor.

Ressalte-se, por fim, que o conceito parece ser insuficiente e inadequado para definir essas entidades, uma vez que nem tudo o que é "não governamental" ou "não estatal" fará parte necessariamente do Terceiro Setor.

OS – Organização Social: qualificação concedida pelo Poder Executivo com o objetivo de fomentar e incentivar entidades privadas sem fins lucrativos nas áreas de ensino, pesquisa científica, desenvolvimento tecnológico, meio ambiente, cultura e saúde. À Organização Social também poderão ser transferidas atividades relacionadas às áreas de atuação anteriormente mencionadas e que antes eram desempenhadas pelo próprio Poder Público (ver também Programa Nacional de Publicização (PNP). Instituída pela Lei nº 9.637/99.

Para que uma entidade possa-se qualificar como organização social, além da natureza social e coletiva de seus objetivos, bem como a finalidade não lucrativa, deverá também prever no estatuto a participação, em seu órgão de deliberação superior (denominado na lei de "Conselho de Administração"), de representantes do Poder Público e membros da comunidade, de notória capacidade profissional e idoneidade moral (a somatória desses deve corresponder a mais de 50% dos membros do órgão). A remuneração aos conselheiros é vedada, com a ressalva de eventual ajuda de custo por reunião da qual participem. Está autorizada, no entanto, a remuneração a dirigentes, a ser estipulada no contrato de gestão. A entidade assim qualificada poderá celebrar o chamado "contrato de gestão" com o Poder Público, para um melhor fomento e desenvolvimento de suas atividades. A aprovação e concessão dessa qualificação ficam a cargo do Ministério ou Órgão Supervisor ou Regulador da área da atividade correspondente à atuação da organização social, segundo critérios de conveniência e oportunidade. As entidades que obtenham a qualificação são automaticamente consideradas como de interesse social e utilidade pública.

Oscip – Organização da Sociedade Civil de Interesse Público: qualificação concedida pelo Poder Executivo às entidades privadas sem fins lucrativos estabelecendo a possibilidade de firmar os denominados "termos de parceria" com os governos federal, estadual e municipal, bem como a possibilidade de remunerar diretores que efetivamente exerçam alguma atividade, dentro dos parâmetros salariais do mercado. Para obter a qualificação, as entidades terão necessariamente de atuar em alguma das atividades estabelecidas na Lei nº 9.790/97 (por exemplo: promoção da assistência social, cultura, defesa do meio ambiente, voluntariado, combate à pobreza, promoção gratuita da saúde e educação, de direitos, cidadania, desenvolvimento de tecnologias alternativas, entre outras).

O novo regime jurídico das Oscip's dispensa os certificados de declaração de utilidade pública, bem como o registro e certidão fornecidos pelo Cnas, apesar de exigir a finalidade não lucrativa, entendida como não distribuição de qualquer parcela de seu patrimônio ou de resultados eventualmente obtidos, como requisito básico para a obtenção da qualificação. A concessão do título é de atribuição do Ministério da Justiça, mediante requerimento feito pela entidade interessada. A lei permite que entidades privadas sem fins lucrativos que tenham outras qualificações, como utilidade pública e/ou Cebas possam-se qualificar como Oscip's, desde que preenchidos os requisitos para tanto, e que mantenham ambos os regimes por até cinco anos contados do início da vigência da lei.

A qualificação foi instituída pela Lei nº 9.790/99, a qual ficou conhecida como Lei do Terceiro Setor, e trouxe um novo enquadramento jurídico para as organizações sem fins lucrativos.

A Medida Provisória nº 2.158, reeditada em 24-8-01, permitiu que as entidades sem fins lucrativos de utilidade pública ou qualificadas como Oscip recebam doações dedutíveis de pessoas jurídicas. O benefício é a dedução do imposto de renda das pessoas jurídicas, até o limite de 2% do lucro operacional, antes de computada sua dedução.

Patrocínio – Lei Rouanet: transferência gratuita, em caráter definitivo, à pessoa física ou jurídica de natureza cultural, com ou sem fins lucrativos, de numerário, para a realização de projetos culturais, com a finalidade promocional e institucional de publicidade. Considera-se ainda como patrocínio a cobertura de gastos ou a utilização de bens móveis e imóveis do patrimônio do patrocinador sem a transferência de domínio, para a realização de projetos culturais sem fins lucrativos. A legislação tributária permite a dedução do imposto de renda da pessoa jurídica, até o limite de 4% do valor do imposto devido, de 30% do valor do patrocínio. Para a pessoa física, esse valor eleva-se para 60%, até o limite de 6% do imposto devido.

Planejamento Participativo: processo pelo qual a organização se mobiliza para construir seu futuro, definindo metas e objetivos. Permite um processo contínuo de auto-avaliação, adaptação a novas realidades e profissionalização da organização.

Programa de Trabalho: consiste no projeto detalhado que a Oscip se compromete a desenvolver, contendo o objeto da proposta, as metas a serem alcançadas, os indicadores de avaliação e desempenho, cronograma de execução do projeto e de desembolso de recursos (sejam públicos e/ou privados, caso haja), previsão de receitas (públicas e/ou privadas), metodologia empregada e todas as outras informações julgadas relevantes para a boa condução do projeto. O programa de trabalho, previsto na Lei nº 9.790/99, que criou as Organizações da Sociedade Civil de Interesse Público, será parte integrante do Termo de Parceria e deverá expressar os requisitos contidos na Lei em questão.

Pronac – Programa Nacional de Apoio à Cultura: ver Lei Rouanet – Lei nº 8.313/91.

PNP – Programa Nacional de Publicização: programa criado pelo Governo Federal com o objetivo de estabelecer critérios e diretrizes para a qualificação das Organizações Sociais e também para conduzir a transferência das atividades elencadas na Lei nº 9.637/99, antes desenvolvidas por entidades ou órgãos da União Federal, para Organizações Sociais. Será implementado por meio de decreto do Poder Executivo.

Como exemplo, a própria Lei nº 9.637/99 determinou a extinção do Laboratório Nacional de Luz Síncroton (ligado ao Conselho Nacional de Desenvolvimento Científico e Tecnológico (CNPq)) e da Fundação Roquete Pinto (vinculada à Presidência da República), cujas atividades seriam transferidas para organizações sociais lá mencionadas, mediante a celebração de contrato de gestão e cuja qualificação a lei previamente já autorizava.

Responsabilidade Social: normalmente o conceito de responsabilidade social é aplicado principalmente no âmbito das empresas. Segundo definição dada pelo Instituto Ethos, "é uma forma de conduzir os negócios da empresa de tal maneira que a torna parceira e corresponsável pelo desenvolvimento social. (...) A empresa socialmente responsável é aquela que possui a capacidade de ouvir os interesses das diferentes partes (acionistas, funcionários, prestadores de serviço, fornecedores, consumidores, comunidade, governo e meio ambiente) e conseguir recebê-los no planejamento de suas atividades, buscando atender às demandas de todos e não apenas dos acionistas ou proprietários. A Responsabilidade Social foca a cadeia de negócios da empresa e engloba preocupações com um público maior (acionistas, funcionários, prestadores de serviço, fornecedores, consumidores, comunidade, governo e meio ambiente), cujas demandas e necessidades a empresa deve buscar entender e incorporar em seus negócios. Assim, a Responsabilidade Social trata diretamente dos negócios da empresa e como ela os conduz". No entanto, o conceito de responsabilidade social pode ser aplicado tanto no âmbito do Estado, quando esse busca o aprimoramento e a maior eficiência na condução de suas políticas públicas de combate aos problemas sociais, como também em relação ao cidadão, quando esse procura realizar trabalhos voluntários ou de alguma forma contribuir para as entidades do Terceiro Setor e para as questões que lhe são pertinentes. Também denominada como responsabilidade socioambiental.

SA 8000: certificado desenvolvido pela Council on Economic Priorities Accreditation Agency (Cepaa) (Agência de Certificação do Conselho sobre Prioridades Econômicas) com o objetivo de avaliar a implementação de políticas de responsabilidade social por parte do setor privado, por meio de uma chamada "auditoria social" (www.cepaa.org).

Serviços Sociais Autônomos: criados mediante lei, têm personalidade jurídica de direito privado, finalidade não lucrativa e objetivo de auxiliar o Estado na prestação de assistência social, médica e ensino à população em geral ou a categorias profissionais específicas. Recebem oficialização do Estado e são mantidos por dotações orçamentárias ou por contribuições parafiscais, as quais são arrecadadas ao ente, mediante autorização legal, das empresas e dos beneficiários dos serviços. Como exemplos, podem ser citados o Sesc, Senac, Senai, entre outros.

Serviço Público: atividades que a Constituição ou a lei atribui como responsabilidade do Estado, o qual deverá prestá-las, diretamente, por entes estatais da Administração Pública Indireta (Autarquias, Fundações, Empresas Públicas ou Sociedades de Economia Mista) ou delegação a particulares, com o objetivo de satisfazer de forma concreta necessidades coletivas e públicas da sociedade. O regime jurídico da prestação de tais serviços será sempre o de direito público (ainda que apenas parcialmente), o que implica supremacia do interesse público sobre o particular.

Sociedade Civil e Comercial: formas de constituição de pessoas jurídicas que visam ao fim econômico ou lucrativo, o qual deve e pode ser repartido entre os sócios, pelo exercício de atividade não mercantil, no caso da primeira, como, por exemplo, prestação de serviços ou exercício de profissão liberal, e, no caso da segunda, pela prática de atos de comércio, mediante exercício de atividade mercantil. Por visarem ao lucro, tais formas associativas não podem ser adotadas pelas entidades do Terceiro Setor.

Subvenção Social: recurso financeiro repassado pelo Estado a instituições públicas ou entidades privadas sem fins lucrativos nas áreas de assistência social, médica, educacional e cultural, para cobrir exclusivamente despesas de custeio, como forma de suplementação e incentivo a suas atividades. Despesas de custeio envolvem gastos com manutenção e pessoal em geral, não podendo a subvenção ser utilizada para cobrir despesas de capital, que são as que geram riqueza ou aumento de patrimônio para a entidade.

O pedido de concessão da subvenção social e do auxílio são feitos mediante solicitação da entidade interessada, com apresentação de plano de aplicação dos recursos pretendidos.

A regra geral é a de que a subvenção social somente será concedida quando a suplementação de recursos de origem privada aplicados a esses objetivos revelar-se mais econômica do que uma atuação estatal direta conforme previsão do art. 16 da Lei Geral do Orçamento – nº 4.320/64.

A subvenção deve estar prevista no Orçamento do Ente Político (União, Estados, Distrito Federal ou Município) e a entidade, para que possa recebê-la, deverá, entre outros requisitos exigidos pela lei, dispor de patrimônio ou renda regular (ou seja, a entidade não pode viver exclusivamente da subvenção), comprovar que não dispõe de recursos próprios suficientes à manutenção ou ampliação de seus serviços, ter feito prova de seu regular funcionamento nos últimos 5 anos (Lei de Diretrizes Orçamentárias de 2001 – Lei nº 9.995/2000) e não ter sofrido nenhuma penalidade referente ao repasse de verbas públicas anteriormente.

As entidades deverão prestar contas da aplicação da subvenção social mediante relatório de atividades e demonstração contábil das origens e aplicações de recursos.

Terceiro Setor: termo que engloba as organizações da sociedade civil que prestam algum tipo de serviço ou atividade de relevância social fora do aparato estatal e que também não se confundem com os entes do mercado, por não apresentarem objetivo ou finalidade lucrativa. Foi inicialmente usado por pesquisadores nos Estados Unidos no início da década de 1970 e, a partir dos anos 1980, também por pesquisadores europeus.

O termo parte da ideia de que a sociedade e suas atividades podem ser divididas em três setores: o primeiro setor seria o "Estado", cuja ação é organizada e delimitada por um arcabouço legal, sendo dotado de poderes coercitivos em face da sociedade para que possa atuar em seu benefício, devendo ter sua atuação dirigida a todos os cidadãos, indiscriminadamente, promovendo de modo universal suas necessidades sociais. O segundo setor seria o "Mercado", no qual a troca de bens e serviços objetiva o lucro e sua maximização. O Terceiro Setor, por sua vez, reuniria as atividades privadas não voltadas para a obtenção de lucro e que, mesmo fora da órbita da atuação estatal, ainda assim visariam ao atendimento de necessidades coletivas e/ou públicas da sociedade. Para alguns teóricos americanos, as entidades que compõem o Terceiro Setor ainda teriam como características fundamentais o fato de serem estruturadas, autogovernadas e envolverem pessoas em um grande esforço voluntário. O termo pode ser considerado mais amplo e neutro por conseguir abarcar as diversidades existentes entre as entidades e vem sendo cada vez mais utilizado tanto no meio acadêmico como pelo senso comum. Ou seja, existem sociedades que dividem suas atividades e processos entre Estado (Primeiro Setor), mercado (Segundo Setor) e sociedade civil (Terceiro Setor). O Terceiro Setor é formado por sociedades civis sem finalidade lucrativa, com capacidade de gerar projetos, assumir responsabilidades, empreender iniciativas e mobilizar recursos necessários ao desenvolvimento social do país. São exemplos de organizações do Terceiro Setor as organizações não governamentais (ONGs), organizações da sociedade civil (OSCS), as associações, as fundações e outras organizações correlatas.

Termo Aditivo: instrumento jurídico para prorrogar Termos de Parceria realizados entre as Oscips e o Poder Público, obedecidos os critérios e hipóteses previstos, conforme a Lei nº 9.790/99.

Termo de Adesão: instrumento jurídico previsto na Lei do Voluntariado – Lei nº 9.608/98 – com o objetivo de regulamentar e especificar o trabalho dos voluntários, estabelecendo as condições em que o serviço será prestado nas entidades públicas ou privadas sem fins lucrativos.

Termo de Parceria: visa estabelecer vínculos de cooperação entre o Estado e as Oscips, objetivando um melhor desempenho das atividades e objetivos sociais de interesse público por parte delas (tais objetivos sociais estão expressamente elencados na Lei nº 9.790/99). O termo de parceria estabelecerá os direitos, as obrigações e as responsabilidades das partes, e deverá necessariamente mencionar o programa de trabalho a ser desenvolvido, estipulação de metas e de resultados a serem atingidos, com os respectivos prazos de execução, critérios objetivos de avaliação, previsão de receitas e suas fontes, bem como despesas, entre outros.

A lei prevê um processo prévio de seleção das entidades interessadas na celebração dos termos de parceria, por exemplo, por meio de concurso de projetos. O cumprimento dos termos será verificado por órgãos do poder público das respectivas áreas de atuação correspondentes à atividade desenvolvida pela entidade e ainda pelos Conselhos de Políticas Públicas, também das áreas específicas, havendo a previsão de obrigatoriedade de prestação de contas ao Poder Público. Mesmo antes da assinatura do termo, caberá ao Poder Público averiguar a regularidade e a adequação da Oscip para o projeto que se dispõe a realizar. Também é prevista a fiscalização pelo sistema de controle da Administração Pública, por meio de auditorias internas (por exemplo, a Secretaria Federal de Controle) e externas (Tribunais de Contas).

Ressalte-se que os procedimentos para a assinatura e execução do termo de parceria revelam-se mais simples do que os utilizados para a celebração de convênios.

Ainda, se faz obrigatório, até 30 dias após a assinatura do Termo de Parceria, a publicação na imprensa oficial de regulamento próprio que disciplina os procedimentos para a compra de bens e contratação de obras e serviços, em moldes semelhantes e com a observância dos mesmos princípios que regem uma licitação.

Caso haja indícios de malversação dos recursos destinados ao Termo de Parceria, a entidade e seus dirigentes poderão ser responsabilizados civil, penal e administrativamente.

Título de Utilidade Pública: título concedido pelo Poder Público como forma de reconhecimento às entidades que prestam serviços de natureza social ou assistencial de forma desinteressada à coletividade, suprindo-lhe determinadas necessidades, e sem finalidade lucrativa. Inicialmente, o título de utilidade pública possuía mais uma função honorífica, não significando necessariamente a obtenção de alguma vantagem pela entidade. Atualmente, significa, em muitos casos, requisito obrigatório para a obtenção de vantagens fiscais ou financeiras concedidas pelo Poder Público.

Os títulos de utilidade pública existem em esfera federal, estadual e municipal, podendo variar os requisitos para a qualificação em cada uma dessas. Na esfera federal, o pedido deve ser feito ao Ministério da Justiça e, entre os requisitos mais importantes, estão a obrigatoriedade de constituição e atuação dentro do território nacional, a proibição de remuneração ou recebimento de vantagens a diretores e associados e a comprovação de que a entidade promova atividades na área de educação, ciência, cultura, artes ou filantrópicas em geral.

Tribunal de Contas: órgão auxiliar do Poder Legislativo e que tem a função de exercer a fiscalização contábil, financeira, orçamentária, operacional e patrimonial da União, Estados e Municípios, e das pessoas jurídicas a eles ligadas. Existe em esfera federal e estadual, com a possibilidade de criação em municípios maiores, como é o caso da cidade de São Paulo. Compete também ao Tribunal de Contas julgar as contas dos administradores e demais responsáveis por dinheiro e bens públicos e todo aquele que der causa a perda, extravio ou qualquer irregularidade que possa resultar em prejuízo ao erário público (Constituição Federal, art. 71, II).

O parágrafo único do art. 70 da Constituição Federal determina que:

Art. 70. (...)

Parágrafo único. Prestará contas qualquer pessoa física ou jurídica, pública ou privada, que utilize, arrecade, guarde, gerencie ou administre dinheiros, bens e valores públicos ou pelos quais a União responda, ou que, em nome desta, assuma obrigações de natureza pecuniária.

Trabalho Voluntário: atividade não remunerada, prestada por pessoa física a entidade pública de qualquer natureza ou a instituição privada de fins não lucrativos, que tenha objetivos cívicos, culturais, educacionais, científicos, recreativos ou de assistência social, inclusive mutualidade. Foi regulamentado pela Lei nº 9.608/98 que instituiu o Termo de Adesão ao Trabalho Voluntário (ver verbete) e a possibilidade de ressarcimento de despesas efetuadas pelo voluntário no desempenho de suas atividades.

O trabalho voluntário não gera vínculo empregatício, não havendo qualquer obrigação de natureza trabalhista ou previdenciária para as entidades. É considerado como de suma importância para o desenvolvimento e a consolidação da cidadania participativa, por meio da implantação e cultivo de uma cultura moderna de voluntariado.

Utilidade Pública: o conceito de utilidade pública envolve a prestação de serviços de natureza social ou assistencial de forma desinteressada à coletividade, suprindo-lhe determinadas necessidades. A atuação da entidade é voltada para a sociedade ou determinado setor dela e não para a obtenção de lucro ou de vantagens pessoais. Ao conceder os certificados de utilidade pública, o Estado reconhece os benefícios proporcionados pelas entidades e a importância de sua atuação na sociedade.

Voluntário: pessoa física que realiza atividade não remunerada em entidade pública de qualquer natureza ou em instituição privada de fins não lucrativos, que tenha objetivos cívicos, culturais, educacionais, científicos, recreativos ou de assistência social, inclusive mutualidade (definição baseada na Lei nº 9.608/98, que regulamentou o trabalho voluntário no Brasil) (ver também **Trabalho Voluntário**).

BIBLIOGRAFIA

ABONG. *ONGs no Brasil*: perfil e catálogo das associadas à ABONG. São Paulo, 2013.

ADULIS, D. O mercado de trabalho e gestão no terceiro setor. *Revista do Terceiro Setor*. Rede de Informações sobre o Terceiro Setor (Rits). São Paulo, out. 2001.

ADULIS, D. Uso estratégico da Internet nas organizações do terceiro setor. *Revista do Terceiro Setor*. Rede de Informações sobre o Terceiro Setor (Rits). São Paulo, set. 2001.

BARREIRA, C. Noções gerais de parcerias e alianças estratégicas. *Revista do Terceiro Setor*. Rede de Informações sobre o Terceiro Setor (Rits). São Paulo, out. 2001.

ECONOMIST Intelligence Unit. Disponível em: <http://www.eiu.com/home.aspx>. Acesso em: 08 maio 2019.

EXAME. Guia de boa cidadania corporativa. São Paulo: Abril Cultural, 2006.

GAZETA MERCANTIL. Caderno Indústria e Serviços. Vários exemplares. São Paulo, 2009.

GTZ: Gesellschaft für Technische Zusammenarbeit. *Services for rural development*: benchmarking in the service sector, 2001.

LANDIM, Leilah. *Pesquisa sobre as ONGs*. São Paulo: ABONG, 1988.

LE CLAIR, Chris. *Benchmarking communication performance*. Marketing & business development, 2001. Disponível em: <www.leverus.com>.

LORANGE, Peter et al. *Alianças estratégicas*: formação, implementação e evolução. São Paulo: Atlas, 1996.

LUCK, Mike; GOLDER, Paul. What is "IT". In: OSBORNE, Stephen P. (Ed.). Information Technology management in voluntary and non-profit organizations. *Managing in the voluntary sector*: a handbook for managers in charitable and non-profit organizations. Londres: International Thompson Business Press, 1996.

NOLETO, Marlova J. *Parcerias e alianças estratégicas*: uma abordagem prática. São Paulo: Instituto Fonte, 2000.

OMB, Wach. Democracy at work: nonprofit use of internet technology for public policy purposes. Washington, DC 20009-1171, 1998.

OSTEN, Mark. The use of logic models to enhance strategic to enhance strategic technology planning & outcome measurement. Amherst, Ma: Summit Consulting Collaborative, 2000.

PASCOAL, E. Emprego no terceiro setor: uma visão do Brasil e do mundo. *Revista do Terceiro Setor*. Rede de Informações sobre o Terceiro Setor (Rits). São Paulo, out. 2001.

PELIANO, A. M. M. *Pesquisa ação social das empresas*. São Paulo: Instituto de Pesquisa Econômica Aplicada (IPEA), 2002.

REIS, L. G. C. Parceria com o Estado: problema ou solução para as organizações do terceiro setor. *Revista do Terceiro Setor*. Rede de Informações sobre o Terceiro Setor (Rits). São Paulo, abr. 2000.

REIS, L. G. C. Que estruturas uma organização deve ter? *Revista do Terceiro Setor*. Rede de Informações sobre o Terceiro Setor (Rits). São Paulo, abr. 2002.

REIS, L. G. C. Um roteiro para elaborar política de recursos humanos. *Revista do Terceiro Setor*. Rede de Informações sobre o Terceiro Setor (Rits). São Paulo, abr. 2002.

RICO, Elizabeth Melo (Org.). *Avaliação de políticas sociais*: uma questão de debate. São Paulo: Cortez, 1998.

RITS. O uso do marco lógico na gestão e avaliação de projetos. *Revista do Terceiro Setor*. Rede de Informações sobre o Terceiro Setor (Rits). São Paulo, dez. 2001.

SPENDOLINI, M. J. *Benchmarking*. Tradução de Kátia Aparecida Roque. São Paulo: Makron Books, 1992.

TACHIZAWA, T. Gestão de negócios: visões e dimensões empresariais da organização. *Revista Brasileira de Administração*, Brasília, DF: Conselho Federal de Administração, ano XI, nº 35, dez. 2001.

TACHIZAWA, T. Gestão ambiental. *Revista Brasileira de Administração*, Brasília, DF: Conselho Federal de Administração, ano XI, nº 32, abr. 2001.

TACHIZAWA, T. *Gestão ambiental e responsabilidade social corporativa*: os paradigmas do novo contexto empresarial. 9. ed. São Paulo: Atlas, 2019.

TACHIZAWA, T.; ANDRADE, R. O. B. *Gestão de instituições de ensino*. 4. ed. Rio de Janeiro: FGV, 2010.

TACHIZAWA, T.; FREITAS, A. A. V. *Estratégias de negócios*: lógica e estrutura do universo empresarial. Rio de Janeiro: Pontal, 2004.

TACHIZAWA, T.; MELLO, A. *Estratégias empresariais e o teletrabalho*. Rio de Janeiro: Pontal, 2003.

TACHIZAWA, T.; ANDRADE, R. O. B. *Tecnologias da informação aplicadas às instituições de ensino e às universidades corporativas*. São Paulo: Atlas, 2003.

TACHIZAWA, T.; ANDRADE, R. O. B.; CARVALHO, A. B. *Gestão ambiental*: enfoque estratégico aplicado ao desenvolvimento sustentável. 2. ed. rev. e ampl. São Paulo: Makron Books, 2002.

TACHIZAWA, T.; FARIA, M. S. *Criação de novos negócios*: gestão de micro e pequenas empresas. 2. ed. rev. e ampl. Rio de Janeiro: FGV, 2007.

TACHIZAWA, T.; SCAICO, O. *Organização flexível*: qualidade na gestão por processos. 2. ed. São Paulo: Atlas, 2001.

TACHIZAWA, T.; REZENDE, W. *Estratégia empresarial, tendências e desafios*: um enfoque na realidade brasileira. 2. ed. São Paulo: Makron Books, 2004.

TACHIZAWA, T.; PARADELA, V. C.; FORTUNA, A. A. M. *Gestão com pessoas*: uma abordagem aplicada às estratégias de negócios. 4. ed. rev. e ampl. Rio de Janeiro: FGV, 2006.

TACHIZAWA, T.; CRUZ JUNIOR, J. B.; ROCHA, J. A. O. *Gestão de negócios*: visões e dimensões empresariais da organização. 3. ed. São Paulo: Atlas, 2006.

TASSIE, Bill; ZOAR, Assaf; MURRAY, Vic. The management of change. In: OSBORNE, Stephen P. (Ed.). *Managing in the voluntary sector*: a handbook for managers in charitable and non-profit organization. Londres: International Thompson Business Press, 1996.

USAID. *Making the internet connection count*: effective use of the internet in seven steps. Leland initiative: research and references services project. Washington, DC: USAID/PPC/CDIE/DI/RRS, 1998.

VALARELLI, L. L. Indicadores de resultados de projetos sociais. *Revista do Terceiro Setor*. Rede de Informações sobre o Terceiro Setor (Rits). São Paulo, jul. 1999.

Legislação

Constituição Federal, de 5 de outubro de 1988

Emenda Constitucional nº 12, de 16 de agosto de 1996

Lei nº 6.404/76 - arts. 158/132 (livro *Manual de ONGs*)

Lei nº 8.212/91 - art. 95, *d*, e art. 15 (livro *Manual de ONGs*)

Lei nº 6.404/76 - art. 158 (livro *Manual de ONGs*)

Lei nº 9.790/99, de 23-3-99 (Oscip)

Lei nº 9.608, de 18-2-98

Lei das S.A.

Portaria MJ nº 361, de 27-7-99

Leis complementares

Lei Complementar nº 70, de 30 de setembro de 1991

Lei Complementar nº 84, de 18 de janeiro de 1996

Leis ordinárias

Lei nº 5.764/71, de 16 de dezembro de 1971 relativa à Política Nacional de Cooperativismo

Lei nº 3.071, de 1º de janeiro de 1916 (Código Civil Brasileiro)

Lei nº 91, de 28 de agosto de 1935

Lei nº 1.493, de 12 de julho de 1954

Lei nº 5.172, de 25 de dezembro de 1966 (Código Tributário Nacional)

Lei nº 5.869, de 11 de janeiro de 1973 (Código de Processo Civil)

Lei nº 6.015, de 31 de dezembro de 1973 (Lei dos Registros Públicos)
Lei nº 6.019, de 3 de janeiro de 1974
Lei nº 6.494, de 7 de dezembro de 1977
Lei nº 6.639, de 8 de maio de 1979
Lei nº 7.492, de 16 de junho de 1986 (Lei do Colarinho Branco)
Lei nº 8.010, de 29 de março de 1990
Lei nº 8.069, de 13 de julho de 1990 (Estatuto da Criança e do Adolescente)
Lei nº 8.212, de 24 de julho de 1991 (Lei da Seguridade Social)
Lei nº 8.242, de 12 de janeiro de 1991
Lei nº 8.383, de 30 de dezembro de 1991
Lei nº 8.540, de 22 de dezembro de 1992
Lei nº 8.620, de 5 de janeiro de 1993
Lei nº 8.625, de 12 de fevereiro de 1993 (Lei Orgânica Nacional do Ministério Público)
Lei nº 8.666, de 21 de junho de 1993 (Lei das Licitações)
Lei nº 8.742, de 8 de dezembro de 1993 (Lei Orgânica da Assistência Social)
Lei nº 8.849, de 28 de janeiro de 1994
Lei nº 8.859, de 23 de março de 1994
Lei nº 8.870, de 15 de abril de 1994
Lei nº 8.883, de 8 de junho de 1994
Lei nº 8.906, de 4 de julho de 1994 (Estatuto da OAB)
Lei nº 8.934, de 18 de novembro de 1994
Lei nº 8.949, de 9 de dezembro de 1994
Lei nº 8.987, de 13 de fevereiro de 1995
Lei nº 9.032, de 28 de abril de 1995
Lei nº 9.042, de 9 de maio de 1995
Lei nº 9.063, de 14 de junho de 1995
Lei nº 9.064, de 20 de junho de 1995
Lei nº 9.080, de 19 de julho de 1995
Lei nº 9.096, de 19 de setembro de 1995
Lei nº 9.129, de 20 de novembro de 1995
Lei nº 9.249, de 26 de dezembro de 1995
Lei nº 9.311, de 24 de outubro de 1996
Lei nº 9.473, de 22 de julho de 1997 (Lei de Diretrizes Orçamentárias de 1998)
Lei nº 9.504, de 30 de setembro de 1997
Lei nº 9.532, de 10 de dezembro de 1997
Lei nº 9.601, de 21 de janeiro de 1998

Lei nº 9.608, de 18 de fevereiro de 1998

Lei nº 9.718, de 27 de novembro de 1998

Lei nº 9.732, de 11 de dezembro de 1998

Lei nº 9.790, de 23 de março de 1999

Lei Municipal nº 12.520, de 24 de novembro de 1997 (livro *Manual de ONGs*)

Decretos

Decreto nº 50.517, de 2 de maio de 1961

Decreto nº 60.931, de 4 de julho de 1967

Decreto nº 87.497, de 18 de agosto de 1982

Decreto nº 91.030, de 5 de maio de 1985

Decreto nº 93.872, de 23 de dezembro de 1986

Decreto nº 794, de 5 de abril de 1993

Decreto nº 1.041, de 11 de janeiro de 1994 (Regulamento do Imposto de Renda)

Decreto nº 1.359, de 30 de dezembro de 1994

Decreto nº 1.493, de 17 de maio de 1995

Decreto nº 1.494, de 17 de maio de 1995

Decreto nº 1.800, de 30 de janeiro de 1996

Decreto nº 2.173, de 5 de março de 1997

Decreto nº 2.219, de 2 de maio de 1997

Decreto nº 2.490, de 4 de fevereiro de 1998

Decreto nº 2.536, de 6 de abril de 1998

Decreto nº 3.100, de 30 de junho de 1999

Resoluções

Resolução CNAS nº 34/94

Resolução CNAS nº 32/99

Instruções normativas

Instrução Normativa nº 1, de 15 de janeiro de 1997, da Secretaria do Tesouro Nacional.

Sites para consultas

BID. *Evaluación*: una herramienta de gestión para mejorar el desempeño de los proyectos. Oficina de Evaluación (EVO) 1997. Disponível em: <http://www. iadb.org/cont/evo/SPBook/lamatriz.htm>. Acesso em: 15 dez. 2000. Guia do Banco Interamericano de

Desenvolvimento (BID) para aplicação do marco lógico em projetos e programas financiados pelo Banco.

BROSE, Markus. Marco Lógico, Metaplan e Zopp. Rede DLIS, 2001. Disponível em: <http://www.rededlis.org.br/planejamento>. Acesso em 15 dez. 2001. Artigo de Markus Brose disponível no *site* da Rede DLIS sobre marco lógico, a metodologia participativa Metaplan e o método de planejamento Zopp.

REIS, Liliane G. da Costa. *Avaliação de projetos como instrumento de gestão.* RITS, 1999. Disponível em: <www.rits.org.br>; <http://www.rits.org.br/gestao_teste/ge_testes/ge_tmesant_nov99.cfm>. Acesso em 15 dez. 2001.

ASSOCIAÇÃO BRASILEIRA DE CAPTADORES DE RECURSOS. <http://www. abcr. com.br>.

A ABCR é uma instituição sem fins lucrativos com a missão de promover, desenvolver e regulamentar a atividade de captação de recursos. O *website* da entidade dispõe de informações e notícias sobre captação de recursos e *links* para outras organizações que atuam na área.

LISTA DE DISCUSSÃO FUNDRAISING BRASIL. <http://groups.yahoo.com/ groups/ fundbr>.

Lista de discussão em português sobre atividades de *fundraising* no Brasil.

MANUAL DE FUNDOS PÚBLICOS 2001 – Abong/PAD.

O objetivo da publicação é divulgar quais são os recursos públicos disponíveis para o trabalho das entidades envolvidas no campo do desenvolvimento social e humano no Brasil e quais suas formas de acesso. Essa publicação é o resultado de um levantamento realizado em órgãos públicos federais e embaixadas, por meio de uma parceria entre a Abong e PAD.

Maiores informações na Abong: <http://www.abong.org.br>.

Recursos *on-line*

PODERES, Tony. *Nine basic truths on fundraising.* <http://www.raise-funds. com/9truths. html>, 2002.

______. *Designing a communications plan to enhance your fundraising campaign.* <http:// www.raise-funds.com/0401forum.html>, 2002.

Captação de recursos – Fontes de financiamento

Cadastro de Fontes Nacionais e Internacionais de Cooperação para Projetos Ambientais

Realizado pela Companhia Pernambucana do Meio Ambiente (CPRH), o cadastro fornece informações sobre agentes de fomento à pesquisa que cooperam no desenvolvimento de projetos ambientais. O trabalho mostra também os princípios básicos das relações de cooperação e algumas observações dirigidas aos que se dispõem a iniciar qualquer projeto voltado para o meio ambiente.

Embaixadas

Fundações e empresas

Organismos internacionais

Governo Federal – financiamento público para organizações do terceiro setor

Relação de Agências internacionais não governamentais de desenvolvimento atuando no Brasil (*preparada por Leilah Landim*)

Noções gerais

Textos sintéticos que tratam a captação de recursos de forma ampla e diversificada: as principais exigências e como definir estratégias adequadas de mobilização dos recursos que sua organização necessita.

Referências bibliográficas

Relação de publicações para consultas sobre o tema – livros, textos, artigos e manuais – com experiências e orientações para quem deseja implementar estratégias de captação de recursos.

Links

Endereços na *Web* onde você pode encontrar referências sobre captação de recursos para organizações do Terceiro Setor.

Aprenda com quem faz

Experiências diversificadas de organizações na área de captação de recursos. Como iniciaram, estratégias desenvolvidas, dificuldades, resultados e lições aprendidas.

Um exemplo prático da aplicação de um processo de *benchmarking* pode ser visto em um artigo disponível para *download*: MELO, A. M.; SILVA, W. T. S.; CARPINETTI, L. C. *Proposta de metodologia para identificação de objeto de estudo de* benchmarking.

Recursos na Internet

Organizações que apóiam atividades de *benchmarking*

Benchmarking Network

Benchmarking Centre

Not For Profit Benchmarking Association

Instituto Nacional de Desenvolvimento e Excelência (Inde)

Conselho Empresarial Brasileiro para o Crescimento Sustentável:
www.cebds.com

Fundação Victor Civita:
www.fvc.org.br

Instituto Akatu:
www.akatu.com.br

Instituto ADVB de Responsabilidade Social:
www.advbfbm.org.br

Instituto Brasileiro de Análises Sociais e Econômicas:
www.ibase.org.br

Instituto Ethos de Responsabilidade Social:
www.ethos.org.br

Programa de Liderança em Meio Ambiente e Desenvolvimento Sustentável:
www.lead.org.br

Valor:
www.valoronline.com.br

Gazeta Mercantil:
www.gazetamercantil.com.br
www.bancodenoticias.com.br

Organizações Não Governamentais e Terceiro Setor

Rede de Informações para o Terceiro Setor (Rits):
www.rits.org.br/

Grupo de Institutos, Fundações e Empresas (Gife):
www.gife.org.br

Investimento Social Privado (Gife):
www.gife.org.br/investimento.asp

Internet Nonprofit Center:
www.nonprofits.org

Site para plantio, *on line*, de espécies nativas da Mata Atlântica:
www.clikarvore.com.br

***Site* para treinamento e desenvolvimento:**

www.takeshy.k6.com.br

Nesse *site* podem ser encontradas "dicas" para o uso de filmes ilustrativos no treinamento empresarial e em cursos na área de humanas (Administração, Engenharia, Direito, Contábeis, Economia e afins). Esta abordagem é interessante para complementar os conceitos de gestão de organizações não governamentais e outras entidades do Terceiro Setor.

O *site* evidencia e orienta sobre a aplicação prática dos conhecimentos estudados, induzindo os estudiosos do assunto a aprender pela descoberta e pela analogia que podem fazer com o mundo real.

Cada filme sugerido no *site* pode estimular o profissional a fazer uma ligação entre o conhecimento e a sua aplicação prática. Ensina o processo em vez de fornecer simples respostas. O profissional, ao vislumbrar conceitos de gestão nos filmes sugeridos, é estimulado a reflexão e gerar suas próprias ideias a respeito do tema estudado.

O instrutor de treinamento ou professor, para cada filme sugerido, encontra informações no *site* para o planejamento de determinados tópicos, conforme resumido a seguir, para servir de referencial pedagógico, uma vez que a flexibilidade, como recurso didático, deve ser preservada.

Preleção inicial: com a leitura da resenha do filme para descrever o caso. A resenha ajudará os profissionais a terem uma ideia do contexto que está sendo enfocado.

Objetivos didáticos: determinam as metas a serem alcançadas com o uso do filme. Questões para estudo podem ser propostas pelo instrutor ou professor, diretamente aos estudiosos do assunto.

Projeção do filme: que deve focar o *início* de forma completa, o *núcleo* de forma compactada (avançar a película nas passagens triviais) e o *fim* do filme também mantido de forma completa. Ou seja, o instrutor ou professor deve suprimir partes do filme que não contribuem diretamente com a finalidade da aula.

Debate: uma vez projetado, o filme pode ser debatido em classe dando ênfase aos primeiros minutos da discussão que são críticos. Independentemente do tópico ou das perguntas feitas, os professores devem usar algum recurso para estimular a imediata discussão e troca de ideias. Fazer uma votação, por exemplo, alerta os alunos instantaneamente para a necessidade de tomar uma decisão. Em outras circunstâncias, pedir que os alunos relatem suas experiências com um determinado conceito abordado no filme é um modo interessante de atraí-los para o contexto da aula. Durante a discussão do filme, devem ser enfatizadas que não existe uma única resposta para uma situação do filme. Os alunos devem ser motivados a compartilharem suas ideias. Destacar as vantagens e as desvantagens de cada opinião formulada desenvolve a capacidade decisorial, estimulando um ambiente onde é possível mudar de ideia, uma vez que o processo de tomada de decisões é evolucionário. Os filmes funcionam melhor quanto maior o número de alunos participando do debate. Perguntas criteriosamente planejadas podem induzir a participação de todos em classe. O professor deve salientar no final do debate que vários enfoques poderiam ter funcionado sob o mesmo contexto e que não existe uma única solução correta. Informações sobre a realidade brasileira é importante serem salientadas no filme como maneira de contextualizar a história dele no ambiente em que se encontra o aluno. Da mesma forma, dados mais recentes do que aqueles abordados no filme ajudam a reflexão sobre diferentes decisões em um novo contexto. Podem-se designar alunos para pesquisar as últimas informações relativas ao caso relatado no filme. Isto é particularmente válido para empresas relatadas nos filmes e que se encontram em destaque na mídia. É o caso, por exemplo, da Enron, que esteve nas manchetes dos principais jornais e da firma de auditoria Artur Andersen (que avalizou os balanços Enron), até culminar com a falência de ambas.

Questões conceituais: quando a classe for pequena, pode-se pedir aos alunos que assistam ao filme, previamente, no cinema ou em sua respectiva casa, e tragam uma análise a respeito da película para ser debatida em sala de aula. Esta análise pode ser feita resumindo, em uma única página, o conceito central de gestão empresarial identificado no filme pelo aluno. Baseado nas análises individuais dos alunos, o professor pode fazer uma dinâmica de grupo para discutir e debater em classe as naturais abordagens diferenciadas que vão surgir a respeito dos conceitos de gestão identificados no filme.

Uma dica prática aos professores, instrutores de treinamento e alunos autodidatas é planejar o filme a ser assistido e analisado a partir dos filmes relacionados no *site* por matérias e disciplinas.

Escolha do filme

A escolha do filme por parte do instrutor, professor ou profissional estudioso do tema pode ser feita observando certas características presentes nas películas desenvolvidas pelos estúdios cinematográficos. Isto permite agrupá-los em tipos de filmes classificados de acordo com sua natureza. Dessa maneira, podem-se categorizar filmes de: esportes; guerra; instituições de ensino; empresariais; jurídicos; aventura; desenhos animados; ecológicos e ambientais; e outros gêneros (romances, drama, ficção, policial, faroeste, históricos e jornalísticos e afins).

O leitor, portanto, a depender da matéria a ser estudada, pode fazer analogia com os conceitos, normalmente, presentes em cada tipo de filme, de acordo com sua natureza e gênero cinematográfico. Filmes relacionados a esportes (futebol, vôlei, basquete, hóquei e outros jogos coletivos), por exemplo, deixam evidente a importância do trabalho em equipe e a aplicação estrita do conceito de liderança. São conceitos inerentes às disciplinas de Gestão com Pessoas; Administração de Recursos Humanos; Clima Organizacional; Treinamento e Desenvolvimento de Pessoal; e Gestão Empresarial. É o caso de filmes como: *Jerry McGuire*; *Momentos decisivos*; *Um domingo qualquer*; *Esquentando o Alaska*; entre outros. Por outro lado, filmes de guerra, contemporâneos ou não, enfatizam os conceitos de planejamento, logística e estratégias. São, normalmente, aplicáveis em disciplinas relacionadas à Processo Decisório nas Empresas; Gestão Estratégica; Planejamento Corporativo; Administração da Produção e Logística. Exemplos deste gênero são os filmes: *Até o limite da honra*; *Homens de honra*; *Mestre dos mares*; *O gladiador*; *O resgate do soldado Ryan*; *O último samurai*; e *Tróia*.

Já os filmes inerentes a instituições de ensino e ao ambiente acadêmico-escolar fazem uma analogia com o processo educacional e com a capacidade transformadora inerente aos seres humanos. Nas disciplinas relacionadas a Gestão de Instituições de Ensino e Ética e Responsabilidade Social podem ser utilizados filmes deste gênero cinematográfico. São películas que ilustram este gênero: *Adorável professor – Mr. Holland*; *Corrente do bem*; *Encontrando com Forrester*; *Legalmente loira*; e *Sociedade dos poetas mortos*.

Os filmes empresariais, por sua vez, a maioria das sugestões descritas neste livro, enfatizam o ambiente de negócios, objeto de estudo de todas as disciplinas do curso de Administração e daquelas disciplinas corporativas do curso de Direito. Exemplificam este tipo de película: *A firma*; *A fraude (o caso* Bahrings); *A história de uma fraude: o caso Enron*; *Com o dinheiro dos outros*; *Do que as mulheres gostam*; *Mauá: o imperador e o rei*; *O sucesso a qualquer preço*; *Piratas da informática*; *Presente de grego*; e *Wall Street: poder e cobiça*. Nos filmes inerentes ao ambiente jurídico e de advocacia tem-se a aplicação de conceitos relacionados às diferentes disciplinas do curso de Direito, tais como: Ética; Introdução ao Direito; Direito Comercial; Direito Penal; Direito Tributário; Direito Ambiental; Direito Eletrônico (Digital); Direito do Trabalho, entre outros. Nesta categoria, têm-se filmes como: *A fraude (o caso Bahrings); A firma; A história de uma fraude; Com o dinheiro dos outros; Doze homens e uma sentença; Legalmente loira; O informante; Uma linda mulher; Wall Street: poder e cobiça.* Películas especificamente relacionadas ao Direito Ambiental podem ser encontradas em histórias como: *A conquista do paraíso: Colombo*; *Amazônia em chamas*; *Erin Brockovich*; e *O dia depois de amanhã*.

Como aplicação conceitual na disciplina de Direito Eletrônico, têm-se filmes como: *Ameaça virtual*; *A rede*; *Hackers: piratas de computador*; *Minority* Report: a nova lei; e *Piratas da informática*. No estudo da disciplina de Direito do Trabalho podem ser utilizados, também, aqueles filmes sugeridos ao ensino de Administração de Recursos Humanos; Gestão com Pessoas; Clima Organizacional; Qualidade de Vida no Trabalho; Relações Industriais; Treinamento e Desenvolvimento de Pessoal; Mudanças Organizacionais e outros temas empresariais correlatos. Enfim, qualquer que seja o gênero do filme pode-se fazer uma analogia, direta ou indireta, com os conceitos de gestão de organizações não governamentais e outras instituições do Terceiro Setor.

Estes e outros filmes, com as respectivas orientações para seu uso, podem ser encontrados no *site* sugerido.

ÍNDICE REMISSIVO

M

O

P

R

S

T

U

W

ROTAPLAN
GRÁFICA E EDITORA LTDA
Rua Álvaro Seixas, 165
Engenho Novo - Rio de Janeiro
Tels.: (21) 2201-2089 / 8898
E-mail: rotaplanrio@gmail.com